跨境电子商务
创新型人才培养系列教材

跨境电商
基础与实务

·第3版·慕课版·

邓志超 莫川川 / 主编

CROSS-BORDER
Electronic Commerce

人民邮电出版社
北京

图书在版编目（CIP）数据

跨境电商基础与实务 ： 慕课版 / 邓志超， 莫川川主编. -- 3版. -- 北京 ： 人民邮电出版社， 2025.
(跨境电子商务创新型人才培养系列教材). -- ISBN 978-7-115-65293-5

Ⅰ. F713.36

中国国家版本馆CIP数据核字第2024HZ8050号

内 容 提 要

在全球经济一体化和数字化时代背景下，跨境电商行业迎来前所未有的发展机遇。本书立足当前我国跨境电商行业的发展现状，系统地讲解了跨境电商平台分析、市场调研、商品管理、营销、物流与通关、资金管理、客户服务与管理等环节的策略和技巧，为读者解决跨境电商运营过程中的疑点、难点与痛点，帮助读者快速掌握跨境电商运营知识。

本书适合作为高等院校和职业院校电子商务、跨境电子商务、国际经济与贸易等专业的教学用书，也适合跨境电商从业人员、对跨境电商感兴趣或有志进入跨境电商领域的创业者阅读。

◆ 主　　编　邓志超　莫川川
责任编辑　侯潇雨
责任印制　王　郁　彭志环
◆ 人民邮电出版社出版发行　　北京市丰台区成寿寺路11号
邮编　100164　　电子邮件　315@ptpress.com.cn
网址　https://www.ptpress.com.cn
三河市中晟雅豪印务有限公司印刷
◆ 开本：787×1092　1/16
印张：12　　2025年1月第3版
字数：297千字　　2025年2月河北第2次印刷

定价：52.00元

读者服务热线：(010)81055256　印装质量热线：(010)81055316
反盗版热线：(010)81055315

前言

党的二十大报告提出："推动货物贸易优化升级，创新服务贸易发展机制，发展数字贸易，加快建设贸易强国""加快发展数字经济，促进数字经济和实体经济深度融合"。跨境电商是数字经济的重要组成部分，是推动数字经济与实体经济实现深度融合的重要引擎。

随着法律法规与配套体系的不断完善，中国跨境电商已从粗放式生长阶段发展到精耕细作阶段，新的平台、新的运营模式不断出现，跨境电商涉及的商品品类不断丰富，越来越多的品牌开拓国际市场，中国品牌在境外的品牌影响力日益增大。

由于不同国家和地区在语言、地域、气候、政策、文化与消费习惯等方面存在差异，跨境电商企业对从业者提出了较高的要求。从业者要具有国际化视野，能够在把握不同市场特点的基础上开展跨境电商业务。

此外，跨境电商行业的发展日新月异，尤其是人工智能技术的应用、数字化支付的普及，新技术的进步正在不断改变着跨境电商这一外贸新业态。

为了紧跟跨境电商行业发展行情，更好地满足在当前市场环境下读者对跨境电商运营相关知识的需求，我们结合跨境电商行业的新发展、新趋势，在保留上一版教材特色的基础上进行了全新改版。

本次改版主要修订的内容如下。

- 根据跨境电商行业的发展变化，在深度研究跨境电商行业新变化、新规则的基础上，对原书主体内容进行了部分调整，并对上一版中比较陈旧的内容进行了全面更新，新增了对 TEMU、TikTok Shop 等新兴跨境电商平台的介绍，以及直播营销、人工智能在跨境电商中的应用等知识，内容更新颖，更能满足当前市场环境对跨境电商运营工作的需求。
- 本书从院校跨境电商类课程的需求出发，坚持理论与实践并重，每个项目不仅有对理论知识的讲解，还设置了实训、课后习题，让读者在学习理论知识后，通过实训和课后习题巩固所学内容，学以致用，强化自身应用所学知识进行实践的能力。

- 本书以落实立德树人为根本任务，新增了素养教育相关内容，致力于培养兼具知识技能与正确价值观、敢闯会创的拔尖创新人才。

此外，本书提供了丰富的立体化教学资源，其中包括 PPT、教学大纲、教案、课程标准、课后习题答案、试卷、作者精讲视频，选书老师可以登录人邮教育社区（www.ryjiaoyu.com）下载获取相关资源。选书老师还可以申请试用奥派跨境电商运营决策沙盘软件实训平台。

尽管我们在编写过程中力求准确、完善，但书中难免存在疏漏与不足之处，敬请广大读者批评指正。

编　者

2024 年 12 月

目录

项目 1

跨境电商概述

知识目标

- 了解跨境电商的特点、模式和主要参与者。
- 了解跨境电商与境内电商、传统国际贸易的区别。
- 了解进口跨境电商的基本业务流程、运营模式、清关模式和税收政策。
- 了解推动我国跨境电商发展的因素。
- 了解跨境电商职位及其职责，以及对职业能力的要求。

能力目标

- 掌握跨境电商不同模式的特点，能够区分实践中遇到的跨境电商模式。
- 能够根据跨境电商职位和职业能力要求培养与提高自身跨境电商从业能力。

素养目标

立志深度参与全球产业分工和合作，推动货物贸易优化升级，为发展数字贸易贡献力量。

引导案例

扫码看视频

"淘品牌"线上突围，实现品牌出海升级

跨境电商的风潮为已经在我国建立了声誉的"淘品牌"

（淘宝商城和消费者共同推荐的网络原创品牌）开拓了新的天地。广东花芽时尚产业有限公司（以下简称“花芽”）便是“淘品牌”成功转型跨境电商的典型。

与传统外贸转型而来的卖家不同，花芽作为“淘品牌”，拥有原创设计师团队、良好的后端运营体系的支持，为打开境外市场创造了良好的环境。面对激烈的市场竞争，花芽会在不背离产品定位的同时，结合境外消费者的消费偏好进行产品开发和设计。

与珠宝饰品行业盛行的低价策略不同，花芽品牌方并没有“赚快钱”的想法，而是坚持将品质和服务作为核心卖点，并成功赢得了境外消费者的信任，积累了大量黏性消费者。

在品牌运营中，花芽将服务当作投资，只要出现产品损坏或包裹丢失的情况，花芽就会为消费者重新寄送产品。

经过不断探索与策略化运营，花芽从“淘品牌”成功升级为速卖通平台上的“跨境电商优质品牌”，成为中国制造出海中精致、轻奢饰品中的代表性品牌。

案例分析

跨境电商为我国自主品牌开拓境外市场提供了新渠道，并且降低了品牌出海的门槛；同时也为买卖双方搭建了一条高效率的线上交易通道。依托跨境电商，中国品牌出海能够以更直接、高效的方式触达全球各地的消费者。

任务 1 跨境电商基础认知

跨境电子商务（Cross-Border Electronic Commerce，CBEC，简称跨境电商）是基于互联网发展起来的一种商务形式。近年来，在政策利好及贸易全球化的推动下，全球跨境电商获得了飞速发展，促进了全球商品的流通和经济的发展。

1.1.1 跨境电商的概念及特点

近年来，跨境电商成为我国外贸领域的一匹“黑马”，其发展速度快、市场潜力大、带动作用强，已经成为我国外贸高质量发展的新引擎。

1. 跨境电商的概念

跨境电商是指分属不同关境的交易主体，通过电子商务平台达成交易，进行支付结算，并通过跨境物流及异地仓储送达商品、完成交易的一种国际商业活动。

关境，又称海关境域或税境，指完全实施同一海关法的地域，是一个国家或地区行使海关主权的执法空间。一般情况下，关境等于国境，但又不是绝对的。因此，交易主体属于不同关境，就是指商品的销售需要“过海关”。

跨境电商商品“过海关”需要借助跨境物流才能完成最终交易，因此它属于国际商业活动。

2. 跨境电商的特点

跨境电商具有以下特点。

（1）全球性

互联网是一个没有边界的媒介，具有去中心化和全球性的特点，因此以互联网为依托的跨境电商也具有去中心化和全球性的特点。跨境电商是一种无边界交易，它打破了不同国家和地区之间的地理限制，买家可以通过互联网购买全球各地的商品和服务，卖家也可以通过互联网将商品和服务销往全球各地。

（2）即时性

在互联网上，信息的传输较少受到时间和地理的限制，因此在跨境电商的信息交流中，交易双方也较少受到时空的限制，他们能够实时地进行信息交流，就如同面对面交流。

（3）无形性

互联网的发展推动了信息数字化传输，数据、图像、声音等信息可以通过互联网实现传输，这些信息主要是以数据代码的形式存在的，所以是无形的。在跨境电商的交易中，商品和服务的展示、交易都是通过数据代码的形式进行传输的，因此跨境电商具有无形性的特点。

（4）数字化

跨境电商的数字化表现在两个方面，一是跨境电商通过互联网实现信息传递，跨境电商商务活动各个环节的信息多以无纸化的方式呈现，交易双方通过即时通信工具或邮件实现信息的无纸化发送和接收；二是随着网络信息技术的发展，音乐、影视作品、软件等数字化商品的品类和交易量不断增长，此类商品通过跨境电商进行交易的趋势更加明显。

（5）多边化

随着互联网技术、支付技术的发展和贸易全球化的不断推进，跨境电商中的商品流、信息流、资金流、物流等环节呈现出多边化的特点。例如，分属不同国家和地区的买卖双方可以通过A国（地区）的电商交易平台、B国（地区）的物流平台、C国（地区）的支付结算平台完成交易。

1.1.2 跨境电商的模式

跨境电商可以按照不同的维度进行分类，其分类标准包括商品流方向、终端客户类型和运营方式。

1. 按照商品流方向划分

按照商品流方向的不同，跨境电商可以分为进口跨境电商和出口跨境电商。

进口跨境电商是指境外企业借助跨境电商平台与境内企业或个人买家达成交易，然后通过跨境物流将商品送至境内，完成交易的商业活动。进口跨境电商的传统模式是海淘，即境内买家在电子商务网站上购买境外的商品，然后境外企业通过直邮或转运的方式将商品运送至境内买家手中的购物方式。进口跨境电商代表电商平台有洋码头、考拉海购、天猫国际等。

出口跨境电商是指境内企业借助跨境电商平台与境外企业或个人买家达成交易，然后通过跨境物流将商品送至境外，完成交易的商业活动。出口跨境电商代表电商平台有全球速卖通、eBay、Wish、阿里巴巴国际站、敦煌网、环球资源网等。

2. 按照终端客户类型划分

按照终端客户类型的不同，跨境电商可以分为企业对企业（Business to Business，B2B）的商业模式、企业对个人消费者（Business to Consumer，B2C）的商业模式、个人消费者对个人消费者（Consumer to Consumer，C2C）的商业模式，如表1-1所示。

表 1-1　不同商业模式的跨境电商

商业模式	具体介绍
B2B	企业与企业之间通过互联网进行数据信息的交换、传递，开展商品或服务交易活动的商业模式。这种模式侧重于批量采购和供应链管理，以原材料、半成品或批量成品为主。通过电商平台，交易双方可以更高效地实现沟通与协作，简化采购流程，降低交易成本，让供应链变得更加透明、更具可追溯性
B2C	分属不同关境的企业通过电商平台直接向个人消费者销售商品和服务，企业直接面对个人消费者，以网上零售的方式售卖商品和服务
C2C	最终客户为个人消费者，卖家也是个人消费者。由个人卖家发布售卖的商品和服务的信息，个人消费者进行筛选，双方最终通过电子商务平台达成交易，进行支付结算，个人卖家将商品和服务通过跨境物流送达个人消费者手中，完成交易

3. 按照运营方式划分

按照运营方式的不同，跨境电商主要分为第三方平台运营型跨境电商和独立站运营型跨境电商。第三方平台运营型跨境电商是指商品制造工厂、电子商务公司、外贸公司等作为卖家在全球速卖通、亚马逊、天猫国际等第三方电子商务平台开设店铺，开展外贸业务活动。独立站运营型跨境电商是指卖家自己搭建网站并在网站上开展外贸业务活动。

第三方平台运营型跨境电商与独立站运营型跨境电商的对比如表 1-2 所示。

表 1-2　第三方平台运营型跨境电商与独立站运营型跨境电商的对比

对比项目	第三方平台运营型跨境电商	独立站运营型跨境电商
释义	卖家入驻第三方跨境电商平台，第三方跨境电商平台为卖家提供线上交易场所，并为卖家提供物流、支付、营销和运营等服务	卖家自主创建并运营网站，自己生产或买断其他生产商的商品在自建网站上销售，并且自主决定商品的销售、支付、物流等解决方案
运营门槛	平台有较完善的生态体系，卖家只需掌握管理、运营店铺的基本技能即可，运营门槛较低	卖家需要自主运营平台，自主设计平台的支付、物流、营销系统，并且自主寻找支付、物流等服务商，运营门槛较高
竞争要素	卖家众多，平台内同行竞争较激烈	卖家需要具备较强的品牌营销、运营能力，打造差异化优势
流量获取	① 通过平台为新卖家提供的流量倾斜获得一部分流量，并基于平台庞大的客户群体积蓄公域流量； ② 通过站内、站外渠道进行引流； ③ 积蓄私域流量、构建私域流量池的难度较大	① 平台运营前期引流难度较大，需要卖家具备较强的营销和推广能力； ② 待平台打开市场后，卖家可以通过各种渠道沉淀客户数据，构建私域流量池，在平台进行私域客户维护
经营自主性	卖家经营自主性较低，平台规则多且严格，卖家需要在遵守平台规则的基础上运营，否则可能会被封号	卖家经营自主性较高，卖家可以根据自身发展需要调整经营模式，如调整采购商品的款式、调整商品定价策略等
商品类型	商品品类多样化，最小存货单位（Stock Keeping Unit，SKU）丰富	覆盖品类有限，SKU 精简化，商品品牌化程度较高
运营资费	卖家需要向平台支付保证金、技术服务年费、实时划扣技术服务费等	卖家建站时需要支付一定的费用
适合的卖家群体	① 初入跨境电商行业的卖家； ② 具备研发标准商品能力的卖家； ③ 具备品牌或知识产权保护能力的卖家	具有品牌管理与运营、流量运营能力的卖家

1.1.3 跨境电商主要参与者

跨境电商是一个非常复杂的行业，其产业链除卖家和买家外，还包括跨境电商交易平台、运营服务商、营销工具服务商、物流服务商及金融服务商等，如图1-1所示。

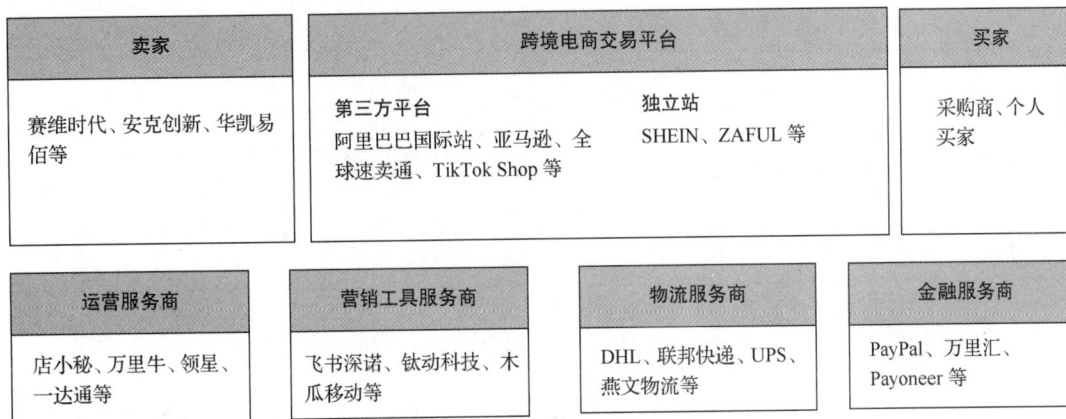

卖家	跨境电商交易平台		买家
赛维时代、安克创新、华凯易佰等	第三方平台 阿里巴巴国际站、亚马逊、全球速卖通、TikTok Shop等	独立站 SHEIN、ZAFUL等	采购商、个人买家

运营服务商	营销工具服务商	物流服务商	金融服务商
店小秘、万里牛、领星、一达通等	飞书深诺、钛动科技、木瓜移动等	DHL、联邦快递、UPS、燕文物流等	PayPal、万里汇、Payoneer等

图1-1 跨境电商产业链主要参与者

1. 卖家

卖家即开展跨境电子商务交易和销售商品的品牌商、制造商、分销商等，是商品提供方。

（1）运营方式

对于在第三方电商平台运营的卖家来说，运营方式分为自主运营、半托管和全托管，这3种运营方式的对比如表1-3所示。

表1-3 自主运营、半托管和全托管对比

对比项目	自主运营	半托管	全托管
释义	卖家自主负责商品上架、定价、销售、营销推广、物流配送、售后服务等全链路的运营	卖家和第三方电商平台各自负责商品运营的一些环节，如卖家负责商品定价、销售环节，第三方电商平台负责商品营销推广、物流配送、售后服务等环节	卖家只负责向第三方电商平台提供商品，而商品的上架、营销推广、物流配送、售后服务等环节由第三方电商平台负责
店铺经营权	卖家	卖家	第三方电商平台
商品定价	卖家	卖家和第三方电商平台协商定价	第三方电商平台
物流履约	卖家	由第三方电商平台制定物流服务的价格，并负责商品的物流仓储	由第三方电商平台负责商品的物流仓储，卖家不会产生物流费用
退货服务	卖家	第三方电商平台	第三方电商平台

（2）业务经营模式

根据卖家选品策略、经营商品种类丰富度的不同，可以将卖家的业务经营模式分为泛品模式和精品模式，两者的对比如表1-4所示。

表1-4 泛品模式和精品模式对比

对比项目	泛品模式	精品模式
释义	不集中于运营某个品类，而是在分析市场需求的基础上进行多品类布局	专注于某一个或某几个品类，深耕品类供应链

续表

对比项目	泛品模式	精品模式
模式要素	① 注重商品的规模效应，SKU 丰富； ② 客单价较低； ③ 商品同质化较严重	① 注重品类深度和打造品牌； ② 客单价较高； ③ 品牌辨识度较高
能力要求	① 选品能力：能精准定位市场需求，并根据市场需求开发商品； ② 商品运营管理能力：能根据数据分析结果快速开发、采购商品，提高商品运营管理效率	① 商品研发力：能参与到商品的研发、设计与生产的过程中； ② 打造品牌的能力：具备打造自主品牌的能力，并能打造符合品牌特色的商品； ③ 市场把握力：具备分析市场数据、精准把握市场趋势的能力
优势	① 商品品类丰富，即使某个品类的商品销售不佳，也不会对自身的持续经营造成影响； ② 卖家可以根据市场环境灵活调整经营的商品品类，从而降低经营风险； ③ 卖家可以快速发现并跟随市场需求，及时开发、推出新品	商品质量较高，具有较强的品牌效应，复购率高
劣势	① 需要开设多个网店，店铺集中度较低； ② 容易产生库存风险； ③ 不利于品牌保护	① 前期需要确定运营方向并进行引流，投入成本较高； ② 需要卖家及时、精准地把握市场趋势
典型代表	华凯易佰	安克创新、梦百合、致欧科技

2．跨境电商交易平台

根据平台运营模式的不同，跨境电商交易平台分为第三方电子商务交易服务平台和独立站，两者的特点及其业内代表如表 1-5 所示。

表 1-5　第三方电子商务交易服务平台、独立站的特点及其业内代表

平台类型	特点	盈利模式	业内代表
第三方电子商务交易服务平台	通过搭建线上交易平台，并整合物流、支付、运营等服务资源，吸引商家入驻，为其提供跨境电商交易服务	以收取商家佣金及增值服务佣金作为主要盈利模式	全球速卖通、敦煌网、阿里巴巴国际站等
独立站	通过搭建线上平台，平台方整合供应商资源，以较低的进价采购商品，然后以较高的售价销售商品	以赚取商品差价作为主要盈利模式	SHEIN

3．服务商

运营服务商、营销工具服务商、物流服务商及金融服务商等基于自身优势赋能跨境电商产业链，为跨境电商卖家提供各类服务支持。在跨境电商产业链中，各类服务商的重点服务内容如表 1-6 所示。

表 1-6 各类服务商的重点服务内容

服务商类型	重点服务内容
运营服务商	商品采购环节：采购供应商管理。 商品仓储环节：商品仓储管理。 商品销售环节：订单处理、客户服务与管理等。 商品配送环节：物流追踪、通关等
营销工具服务商	商品采购环节：市场分析、选品支持等。 商品销售环节：店铺运营、社交媒体运营等。 商品推广环节：站内营销、站外营销、广告投放管理、制定营销策略等
物流服务商	商品采购环节：商品运输。 商品仓储环节：商品库存管理、订单管理等。 商品配送环节：商品配送、物流追踪与管理、通关等
金融服务商	商品采购环节：供应链资金支持。 商品销售环节：商品付款。 商品交付环节：境外收款、结汇、退税等

1.1.4 跨境电商与境内电商的对比

跨境电商与境内电商在业务环节、适用规则、交易主体及面临的风险等方面存在区别，如表 1-7 所示。

表 1-7 跨境电商与境内电商的对比

对比项目	境内电商	跨境电商
业务环节	① 业务环节均发生在境内，相对简单； ② 货物的运送路途、时间较短，货物被损坏的概率较小	① 需要经过海关通关、检验检疫、跨境物流运输、外汇结算、出口退税、进口退税等环节，业务环节更加复杂； ② 货物需要通过跨境物流运输，由于路途遥远，不同国家和地区的物流运输情况不同，货物从售出送到买家手中需要花费的时间较长，货物在派送过程中发生损坏的概率较大
适用规则	需要遵守境内电子商务平台的规则和电子商务行业的相关法律法规	需要遵守第三方电子商务平台的规则，遵守国际通用的贸易协定，以及目的国（地区）对外贸易的相关规定
交易主体	交易主体一般在境内，交易发生在境内企业和境内企业、境内企业和境内个人或者境内个人和境内个人之间	① 交易主体一般位于不同的关境内，交易发生在境内企业和境外企业、境内企业和境外个人或者境内个人和境外个人之间； ② 交易主体遍及全球，不同国家和地区交易主体的文化背景、生活习俗和消费习惯各不相同，因此从事跨境电商行业的人员需要对境外广告推广营销、目标市场人群的消费习惯、境外商品分销体系、目标市场的品牌策略等有深入的了解，要有“当地化/本土化”思维
面临的风险	面临的风险相对较少	整个交易流程涉及仓储管理、跨境物流、国际货款支付和结算等环节，面临供货风险、运输风险、汇率风险、知识产权风险及法律法规风险等

1.1.5 跨境电商与传统国际贸易的对比

互联网经济正在成为我国经济增长的重要引擎之一。与传统国际贸易相比，跨境电商具有独特的特点和优势，各国和地区的消费者对跨境电商的接纳程度越来越高。对于传统国际贸易而言，电子商务化是一条新的出路。传统国际贸易运作流程如图 1-2 所示，跨境电商运作流程如图 1-3 所示。

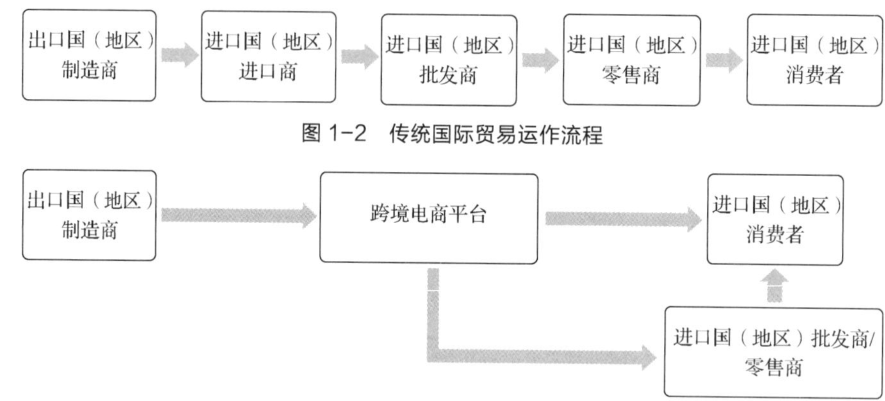

图 1-2 传统国际贸易运作流程

图 1-3 跨境电商运作流程

跨境电商与传统国际贸易的对比如表 1-8 所示。

表 1-8 跨境电商与传统国际贸易的对比

对比项目	传统国际贸易	跨境电商
交易主体交流方式	面对面交易，直接接触	通过互联网交易，间接接触
主要交易渠道	外贸公司、厂商自营渠道	跨境电商平台
运作模式	基于商务合同的运作模式	需要借助跨境电商平台
销售模式	线下展会、多级分销	线上展会、线上撮合、线上交易
主要品类	以工业品为主	工业品、消费品
产品类目	产品类目少，更新速度慢	产品类目多，更新速度快
交易环节	复杂，涉及的中间环节较多	简单，涉及的中间环节较少
订单特点	大批量、少批次、订单集中、周期长	小批量、多批次、订单分散、周期相对较短
支付	电汇、信用证等	电汇、信用卡、第三方工具等
物流模式	整批集装箱	整箱物流、分散发货
争端处理	拥有健全的争端处理机制	争端处理不畅，效率较低

1.1.6 进口跨境电商

随着全球经济一体化的发展，我国与世界其他国家和地区之间的贸易往来越来越频繁，信息技术的日趋完善使得跨境电商成为国际贸易的主要交易方式。近年来，我国跨境电商的进口业务迅速崛起，中国的进口跨境电商交易额呈逐年递增的态势。

1．进口跨境电商的发展现状

我国的进口跨境电商起源于 2005 年，到目前为止共经历了 3 个发展阶段，各个发展阶段的特点如表 1-9 所示。

表 1-9　进口跨境电商的发展阶段及其特点

特点	第一阶段（个人代购）	第二阶段（导购网站、代购平台）	第三阶段（跨境电子商务平台）
商品供应	根据订单进行采购、无库存	种类少、库存量小	种类多、库存量大
物流配送方式	代购人随身携带/国际快递、邮政小包	代购人随身携带/国际快递、邮政小包	国际物流/转运公司、境内保税仓

进口跨境电商从个人代购到规范化的跨境网购，其规模正在逐渐扩大，跨境网购逐步走向规模化和规范化。境内买家对商品品质、个性化的追求，使得各大进口跨境电商平台不断拓宽商品品类。我国跨境网购用户最常购买的商品品类是食品和美妆个护，其次是服装鞋帽、箱包。据分析，未来境内买家希望通过跨境电商平台购买的商品品类是服装鞋帽、箱包、3C 产品（计算机类、通信类和消费类电子产品三者的统称）、生活家电、户外运动用品。

2．进口跨境电商的基本业务流程

进口跨境电商是境内买家访问境外商家的购物网站并选择商品，然后下单，由境外卖家通过国际快递将商品送达境内买家手中。进口跨境电商的基本业务流程如图 1-4 所示。

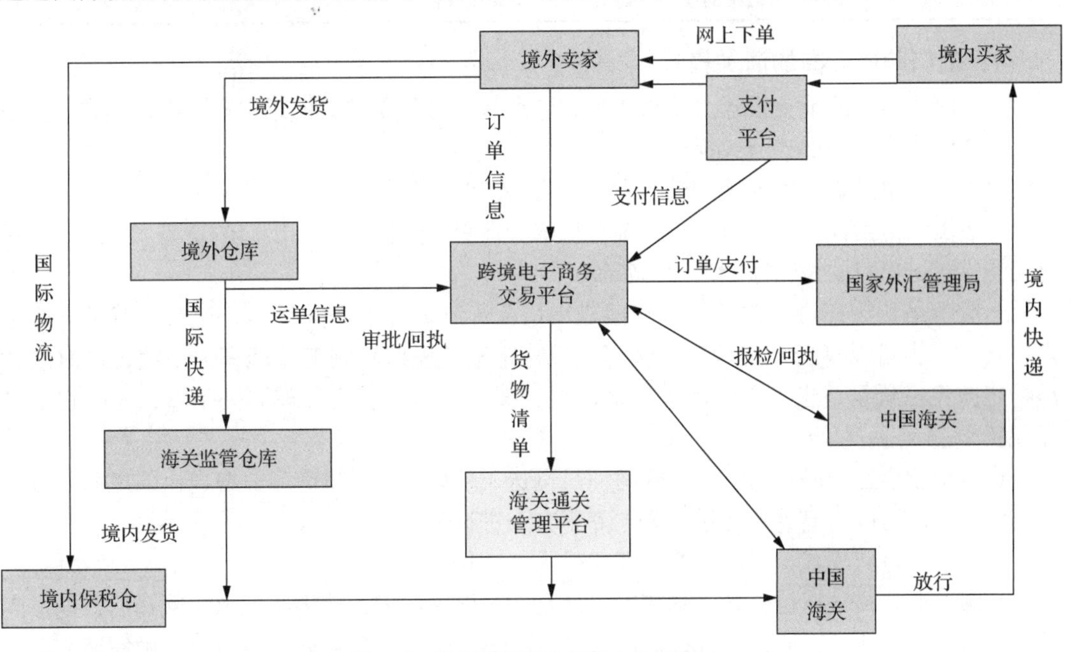

图 1-4　进口跨境电商的基本业务流程

3．进口跨境电商的运营模式

在进口跨境电商中，传统海淘模式是一种 B2C 模式。除了这种模式外，根据不同的业务形态，可以将进口跨境电商的运营模式划分为 5 类，分别是海外代购模式、直发/直运平台模式、自营 B2C 模式、导购/返利平台模式和境外商品闪购模式。各类模式的特点及其业内代表如表 1-10 所示。

表 1-10　进口跨境电商运营模式分类特点及其业内代表

平台运营模式	特点	业内代表
海外代购	身处境外的人或商户为有需求的中国买家在当地采购商品，然后通过跨境物流将商品送达买家手中，分为海外代购平台和朋友圈海外代购。海外代购平台采用 C2C 平台模式，通过吸引符合要求的第三方卖家入驻为买家提供商品；朋友圈海外代购是依靠社交关系从移动社交平台自然生长出来的原始商业形态	淘宝全球购 美国购物网
直发/直运平台	电子商务平台将接收到的订单发送给批发商或厂商，然后批发商或厂商按照订单信息以零售的方式向买家发送货物，属于 B2C 模式，可以将其理解为第三方 B2C 模式	天猫国际 洋码头 苏宁国际
自营 B2C	平台自己备货，可分为综合型自营 B2C 平台和垂直型自营 B2C 平台。其中，垂直型自营 B2C 平台是指平台的自营商品品类集中在某个特定的范围，如食品、化妆品、奢侈品、母婴等	亚马逊（综合型自营 B2C 平台） 中粮我买网（垂直型自营 B2C 平台，食品类） 莎莎网（垂直型自营 B2C 平台，化妆品类）
导购/返利平台	这类平台通常会与海外代购 C2C 模式配合，可以理解为海淘 B2C 模式+代购 C2C 模式的综合体，即平台将自己的页面与境外 B2C 电子商务的商品销售页面进行对接，产生商品销售后，B2C 电子商务给导购平台 5%～15%的返点，导购平台再将所获返点的一部分作为返利回馈给买家	55 海淘 极客海淘 什么值得买
境外商品闪购	一种相对独特的模式，属于第三方 B2C 模式	天猫国际环球闪购

4．进口跨境电商的清关模式

进口跨境电商的清关模式主要有 4 种，分别是一般贸易进口模式、直购进口模式、保税进口模式和个人物品形式清关模式。

（1）一般贸易进口模式（海关监管方式代码“0110”）

一般贸易是指我国境内有进出口经营权的企业单边进口或单边出口的贸易。按照一般贸易交易方式进出口的货物即一般贸易货物。

一般贸易货物在进口时可以按一般进出口监管制度办理海关手续，这时它就是一般进出口货物；也可以享受特定减免税优惠，按特定减免税监管制度办理海关手续，这时它就是特定减免税货物；也可以经海关批准保税，按保税监管制度办理海关手续，这时它就是保税货物。

进口企业通过一般贸易进口模式将商品运送入境后，可以将商品放在自己的电商平台上进行销售，也可以将商品放在第三方电商平台上进行销售。

（2）直购进口模式（海关监管方式代码为“9610”）

直购进口模式是指符合条件的跨境电商企业与海关联网，境内买家跨境网购后，电子商务企业、支付企业、物流企业分别通过跨境电商通关服务平台将电子订单、支付凭证和电子运单（简称“三单”）传输给海关，“三单”信息匹配后，跨境电商企业或其代理人向海关提交申报清单，采用“清单核放、汇总申报”模式办理通关手续。

在直购进口模式中，商品以邮件、快件方式运送，通过海关邮件、快件监管场所入境，按照跨境电商零售进口商品征收税款。

（3）保税进口模式（海关监管方式代码为“1210”和“1239”）

保税进口模式是指进口跨境电商企业通过集中采购的方式，先将商品批量运输至境内保税仓，待买家下单后，跨境电商企业根据订单为每件商品办理海关通关手续，在保税仓完成贴面单和打包，然后经海关查验放行后，由跨境电商企业委托的境内物流企业将商品运送到买家手中。

"1210"监管方式又称"保税备货模式"，即进口跨境电商企业可以将尚未销售的商品批量运送至境内保税仓，然后在网上销售，销售一件清关一件，未销售的商品不能出保税仓，也无须报关。

"1239"监管方式又称"保税跨境贸易电子商务 A"，简称"保税电商 A"。与"1210"监管方式不同的是，适用于"1239"监管方式的进口商品在清关时需要向海关提供通关单，申报清单中的商品不再免于检验检疫。

（4）个人物品形式清关模式

个人物品形式清关模式是指买家购买境外商品后，跨境电商企业在境外完成商品打包，直接通过国际物流发送至境内，商品通过海关时以个人物品形式进行清关，然后通过境内快递运送到买家手中的清关模式。

个人物品形式清关模式又分为邮政清关和快件清关两种模式。

① 邮政清关

邮政清关是批量清关，是一种非主动报关方式，即海关会根据一批货物的总申报单进行预审，从中挑选出明显需要交税的包裹，然后将这些包裹通过 X 光机进行查验，判断它们是否存在隐瞒申报的情况，包裹符合要求被海关放行后，由境内邮局派送至买家手中。

邮政清关对物品的申报没有严格的规定，申报者只需说明物品名称、数量、价值即可（物品的收货人必须是个人，以符合物品自用的要求）。

② 快件清关

快件清关是一种主动报关方式，每单必检。每个包裹都需要提供收件人的真实身份信息，并详细说明申报物品的数量和价值，这些申报信息由报关员输入海关总署的个人行邮清关系统中。快件被海关放行后，可以由境内物流公司派送至买家手中。

根据海关总署公告 2016 年第 19 号《关于启用新快件通关系统相关事宜的公告》规定，进出境快件分为文件类进出境快件（简称"A 类快件"）、个人物品类进出境快件（简称"B 类快件"）和低值货物类进出境快件（简称"C 类快件"）三类，各类快件的释义及其报关要求、监管方式如表 1-11 所示。

表 1-11　进出境快件类型及其报关要求、监管方式

快件类型	释义	报关要求	监管方式
文件类进出境快件（A 类快件）	无商业价值的文件、单证、票据和资料（依照法律、行政法规及国家有关规定应当予以征税的除外）	快件运营人应当向海关提交 A 类快件报关单、总运单（复印件）和海关需要的其他单证	免税，其他监管
个人物品类进出境快件（B 类快件）	境内收寄件人（自然人）收取或者交寄的个人自用物品（旅客分离运输行李物品除外）	快件运营人应当向海关提交 B 类快件报关单、每一进出境快件的分运单、进境快件收件人或出境快件发件人身份证影印件和海关需要的其他单证	行邮监管
低值货物类进出境快件（C 类快件）	价值在 5000 元人民币（不包括运、保、杂费等）及以下的货物（涉及许可证件管制的，需要办理出口退税、出口收汇或者进口付汇的除外）	快件运营人应当向海关提交 C 类快件报关单、代理报关委托书或者委托报关协议、每一进出境快件的分运单、发票和海关需要的其他单证，并按照进出境货物规定缴纳税款	一般贸易监管

在进口跨境电商交易中，部分商品是以B类快件的渠道入境的。在报关时，B类快件的限量、限值、税收征管等事项应当符合海关总署关于邮递进出境个人物品相关规定。收件人需要提供身份证、物品明细等信息，物品明细信息需要具体到物品的品牌、颜色、规格、数量和单价。快件公司需要准备报关单、分运单和其他海关要求的单证。无须收件人自行办理手续，而由快件公司负责报关，收件人缴纳税费，再由境内物流公司进行派送。

5．进口跨境电商的税收政策

我国跨境电商税收政策是顺应跨境电商发展潮流而制定的，相关部门根据进口跨境电商的实际发展需要相应地做出税收政策的调整。

根据《关于跨境电子商务零售进口税收政策的通知》《关于完善跨境电子商务零售进口税收政策的通知》的规定，进口跨境电商需要遵守的税收政策主要包括以下内容。

（1）税收类型、完税价格、纳税义务人的界定

跨境电子商务零售进口商品按照货物征收进口关税和进口环节增值税、消费税，购买跨境电子商务零售进口商品的个人作为纳税义务人，实际交易价格（包括货物零售价格、运费和保险费）作为完税价格，电子商务企业、电子商务交易平台企业或物流企业可以作为代收代缴义务人。在进口跨境电商中，部分情况下还会涉及行邮税。

进口关税、进口增值税、消费税、行邮税的具体说明如表1-12所示。

表1-12　进口关税、进口增值税、消费税、行邮税的具体说明

税种	说明	征税范围	计征公式
进口关税	关税指一国海关根据该国法律规定，对通过其关境的进出口货物征收的一种税收。按照货物的流向划分，关税分为出口关税和进口关税。出口关税是指对本国出口的货物在运出国境时征收的一种关税；进口关税是指进口国家的海关在境外商品进入国境时，对本国进口商所征收的正常关税	进口货物	应纳进口关税税额=完税价格×进口关税税率
进口增值税	增值税是以商品（含应税劳务）在流转过程中产生的增值额作为计税依据而征收的一种流转税。进口增值税是进口环节征缴的增值税	进口商品	增值税税额＝（完税价格+实征关税税额+实征消费税税额）×增值税税率
消费税	消费税是以消费品的流转额作为征税对象的各种税收的统称。消费税是在对货物普遍征收增值税的基础上，选择少数消费品并对其再征收税款的一个税种，它主要是为了调节产品结构，引导消费方向，保证国家财政收入	我国现行消费税的征收范围主要包括烟、酒及酒精、化妆品、贵重首饰及珠宝玉石、鞭炮、焰火、成品油、汽车轮胎、摩托车、小汽车、高尔夫球及球具、高档手表、游艇、木制一次性筷子、实木地板，有的税目还进一步划分若干子目	消费税税额＝（完税价格+实征关税税额)/(1−消费税税率）×消费税税率
行邮税	行邮税是行李和邮递物品进口税的简称，是海关对个人携带、邮递进境的物品所征收的进口税，是关税、进口增值税和消费税三者合并的替代税种	个人携带入境物品	行邮税税额＝完税价格×商品行邮税税率（行邮税在50元以下免征，行邮税税率有13%、20%、50%三档）

（2）适用跨境电商进口税收政策的商品类型

跨境电商零售进口税收政策适用于从其他国家或地区进口的、《跨境电子商务零售进口商品清单》范围内的以下商品。

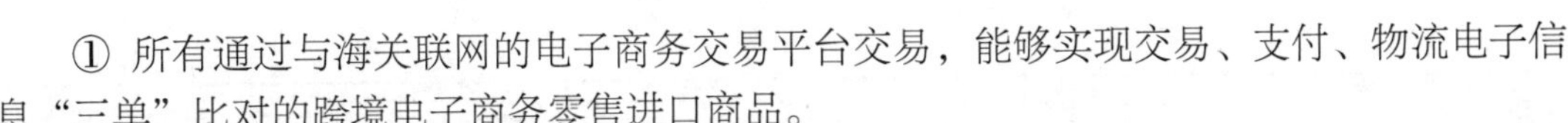

① 所有通过与海关联网的电子商务交易平台交易，能够实现交易、支付、物流电子信息“三单”比对的跨境电子商务零售进口商品。

② 未通过与海关联网的电子商务交易平台交易，但快递、邮政企业能够统一提供交易、支付、物流等电子信息，并承诺承担相应法律责任进境的跨境电子商务零售进口商品。

不属于跨境电子商务零售进口的个人物品，以及无法提供交易、支付、物流等电子信息的跨境电子商务零售进口商品，按照现行规定执行。

（3）交易限值及税率规定

跨境电子商务零售进口商品的单次交易限值为人民币 5000 元，个人年度交易限值为人民币 26000 元。在限值以内进口的跨境电子商务零售进口商品，关税税率暂设为 0%；进口环节增值税、消费税取消免征税额，暂按法定应纳税额的 70%征收。

完税价格超过 5000 元单次交易限值但低于 26000 元年度交易限值，且订单下仅一件商品时，可以自跨境电商零售渠道进口，按照货物税率全额征收关税和进口环节增值税、消费税，交易额计入年度交易总额，但年度交易总额超过年度交易限值的，应按一般贸易管理。

（4）申请退税时限

跨境电子商务零售进口商品自海关放行之日起 30 日内退货的，可申请退税，并相应调整个人年度交易总额。

（5）其他规定

跨境电子商务零售进口商品购买人（订购人）的身份信息应进行认证；未进行认证的，购买人（订购人）身份信息应与付款人一致。

已经购买的电子商务进口商品属于消费者个人使用的最终商品，不得进入国内市场再次销售；原则上不允许网购保税进口商品在海关特殊监管区域外开展“网购保税+线下自提”模式。

6．进口跨境电商平台——天猫国际

天猫国际（Tmall Global）是阿里巴巴旗下的进口零售平台，帮助境外品牌直接触达中国消费者，让中国消费更便利、更高品质地“买全球”。

（1）天猫国际经营模式

天猫国际支持 4 种经营模式，分别是平台开店、官方自营、直营品牌站和全球探物，如表 1-13 所示。

表 1-13　天猫国际经营模式

经营模式	业务模式	业务链路	物流方式
平台开店	① 卖家自营模式； ② 卖家在天猫国际平台开设店铺； ③ 卖家可以选择自己的团队自运营，也可以选择第三方服务商团队进行运营及管理	买家选择商品→境外干线运输→境内保税仓/境外备货仓→天猫国际平台店铺→销售→电子通关（支付、订单、物流）→境内配送→买家	根据店铺的类型，卖家可以选择保税仓发货模式或直邮模式
官方自营	① 天猫国际自营业务，官方直采模式； ② 天猫国际官方直营团队负责商品上架、销售、营销及运营的工作； ③ 卖家成为天猫国际官方直营店的供应商，通过保税仓发货	商品运输→保税仓→买家选择商品→官方直营店铺→销售→境内配送→买家	保税仓/大批量，供应商负责向菜鸟保税仓运送商品

续表

经营模式	业务模式	业务链路	物流方式
直营品牌站	① 天猫国际自营业务，代销模式； ② 卖家在天猫国际官方直营中开设品牌站； ③ 天猫国际为卖家提供从品牌孵化到培育的全托管服务； ④ 天猫国际的国际直营品牌站团队负责商品的上架、销售、营销及运营的工作	商品运输→保税仓→买家选择商品→官方直营店铺品牌站→销售（与卖家佣金结算）→境内配送→买家	保税仓/大批量，供应商负责向菜鸟保税仓运送商品
全球探物	① 天猫国际面向境外品牌及供应商提供的经营模式； ② 天猫国际的国际海外直购团队负责商品的管理、上架、销售及运营的工作	买家选择→商品运输→海外仓→海外仓直购店铺→销售→电子通关（订单、支付、物流）→境内配送→买家	直邮模式，卖家将商品配送至阿里巴巴在各地的海外仓

（2）天猫国际平台开店模式

天猫国际平台开店模式是境外品牌进入中国市场打造品牌主阵地的首选方式，下面对这种开店模式进行重点讲解。

① 平台开店模式的入驻方式

目前，天猫国际平台开店分为自主入驻和邀约入驻两种方式。自主入驻，即卖家自主在天猫国际平台提交入驻申请，并完成公司和品牌的评估、资质审核。邀约入驻，即前期卖家已经与天猫国际的招商/行业小二沟通，完成公司和品牌的评估，达成入驻意向，招商/行业小二向卖家定向发送入驻邀约码，卖家通过收到的入驻邀约码提交入驻流程，提交后完成资质审核。

② 平台开店模式的店铺类型及入驻相关要求

天猫国际平台开店模式的店铺分为品牌旗舰店、卖场型旗舰店、行业卖场型旗舰店、专卖店、专营店和银河专营店。各类型店铺入驻相关要求如表 1-14 所示。

表 1-14 天猫国际平台开店模式的店铺类型及入驻相关要求

店铺类型	店铺定义	开店企业资质	品牌资质
品牌旗舰店	自有品牌或由商标权人直接提供独占授权的品牌入驻天猫国际开设的店铺	① 开店主体公司登记注册文件； ② 开店主体公司的授权代表人声明书； ③ 开店主体公司的授权代表人身份证件； ④ 开店主体公司的境外银行开户证明或银行对账单	① 所售品牌的商标注册证书或商标注册申请受理函件原件扫描件，其中提供商标注册申请受理函件的需补充提供非 R 标情况说明； ② 若开店主体公司非商标持有人，还需提供商标权人出具的独占授权书
卖场型旗舰店	线下连锁超市、卖场或者线上 B2C 网站品牌商标权人直接作为主体入驻天猫国际开设的店铺	① 开店主体公司登记注册文件； ② 开店主体公司的授权代表人声明书； ③ 开店主体公司的授权代表人身份证件； ④ 开店主体公司的境外银行开户证明或银行对账单； ⑤ 35 类商标注册证书； ⑥ 卖场特殊资质证明	① 店铺内经营品牌需提供所售品牌的商标注册证书或商标注册申请受理函件原件扫描件，其中提供商标注册申请受理函件的需补充提供非 R 标情况说明； ② 店铺内经营品牌需提供以商标权人为源头的四级内完整授权或进货凭证

续表

店铺类型	店铺定义	开店企业资质	品牌资质
行业卖场型旗舰店	开店主体为主要经营若干个行业品类（如服饰、母婴、美妆、个护等）的线下连锁超市、卖场，或者线上B2C网站的该品牌商标权人直接作为主体入驻天猫国际开设的店铺	① 开店主体公司登记注册文件； ② 开店主体公司的授权代表人声明书； ③ 开店主体公司的授权代表人身份证件； ④ 开店主体公司的境外银行开户证明或银行对账单； ⑤ 35类商标注册证书； ⑥ 行业卖场特殊资质证明	① 店铺内经营品牌需提供所售品牌的商标注册证书或商标注册申请受理函件原件扫描件，其中提供商标注册申请受理函件的需补充提供非R标情况说明； ② 店铺主营行业经营的品牌需提供以商标权人为源头的四级内完整授权或进货凭证，个别类目需提供以商标权人为源头的二级内完整授权或二级内完整进货凭证； ③ 店铺非主营行业经营的品牌需提供商标权人出具的一级授权或一级进货凭证
专卖店	品牌商标权人提供开店授权入驻天猫国际开设的店铺	① 开店主体公司登记注册文件； ②开店主体公司的授权代表人声明书； ③ 开店主体公司的授权代表人身份证件； ④ 开店主体公司的境外银行开户证明或银行对账单	① 所售品牌的商标注册证书或商标注册申请受理函件原件扫描件，其中提供商标注册申请受理函件的需补充提供非R标情况说明； ② 商标权人出具的授权书
专营店	同一天猫国际经营大类下经营两个及以上品牌的店铺	① 开店主体公司登记注册文件； ② 开店主体公司的授权代表人声明书； ③ 开店主体公司的授权代表人身份证件； ④ 开店主体公司的境外银行开户证明或银行对账单	① 店铺内经营品牌需提供所售品牌的商标注册证书或商标注册申请受理函件原件扫描件，其中提供商标注册申请受理函件的需补充提供非R标情况说明； ② 若由商标权人授权开店公司经营品牌商品的，需提供符合行业授权级数要求的以商标权人为源头的完整授权或进货凭证
银河专营店	代销天猫国际直营或天猫国际品牌旗舰店货品专营店	① 开店主体公司登记注册文件； ② 开店主体公司的授权代表人声明书； ③ 开店主体公司的授权代表人身份证件； ④ 开店主体公司的境外银行开户证明或银行对账单	无

③ 平台开店模式的资费标准

平台开店模式的资费主要包括店铺保证金、技术服务年费和实时划扣技术服务费，具体规则如表1-15所示。

表1-15 平台开店模式的资费类型及其规则

资费类型	规则
店铺保证金	① 续约卖家须在当年续签要求的时间内一次性缴存次年保证金，新入驻卖家在申请入驻审核通过后一次性缴存当年的保证金； ② 店铺类型和经营类目不同，缴纳的保证金金额不同，同一店铺内同时经营多个不同类目时，店铺保证金就高收取，金额不做叠加；

续表

资费类型	规则
店铺保证金	③ 若品牌旗舰店及专卖店所申请的品牌为暂未注册成功（TM）的商标，基础保证金为10万元； ④ 若店铺类型为天猫国际无自带货银河专营店，不区分类目保证金为2.5万元； ⑤ 店铺保证金不足时，平台将持续进行消息提示，卖家须在15日内补足保证金，逾期未补足的，天猫国际将对店铺进行监管，直至补足； ⑥ 若卖家天猫国际店铺品质感知不达标，平台发出首次警告，第二次警告发出即日起保证金额度提升至30万元，后续经营过程连续三次品质感知达标，经卖家申请或平台主动发起，店铺保证金可恢复至基础标准； ⑦ 符合天猫国际“共享保证金计划”特定条件的店铺可享受保证金减免
技术服务年费	年费金额以一级类目为参照，分为3万元和6万元两档
实时划扣技术服务费	卖家在天猫国际经营需按照其销售额的一定百分比（简称“费率”）交纳技术服务费，技术服务费费率根据经营类目的不同而不同

任务2 推动我国跨境电商发展的因素

近年来，随着互联网基础设施的完善和全球性物流网络的构建，跨境电商一直保持着高速增长，交易规模也在日益扩大。我国跨境电商得以迅速发展主要得益于以下几个因素。

1.2.1 跨境电商服务体系不断完善

我国进出口监管服务、金融服务、物流服务等配套服务体系的不断完善，以及跨境电子商务综合试验区积极先行先试为跨境电商的发展奠定了基础。

1．进出口监管服务优化

进出口监管服务不断优化，监测通关效率大幅提升。我国首创的“跨境贸易电子商务”监管方式（“9610”监管方式）、“保税跨境贸易电子商务”监管方式（“1210”监管方式）、“跨境电子商务企业对企业直接出口”监管方式（“9710”监管方式）和“跨境电子商务出口海外仓”监管方式（“9810”监管方式）为外贸进出口打开了新通道，有效地促进了跨境电商的发展。

2．金融服务升级

金融服务升级，助力跨境电商企业快速成长。我国跨境支付机构的服务范围不断扩大，服务方式不断升级，新技术的应用不断推动跨境支付的便利化，跨境支付市场对外开放度不断提升。

3．物流服务提升

物流服务的不断提升增强了商品跨境配送的便利性，海外仓的建设与其他物流方式的融合使跨境物流网络不断完善，国际物流线路蓬勃发展为“丝路电商”的发展提供了强大的物流支持。

4．跨境电子商务综合试验区积极先行先试

跨境电子商务综合试验区（简称“综试区”）是我国设立的跨境电商综合性质的先行先试的城市区域，旨在在跨境电商交易、支付、物流、通关、退税、结汇等环节的技术标准、

业务流程、监管模式和信息化建设等方面先行先试，通过制度创新、管理创新、服务创新和协同发展，解决跨境电商发展中的深层次矛盾和体制性难题，打造跨境电商完整的产业链和生态链，逐步形成一套适应与引领全球跨境电商发展的管理制度和规则，为推动我国跨境电商健康发展提供可复制、可推广的经验。

综试区已经成为我国外贸创新发展的新亮点、转型升级的新动能、创业创新的新平台。各综试区推出了一系列创新举措，例如，加强综试区关、检、税、汇的便利化措施，为跨境电商营造良好的政策环境；设立信保资金池，提升中小型跨境电商企业的交易能力，针对跨境电商零售出口创新保险服务，与出口信用保险和外贸综合服务平台合作，为海外仓出口业务提供金融支持；在优化海外仓布局、创新海外仓建设模式、设立公共海外仓等方面进行大胆探索，进一步促进跨境电商 B2B 出口模式的发展壮大。

1.2.2 国家政策鼓励跨境电商发展

近年来，我国跨境电商行业受到政府的高度重视，国家相关部门陆续出台多项政策，从税收、物流等多个维度为跨境电商行业的健康发展提供了良好的制度保障。近年来，国家相关部门出台的涉及跨境电商行业的政策如表 1-16 所示。

表 1-16 国家相关部门出台的涉及跨境电商行业的政策

政策名称	发布时间	主要内容
《关于加快内外贸一体化发展的若干措施》	2023 年 12 月	提出一系列加快内外贸一体化发展的措施，如完善内外贸信用体系，提升物流便利性，深化内外贸一体化试点，培育内外贸一体化企业，培育内外贸融合发展产业集群等
《国务院办公厅关于推动外贸稳规模优结构的意见》	2023 年 4 月	推动跨境电商健康持续创新发展。支持外贸企业通过跨境电商等新业态新模式拓展销售渠道、培育自主品牌。鼓励各地方结合产业和禀赋优势，创新建设跨境电商综合试验区，积极发展“跨境电商+产业带”模式，带动跨境电商企业对企业出口。加快出台跨境电商知识产权保护指南，引导跨境电商企业防范知识产权风险。建设跨境电商综合试验区线上综合服务平台并发挥好其作用，指导企业用好跨境电商零售出口相关税收政策措施。持续完善跨境电商综合试验区考核评估机制，做好评估结果应用，充分发挥优秀试点示范引领作用
《关于跨境电子商务出口退运商品税收政策的公告》	2023 年 1 月	对符合规定的退运进境商品免征进口关税和进口环节增值税、消费税，出口时已征收的出口关税准予退还，出口时已征收的增值税、消费税参照内销货物发生退货有关税收规定执行
《支持外贸稳定发展若干政策措施》	2022 年 9 月	出台进一步支持跨境电商海外仓发展的政策措施。在依法合规、风险可控的前提下，进一步加强出口信用保险对海外仓建设和运营的支持力度。加快出台便利跨境电商出口退换货的税收政策
《数字化助力消费品工业“三品”行动方案（2022－2025 年）》	2022 年 6 月	数字化助力“创品牌”。鼓励优势企业整合国内外资源，支持跨境电商开展海外营销推广，巩固增强中国品牌国际竞争力

1.2.3 数字技术、人工智能技术赋能

在产业数字化发展的趋势下，跨境电商企业积极向数字化转型，具备资源优势的服务商也积极地为跨境电商企业提供各种数字化解决方案，帮助跨境电商企业在营销、支付、物流、通关等环节实现降本增效。

当前，人工智能技术不断发展并逐渐向多个领域渗透。随着文本生成、图像生成、音视频生成等技术的升级迭代，人工智能技术在设计、选品、运营、客服、营销等多个环节赋能跨境电商，为跨境电商企业提供智能化的解决方案。

例如，人工智能工具辅助设计与制作商品展示图、营销活动海报，包括更换商品图片背景、生成虚拟模特、生成创意商品图、生成创意营销海报等，帮助跨境电商企业产生更多的商品图片设计灵感，降低图片拍摄与制作的时间和人力成本。

又如，人工智能工具辅助写作商品标题，卖家输入商品关键词，人工智能工具可以快速生成商品标题；卖家输入商品名称和卖点，人工智能工具可以快速生成商品描述文案。

再如，对于运营多个店铺的卖家来说，及时、快速地回复买家信息，降低客服人力成本是急需解决的一个问题，人工智能客服工具的应用可以帮助卖家实现 7×24 小时回复买家信息，并让卖家能够整合管理多个店铺的买家信息，提高客服接待效率，助力提高订单转化率。

任务 3 跨境电商职位及职位能力分析

无论是个人还是企业，要想从事跨境电商行业，不仅要对跨境电商交易的各个环节及其具体流程有清楚的认知，还要清楚跨境电商职位设置及职业能力要求。

1.3.1 跨境电商职位及其职责

在跨境电商职位设置上，B2B 跨境电商企业与 B2C 跨境电商企业有所不同，下面将详细介绍这两类跨境电商企业的核心职位。

1. B2B 跨境电商企业核心职位

B2B 跨境电商企业核心职位包括建站与后台维护人员、询盘转换订单人员、订单操作人员和生产安排与跟单管理人员，各个职位的主要职责如表 1-17 所示。

表 1-17 B2B 跨境电商企业核心职位及其主要职责

职位名称	主要职责
建站与后台维护人员	① 搭建网站框架：搭建网站主页面和自定义页面、滚动页面，增加栏目页面。 ② 熟悉后台功能：上传商品信息，熟练地使用网站后台中的各项功能。 ③ 掌握关键词的使用方法：根据买家的搜索习惯提炼关键词，并在后台对关键词的热搜度进行验证。 ④ 编辑图片：熟练地上传橱窗图片，用图片完美地展示商品。 ⑤ 制作商品描述：清晰、简洁地描述商品的特征、功能、技术、价格、竞争优势等
询盘转换订单人员	① 分析买家信息，清楚地了解询盘内容。 ② 判断买家询盘的目的及对商品价格的态度。 ③ 策划合理的活动，积极促使询盘转化为订单。 ④ 对买家询盘做出积极回复，以良好的沟通、优质的服务与买家建立信任关系
订单操作人员	确认样品、物流方式、支付方式、交易时间、交货地点等，并做好后期对买家的跟进与服务工作
生产安排与跟单管理人员	① 在商品生产前核对原材料。 ② 跟踪商品的生产过程及每个时间段的进度。 ③ 确保商品的生产技术及商品质量符合要求。 ④ 保证商品正常包装出运

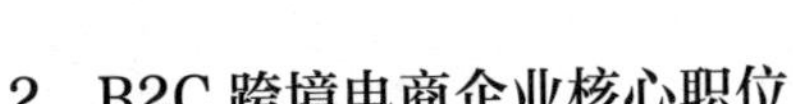

2. B2C 跨境电商企业核心职位

根据对人才能力要求的不同，B2C 跨境电商企业核心职位可以分为初级职位、中级职位和高级职位 3 个层次，不同层次职位的职责有所不同。

（1）初级职位

初级职位的人员需要掌握跨境电商行业的基本技能，对跨境电商的业务流程有所了解，并能处理相关事务，是“懂得跨境电商如何做”的基础型人才。具体来说，初级职位主要包括客户服务人员、视觉设计人员、网络推广人员、跨境物流人员、报关员等，各个职位的主要职责如表 1-18 所示。

表 1-18　B2C 跨境电商企业初级职位的主要职责

职位名称	主要职责
客户服务人员	① 使用电话、邮件、站内信、站内即时沟通工具等与买家进行沟通，促成商品成交； ② 跟踪订单，解答买家咨询的问题； ③ 处理商品售后问题，如物流配送问题、退换货问题、买家投诉、纠纷、客户回访、客户满意度调查； ④ 执行销售规定，完成企业制定的销售目标等
视觉设计人员	① 根据要求拍摄商品图片，设计商品详情页； ② 设计、装修店铺； ③ 配合营销活动，制作专题营销页面、营销海报等
网络推广人员	① 编辑并上传商品信息； ② 使用电子邮件、Facebook、Instagram、YouTube、TikTok 等营销工具，以及电子商务平台各种营销工具对商品和品牌进行推广； ③ 策划并执行营销活动等
跨境物流人员	了解国际订单处理、电子商务通关、检验检疫的规则和流程，协助本部门做好海关、商检等环节的工作
报关员	全面负责企业进出口商品报关方面的日常事务和管理工作，组织实施并监督报关业务的全过程，追踪并掌握商品在报关和查验环节的情况，并及时解决出现的问题

（2）中级职位

中级职位的人员是熟悉跨境电商运营业务的商务型人才，他们对跨境电商商务活动有一定的了解，掌握跨境电商的基础知识，是“懂得跨境电商能做什么”的新型专业人才。

中级职位主要包括运营主管、采购主管、物流主管和客服主管等，各个职位的主要职责如表 1-19 所示。

表 1-19　B2C 跨境电商企业中级职位的主要职责

职位名称	主要职责
运营主管	① 根据企业发展战略，制定企业营销策划方案，并对方案实施进行监督与评估； ② 制订企业年度、季度、月度营销推广计划，并协助企业其他部门完成企业年度经营计划； ③ 收集并处理各类市场信息，掌握并预测行情发展，提出业务运营可行性方案； ④ 制定可行性销售目标，定期对企业经营情况进行统计分析，并根据分析结果提出优化方案； ⑤ 分析客户需求、客户消费行为特征，为研发商品提供数据支持等

续表

职位名称	主要职责
采购主管	① 负责企业整个供应链的运作，保证商品采购、生产、仓储、配送等环节的正常进行； ② 根据不同国家和地区客户的文化心理、生活习俗、消费习惯、消费特点等采购合适的商品； ③ 定期进行市场调研，掌握市场流行趋势，提交市场研究报告； ④ 对供应商进行评估，选择合适的供应商； ⑤ 与供应商进行沟通，与其保持稳定、广泛的合作关系； ⑥ 根据企业运营策略，提出合理的采购建议； ⑦ 合理安排库存，维持合理的库存周转率； ⑧ 制定并执行采购合同，对相关文档资料进行跟踪和管理等
物流主管	① 根据企业发展策略和客户需求提供最优物流解决方案； ② 制定并执行仓储管理制度，建立规范、完整的物流仓储操作流程； ③ 监督、协调仓库收货、配货、发货等工作，确保发货的及时性、准确性； ④ 定期对仓库进行盘点，保证仓储数据的准确性； ⑤ 与海关、物流公司等进行对接等
客服主管	① 组建客服团队，制定团队考核标准，对团队成员的工作进行考核与评价； ② 对客服人员上传的客服数据进行统计与分析，及时与其他部门沟通，跟进各种问题的处理； ③ 及时处理各种投诉、纠纷和突发事件； ④ 制定客户管理方案，对客户进行有效的管理等

（3）高级职位

高级职位的人才要对跨境电商前沿理论有清楚的认识，具有前瞻性思维，能将跨境电商的经营上升至战略层次，洞察并把握跨境电商的特点和发展规律，能引领跨境电商产业向前发展，是“懂得为什么要做跨境电商”的战略型人才。这个层次的职位所需要的人才是对跨境电商有高度认识的高级职业经理人，以及能够促进跨境电商产业发展的领导型人物。

随着跨境电商企业的发展，其业务会越来越复杂，市场竞争也在不断加剧，熟悉综合运营的新型专业人才的需求将会大幅上升，而具有大型跨境电商运营管理经验，能够带领企业走上国际化发展道路的战略型高级综合人才更是“一将难求”。

1.3.2 跨境电商职业能力要求

随着跨境电商行业的迅猛发展，跨境电商企业的销售市场更加广泛，销售的商品品类更加多样化，业务向纵深发展，企业对跨境电商人才的需求也不断增加。个人从事跨境电商行业，需要同时具备国际贸易知识和电子商务知识。

跨境电商属于交叉性学科，它既有国际经济与贸易学科的特点，又有电子商务学科的特点，单一的专业可能无法满足跨境电商企业对人才的需求，跨境电商企业更需要兼具国际贸易和电子商务特点的综合性人才。相关调查研究显示，跨境电商企业对人才的需求表现出一定的特点，如表 1-20 所示。

表 1-20 跨境电商企业人才需求的特点

项目	人才需求的特点
专业要求	倾向于国际贸易、电子商务、外语、国际商务等专业
专业型或复合型	希望聘用复合型学科人才

续表

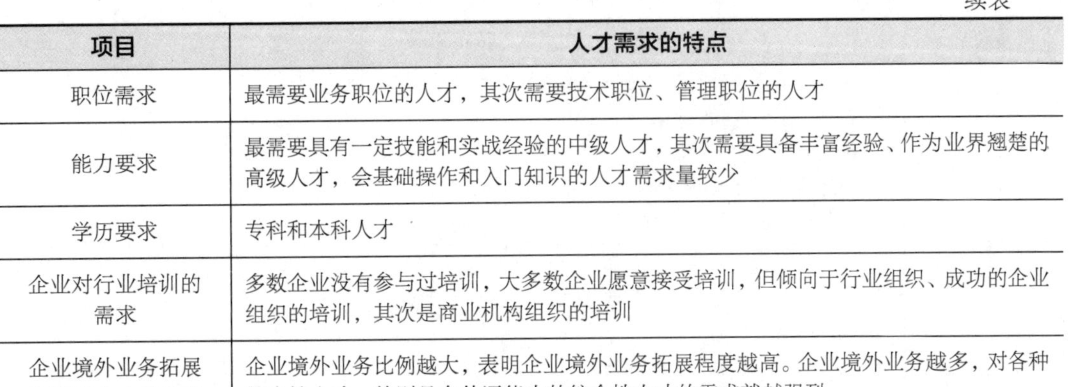

项目	人才需求的特点
职位需求	最需要业务职位的人才，其次需要技术职位、管理职位的人才
能力要求	最需要具有一定技能和实战经验的中级人才，其次需要具备丰富经验、作为业界翘楚的高级人才，会基础操作和入门知识的人才需求量较少
学历要求	专科和本科人才
企业对行业培训的需求	多数企业没有参与过培训，大多数企业愿意接受培训，但倾向于行业组织、成功的企业组织的培训，其次是商业机构组织的培训
企业境外业务拓展程度对人才的需求	企业境外业务比例越大，表明企业境外业务拓展程度越高。企业境外业务越多，对各种综合性人才，特别是有外语能力的综合性人才的需求就越强烈

从事跨境电商行业的人员需要具备多项综合能力，能够满足企业实施国际化运营策略的需要，推动企业跨境电商业务的发展，还要具有国际化视野、跨境电商运营理念和跨文化交际意识，掌握用商务外语进行沟通、谈判和处理网店事务的能力，熟悉国际贸易和跨境电商交易的基本流程，了解跨境电商平台、国际产权和国际物流知识，具备跨境电商平台操作、客户开发和维护、询盘和订单处理、网络营销和推广能力。

1．综合素质

从事跨境电商行业的人员需要具备一定的综合素质，拥有国际化视野和创业意识。跨境电商人才需要具备的综合素质如表1-21所示。

表1-21　跨境电商人才需要具备的综合素质

综合素质	素质要求
职业素质	① 具有良好的职业态度和职业道德修养，以及正确的择业观和创业观，坚持职业操守，爱岗敬业、诚实守信； ② 具备从事职业活动所必需的基本能力和管理素质； ③ 脚踏实地、严谨求实、勇于创新
人文素养与科学素质	① 具有融合传统文化精华、当代文化潮流的宽阔视野，具有文理交融的科学思维能力和科学精神； ② 具有健康、高雅、勤勉的生活工作情趣； ③ 具有适应社会主流价值体系的审美立场和能力； ④ 个性鲜明、善于合作
国际化视野	具有国际化的意识和胸怀，能够理解、尊重不同文化背景买家的消费习惯，能够与不同文化背景的买家进行良好的沟通，在竞争中善于把握机会
创业意识	了解跨境电商对于国际贸易的影响，以及跨境电商背景下创业的特点、趋势、方法和技巧
电子商务和跨境电子商务意识	充分认识到在电商时代，外贸行业“危”和“机”并存，跨境电商不再是一种营销途径和方法，而是一种经营模式和理念

2．职业能力要求

跨境电商人才还需要具备该行业相关专业的职业能力，如表1-22所示。

表 1-22　跨境电商人才职业能力要求

能力	具体要求
职业通用能力	① 在跨境电商各种交易环境下熟练使用外语与买家进行沟通的能力； ② 熟悉国际贸易知识和流程； ③ 跨文化意识和交际能力； ④ 熟练地使用基本办公软件（Word、Excel、PowerPoint 等）的能力； ⑤ 熟悉国际贸易地理、国际船务航线和国际快递知识，并能熟练应用这些知识
职业专门能力	① 熟悉各种跨境电商平台及其定位与经营模式； ② 为网店选品和为商品定价的能力； ③ 处理商品图片的能力； ④ 上传和优化商品信息的能力； ⑤ 熟悉物流公司和各类跨境物流模式，具备选择跨境物流方式和为物流方式定价的能力； ⑥ 熟悉国际知识产权、商标、专利等方面的知识，具备知识产权、商标、专利风险识别和侵权处理能力； ⑦ 熟练地应用各类站内外推广工具的能力
职业综合能力	① 利用各种工具和平台有效地进行客户开发、维护与管理的能力； ② 根据跨境电商平台和店铺有效地进行站内、站外和全网营销与推广的能力； ③ 处理店铺询盘，处理与管理订单，管理店铺物流的能力； ④ 具备跨境电商创业意识和创业项目可行性分析能力
职业拓展能力	① 国际船务和货代处理能力； ② 策划、组织国际会展，接待参展人员和协调会展事项的能力； ③ 设计跨境电商网页的能力； ④ 实施移动跨境电商运营的能力

实训 1　辨别跨境电商企业的模式

1. 实训目标

能够区分不同分类标准下跨境电商模式的特点，辨别跨境电商企业所采用的运营模式，并根据所经营行业选择合适的运营模式。

2. 实训内容

（1）3～5 人为一个小组，查询并整理不同模式下跨境电商的代表性企业。

（2）从“赛维时代”“致欧家居”“安克创新”3 个品牌中选择 1 个或 2 个品牌，分析其跨境电商业务的运作模式，形成调研报告。

3. 实训步骤

（1）明确跨境电商的模式

根据本项目所学内容，明确划分跨境电商模式的标准，以及跨境电商的各种模式，例如按照商品流方向的不同，跨境电商分为进口跨境电商和出口跨境电商；按照终端客户类型的不同，跨境电商分为 B2B 模式、B2C 模式、C2C 模式；按照运营方式的不同，跨境电商分为第三方平台运营型跨境电商和独立站运营型跨境电商。

（2）查询并整理代表性企业

在网络上搜索相关关键字（如“进口跨境电商代表企业”），收集各类跨境电商企业，并将其填到表 1-23 对应的模式中。

表 1-23 不同模式跨境电商代表性企业

划分标准	模式类型	代表性企业
按照商品流向的不同	进口跨境电商	
	出口跨境电商	
按照终端客户类型的不同	B2B 模式	
	B2C 模式	
	C2C 模式	
按照运营方式的不同	第三方平台运营型跨境电商	
	独立站运营型跨境电商	

（3）确定要分析的品牌，参考表 1-24 所示的内容在网络上收集该品牌的相关信息。

表 1-24 跨境电商品牌信息收集要点

信息收集方向	具体内容
按照商品流向的不同	进口跨境电商
	出口跨境电商
按照终端客户类型的不同	B2B 模式
	B2C 模式
	C2C 模式
按照运营方式的不同	第三方平台运营型跨境电商
	独立站运营型跨境电商
第三方平台运营方式	自主运营
	半托管
	全托管
业务经营模式	泛品模式
	精品模式

（4）对收集到的信息进行分析，形成品牌跨境电商业务运作模式调研报告，如表 1-25 所示。

表 1-25 ____________跨境电商业务运作模式调研报告

调研时间		调研对象	
调研成员			
按照商品流向的不同：			
按照终端客户类型的不同：			
按照运营方式的不同：			
第三方平台运营方式：			
业务经营模式：			

4．实训总结

学生自我总结	
教师总结	

实训2 了解跨境电商职位

1．实训目标

通过了解跨境电商职位设置、工作内容、职位要求等，有目标地培养、提升自身跨境电商从业能力。

2．实训内容

3～5人为一个小组，从各大招聘网站收集跨境电商相关职位，了解相关职位要求，制订跨境电商从业能力培养与提升规划。

3．实训步骤

（1）收集职位信息

浏览各大招聘网站，搜索跨境电商行业的相关职位，如“跨境电商运营”“电商美工”等，并整理、归纳这些职位的工作内容、职位要求，完成表1-26。

表1-26 跨境电商相关职位整理

职位名称	职位工作内容	职位要求

（2）制订能力培养与提升规划

根据收集、整理的跨境电商行业职位信息，制订一份培养与提升自身跨境电商从业能力的规划，为从事跨境电商行业做好准备。

4．实训总结

学生自我总结	
教师总结	

课后习题

1．单项选择题

（1）按照终端客户类型的不同，跨境电商分为B2B、B2C和C2C三种模式，其中，B2B

是指（　　）。

A. 企业对个人消费者　　B. 个人消费者对个人消费者

C. 企业对企业　　D. 企业对政府

（2）下列关于进口跨境电商平台描述错误的是（　　）。

A. 淘宝全球购属于海外代购模式　　B. 中粮我买网属于垂直型自营 B2C 平台

C. 什么值得买属于导购/返利平台　　D. 洋码头属于自营 B2C 平台

（3）采用“清单核放、汇总申报”模式办理通关手续的海关监管代码是（　　）。

A. 1210　　B. 9610　　C. 0110　　D. 1239

2. 多项选择题

（1）与传统国际贸易相比，跨境电商的特点包括（　　）。

A. 交易主体通过互联网平台交易，间接接触

B. 订单集中、周期长

C. 业务环节均发生在境内，相对简单

D. 产品类目多，更新速度快

（2）下列关于半托管的描述正确的是（　　）。

A. 卖家和第三方电商平台各自负责商品运营的一些环节

B. 由平台决定商品的销售价格

C. 卖家拥有店铺经营权

D. 由卖家负责物流履约

（3）精品模式的特点包括（　　）。

A. 注重商品的规模效应，SKU 丰富　　B. 注重品类深度和打造品牌

C. 品牌辨识度较高　　D. 具有较强的品牌效应，复购率高

3. 简答题

（1）跨境电商与传统国际贸易相比有哪些不同？

（2）简述第三方平台运营型跨境电商与独立站运营型跨境电商的区别。

项目 2

跨境电商平台分析

知识目标

- 了解阿里巴巴国际站和敦煌网的特点、入驻要求与店铺运营模式。
- 了解亚马逊、eBay、全球速卖通等平台的特点与店铺运营模式。
- 掌握选择第三方跨境电商平台要考虑的因素。
- 了解独立站建站的方式与基本流程。
- 了解跨境电商多平台运营的优势与挑战。

能力目标

- 能够根据自身情况确定是在第三方跨境电商平台运营，还是搭建独立站。
- 能够结合自身优势和运营目的选择第三方跨境电商平台。

素养目标

树立规则意识，在经营跨境电商业务中遵守各项规则，合规运营。

引导案例

Colorkey 多元化渠道运营，提升品牌影响力

扫码看视频

Colorkey（珂拉琪）是成立于 2018 年的国货美妆品牌，涵盖面部产品、眼部产品、唇部产品、卸妆产品、美妆工具等多种类别，产品整体定位偏向于年轻女性，价格也非常亲民。经过策略化的运营，Colorkey 不仅在我国成为超

级火爆的美妆品牌之一，在境外市场也获得了较高的知名度。

在线上，Colorkey 不仅在亚马逊日本站点、Shopee、TikTok Shop 等第三方跨境平台开设了店铺，还搭建了品牌海外独立站。通过采用第三方跨境电商平台店铺联合独立站双渠道运营的策略，Colorkey 实现了多元化渠道运营，快速打入境外市场，提升了品牌在境外的知名度与影响力。

在东南亚市场，Colorkey 以 TikTok Shop 平台为主要阵地，运用平台的“一店卖全球”功能快速打入越南、马来西亚、新加坡等市场，使其商品销量大增，品牌也收获了较高的关注度。

案例分析

在跨境电商红利之下，越来越多的跨境电商平台正在崛起，为跨境电商卖家提供了更多触达境外市场的渠道。对于跨境电商卖家来说，同时在多个第三方跨境电商平台运营店铺，能够帮助品牌提高交叉渠道的销售额，提升品牌的影响力。而品牌建立品牌独立站，则有利于沉淀私域流量，通过独立站更好地维护私域客户。

任务 1 第三方跨境电商平台

第三方跨境电商平台是跨境电商产业链的重要组成部分。对于卖家来说，选择合适的跨境电商平台进行精耕细作是拓展网络销售渠道、提高商品市场占有率的重要策略。

2.1.1 主流出口跨境电商 B2B 平台

在诸多出口跨境电商 B2B 平台中，阿里巴巴国际站、敦煌网是极具代表性的两个平台，且各具特色。

1. 阿里巴巴国际站

阿里巴巴国际站是阿里巴巴集团的第一个业务模块，现已成为全球领先的 B2B 跨境电商平台之一。阿里巴巴国际站以数字化格局重构跨境电商全链路，帮助跨境电商买卖双方精准匹配需求，为卖家提供数字化营销、交易、金融及供应链服务。

（1）阿里巴巴国际站的特点

阿里巴巴国际站是出口跨境电商企业拓展国际贸易的重要平台之一。与其他 B2B 跨境电商平台相比，阿里巴巴国际站具有以下特点。

① 访问流量大，在境外颇具知名度

阿里巴巴国际站成立于国际电子商务发展早期，目前已经成长为极具实力的跨境电商平台之一。阿里巴巴国际站平台上的商品类别超过 5900 种，销售范围覆盖全球 200 多个国家和地区。近年来，阿里巴巴国际站在境外的知名度进一步提升，是阿里巴巴集团的支柱业务之一。

② 功能完善，服务系统化

阿里巴巴国际站不仅能为卖家提供一站式的店铺装修、商品展示、营销推广、生意洽谈等服务和工具，还能为卖家提供较新的行业发展和交易数据信息，帮助卖家寻找更多的商机。此外，阿里巴巴国际站还能为卖家提供专业、系统的培训，帮助卖家全方位提升运营能力。

③ 大数据优势明显，形成数字化格局

借助阿里云、数据管家等一系列数字分析工具，阿里巴巴国际站能够为卖家提供客观、

详细的行业动态数据分析，帮助卖家实现更加精准的营销。

（2）阿里巴巴国际站的入驻要求

目前，阿里巴巴国际站只接受合法注册的生产或销售实体商品的企业加入（对企业的进出口权没有要求），暂不接受服务型企业，如物流、检测认证、管理服务等企业加入。此外，离岸公司和个人也无法加入阿里巴巴国际站。

（3）半托管服务相关规则

卖家可以为店铺内的部分商品报名半托管服务。在半托管服务模式下，卖家可以自主决定商品的价格，并负责店铺内商品的营销和销售工作，由阿里巴巴国际站负责为商品提供物流服务、逆向退货服务等。

① 半托管服务的运作流程

阿里巴巴国际站的半托管服务运作流程如表 2-1 所示。

表 2-1 半托管服务运作流程

运作流程	说明
签署协议	卖家在线签署《信用保障服务升级版合作协议》
选品报名	进入活动专场为商品报名，报名商品必须为可在线交易的商品且必须有库存，卖家需要设置明确的商品价格或商品阶梯价，按照平台要求为报名商品设置发货时间
平台审核	平台对卖家报名的商品进行审核
配置物流模板	平台为半托管商品自动配置半托管物流模板（卖家无须修改原有配置的物流模板，但在半托管服务范围内的部分会失效）
展示商品	半托管服务商品在前台页面展示时可以显示半托管服务商品专属标签——Alibaba Guaranteed 标签，向买家传递商品物流保障价值。同时，半托管商品可以享有专属的营销场景
买家下单	买家下单半托管商品
发货	卖家按照平台要求在规定时间内发货
揽收、送货	阿里巴巴国际站物流服务商上门揽收并安排送货

② 半托管服务收费标准

半托管服务不单独收费。半托管订单属于信用保障升级版（TA Plus）订单，交易服务费按信用保障升级版订单实收金额 3%规则收取。同时，阿里巴巴国际站会结合卖家当月评定星等级或截至上月底的近 90 天交易规模，提供订单封顶收费权益。

2．敦煌网

敦煌网专注小额 B2B 赛道，为跨境电商产业链上的中小微企业提供店铺运营、流量营销、仓储物流、支付金融、客服风控等环节全链路赋能，助力中小企业无忧出海。

（1）敦煌网的特点

敦煌网是一个专注于小额 B2B 领域的跨境电商平台，侧重于帮助我国中小微企业开展小批量的 B2B 跨境交易。

敦煌网通过整合传统外贸企业在关检、物流、支付、金融等领域的合作伙伴，打造了集相关服务于一体的全平台、线上化外贸闭环模式，为中小企业提供专业、有效的信息流，快捷、简便的物流，以及安全、可靠的资金流等服务，降低了中小企业对接国际市场的门槛，帮助我国中小企业直连国际市场，同时也帮助境外中小零售商获得质优价廉的货源，实现对供应端和采购端的双向赋能。

敦煌网为卖家打造了快捷便利的物流服务系统，平台整合了 EMS、UPS、DHL、FedEX

等物流服务商，让卖家实现一键发货。此外，敦煌网还为卖家提供了多种在线支付服务、金融抵押担保服务和营销推广服务等，为卖家的业务开展提供多方面的支持。

（2）入驻方式和要求

卖家要入驻敦煌网，需要向敦煌网提交入驻申请，敦煌网会根据品牌知名度、公司背景、卖家运营经验、卖家提交的资质材料等维度对卖家进行综合评估，卖家只有满足平台入驻要求方可入驻。

（3）店铺类型

按照店铺缴费类型，敦煌网平台店铺分为启航店铺和星航店铺，两者的平台使用费和享受的专属权益有所不同，具体如表 2-2 所示。

表 2-2　启航店铺和星航店铺对比

对比项目	启航店铺	星航店铺
平台使用费	分为 1399 元（有效期 12 个月）和 898 元（有效期 6 个月）两个挡位	分为 3666 元（有效期 12 个月）和 6666 元（有效期 24 个月）两个挡位
专属权益	① 新店流量支持，如免费赠送广告费，赠送流量快车等； ② 平台为卖家提供专业的扶持培育团队； ③ 可免费使用多款营销工具	① 享受专属营销场景和流量权益； ② 优先入选“放心购”项目； ③ 平台为卖家提供专业的扶持培育团队，为卖家提供全链路成长培育扶持； ④ 平台提供多项增值服务，如赠送 PC 端首页轮播、流量快车、数据智囊等工具； ⑤ 享受参与定制化频道的权益

（4）店铺收费标准

卖家在敦煌网运营店铺需要向敦煌网平台缴纳平台使用费和平台佣金。平台使用费根据店铺类型的不同而不同，卖家可以根据不同的需求进行缴纳。

平台根据单笔订单金额采用“阶梯佣金”的收取方式收取平台佣金，如表 2-3 所示，各类目交易佣金标准不同。

表 2-3　平台佣金收取标准

单笔订单金额	平台佣金率
单笔订单金额＜300 美元	12.5%～21.5%
300 美元≤单笔订单金额＜1000 美元	4%～8%
单笔订单金额≥1000 美元	0.15%～3.5%

2.1.2　主流出口跨境电商 B2C 平台

出口跨境电商 B2C 平台通过搭建线上商城，整合运营、支付、物流等服务资源吸引卖家入驻，为卖家提供跨境电商交易服务。

1．亚马逊

亚马逊是全球商品品种较多的网上零售商和互联网企业，也是全球著名的 B2C 电子商务平台之一。亚马逊平台能够为卖家提供包括物流、推广、商业顾问在内的一系列服务。亚马逊拥有专业的顾问团队，向平台卖家免费提供首次上线的技术支持和咨询服务，并定期提供网络培训。

（1）亚马逊平台的特点

与其他跨境电商平台相比，亚马逊平台具有以下特点。

① 注重商品描述，轻客服咨询

亚马逊平台没有设置在线客服，鼓励买家自助购物。因为没有客服可以咨询，所以商品详情页的设计就显得更加重要，卖家要将其做得尽可能详尽，解答买家可能会关心的问题，这样才能促使买家尽快做出购买决策，避免买家因为商品信息不全而放弃购买。

统一的商品详情页会在很大程度上减少卖家的工作量，也能避免发生卖家利用不实介绍促成交易的情况，引导卖家将精力和时间放在价格、配送与售后等服务上。

② 坚持“买家至上”的理念

亚马逊平台始终坚持“买家至上”的理念，并将这一理念落实到很多细节上。例如，亚马逊平台推出了Prime会员服务（亚马逊的付费会员制度），为Prime会员提供美国境内全年不限次数的免运费两日达服务，Prime 会员还可以享受提前参加闪购、免费试听音乐、会员专属折扣等多重增值服务。

此外，亚马逊平台在美国境内推出了Prime Now服务，即两小时同城当日达服务。为了实现Prime的服务目标，亚马逊建立了Prime专属货运无人机队，致力于为Prime会员提供更快的送货速度。

在平台规则上，亚马逊平台非常重视保护买家权益。亚马逊对在亚马逊平台上购买商品的所有买家实施保护政策，如果买家对第三方卖家销售的商品或服务感到不满意，就可以发起亚马逊商城交易保障索赔（Amazon A-to-Z Guarantee claim，A-to-Z），以保障自己的利益。

③ 具有强大的算法能力

亚马逊平台的大数据系统能够对买家的消费行为进行记录和分析，然后根据买家的搜索行为对其进行精准推送。此外，亚马逊平台会运用A9算法调整搜索结果中的商品排名，从而让优质商品获得更多曝光的机会。

（2）亚马逊平台卖家账号类型

在亚马逊平台上，卖家账号分为3种，即亚马逊供应商平台（Amazon Vendor Central，VC）账号、亚马逊卖家平台（Amazon Seller Central，SC）账号，以及亚马逊商业卖家（Amazon Business Seller，AB）账号。

① 亚马逊供应商平台账号

亚马逊供应商平台账号是亚马逊为拥有品牌的制造商和分销商创建的，卖家需要收到亚马逊的邀请后方可入驻。

注册亚马逊供应商平台账号的卖家主要担任供应商的角色，而亚马逊就是卖家的经销商。卖家将商品直接销售给亚马逊，亚马逊购买和储存卖家的商品，并负责商品的定价、运送、退货和客户服务等，商品在亚马逊金牌服务中自动注册，并显示为“亚马逊销售”（Sold by Amazon）。

② 亚马逊卖家平台账号

亚马逊卖家平台账号是指零售商作为第三方卖家在亚马逊平台上销售商品，亚马逊在这里是第三方电子商务平台，属于B2C模式。对于中国卖家来说，亚马逊卖家平台账号有“自注册”和“全球开店”两种入驻方式（自注册是指通过亚马逊网页进行注册成为亚马逊卖家，全球开店是亚马逊针对为中国卖家的一种开店方式）。

注册为亚马逊卖家平台账号后，卖家可以自主管理商品的上架、定价、促销、库存、物

流等，也可以享受亚马逊物流（FBA）的服务。

自注册的亚马逊卖家平台账号分为个人销售计划（Individual Sales Plan）和专业销售计划（Professional Sales Plan）两种，两种销售计划的主要区别如表2-4所示。

表2-4 个人销售计划与专业销售计划的主要区别

主要区别	个人销售计划	专业销售计划
销售数量限制	可以上传少于40件的商品	可以上传超过40件的商品
批量操作	无	有
订单数据报告	无	有
是否有机会获得黄金购物车	无	有
创建促销等其他商品细节服务	无	有
费用	零月租+售出的每件商品支付 0.99 美元+其他费用	39.99 美元月租+其他费用

以上两种销售计划可以相互转化。如果卖家注册的是个人销售计划，以后可以在后台自助升级为专业销售计划；如果卖家注册的是专业销售计划，以后也可以降级为个人销售计划。因此，卖家若想在亚马逊平台上销售商品，即使没有公司资质，同样可以在亚马逊平台上申请专业销售计划。

③ 亚马逊商业卖家账号

亚马逊商业卖家账号是亚马逊于2015年发布的针对企业及机构买家的一站式商业采购站点。通过亚马逊商业卖家账号，企业及机构买家可以专享商品特有价格及免运费两日达服务，并且能够轻松完成采购审批流程，让商业采购变得更加便捷。

简单来说，亚马逊卖家平台账号是亚马逊第三方卖家账号（即B2C账号），而亚马逊商业卖家账号可以帮助企业购买所需要的一切商品，提供一站式服务，同一个公司可以同时申请这两种账号。卖家以第三方卖家身份注册亚马逊账号后，满足亚马逊业务相关要求，即可在卖家平台直接开通亚马逊商业卖家账号。

（3）供应链全托管服务

为了帮助卖家减轻运营负担，亚马逊平台推出了端到端供应链服务——亚马逊供应链（Supply Chain by Amazon，SCBA）整体解决方案。该方案是一套覆盖全销售渠道的一体化、自动化供应链解决方案，通过优化亚马逊全球和本地物流、清关、仓储和多渠道配送服务，打造一体化供应链体系，能让卖家以更便捷的操作、更快的速度、更低的成本，将商品从工厂车间送到买家手中。

① 亚马逊供应链整体解决方案运行机制

- 卖家将商品发送到亚马逊：卖家使用亚马逊全球物流（Amazon Global Logistics，AGL）将商品跨境运送到亚马逊入仓分销网络（Amazon Warehouse Distribution，AWD），或者使用亚马逊合作承运人计划（Partnered Carrier Program，PCP）将自己已经在美国本土的商品运送到亚马逊入仓分销网络。
- 商品入仓分销：卖家的商品被批量存储到AWD，当卖家在亚马逊运营中心出现缺货情况时，已经被AWD接收的货物，或者从AWD运输到运营中心途中的货物都可以被买家

搜索或购买。卖家的商品可以被自动补货至亚马逊运营中心，卖家也可以使用多渠道分拨（Multi-Channel Distribution，MCD）将商品从 AWD 批量运送到其他在线和实体销售渠道，利用单一库存池向所有销售和配送渠道补货。

- 履行买家订单：亚马逊使用卖家存储在 AWD 中的批量库存自动向亚马逊运营中心补货。当买家在亚马逊下订单时，亚马逊将通过亚马逊物流（FBA）进行取件、包装和配送。如果买家通过 Buy with Prime 在卖家的其他销售渠道下订单，亚马逊将通过多渠道配送（Multi-Channel Fulfillment，MCF）进行配送。

概括来说，亚马逊供应链整体解决方案整合了亚马逊全球物流（AGL）、合作运营商计划（PCP）、亚马逊入仓分销网络（AWD）、亚马逊物流（FBA）、多渠道配送（MCF）和 Buy with Prime 等多个亚马逊优势产品。卖家只需从供货商提取商品，亚马逊供应链整体解决方案负责商品的头程物流、仓储、分销，以及将订单配送给买家。亚马逊供应链整体解决方案可以说是亚马逊向卖家推出的供应链全托管服务。

② 亚马逊供应链整体解决方案收费标准

亚马逊供应链整体解决方案中商品的运输、仓储及配送成本取决于库存的重量和商品尺寸，仓储成本可能因淡旺季而异。

2．eBay

借助强大的平台优势、安全快捷的支付解决方案及完善的增值服务，eBay 在线交易平台成为全球领先的线上购物网站之一，数以万计的企业和个人用户通过 eBay 在线交易平台将商品销售至全球 190 多个国家和地区。

（1）eBay 平台的特点

eBay 拥有数目庞大的网上店铺，每天更新的商品可达数百万件。面对巨大的国际市场，eBay 平台的优势主要体现在以下几个方面。

① 门槛较低

卖家只需注册 eBay 账户，即可在 eBay 设立的全球各个站点上轻松地销售商品。

② 平台交易的商品具有独特性

eBay 是一个成熟的二手商品交易平台，卖家销售的商品只要不违反法律和 eBay 平台政策规定，均可在 eBay 平台上刊登销售。卖家刊登的商品可以是稀有且珍贵的物品，也可以是个人收藏的小物品。

③ 支付方便

eBay 平台使用 PayPal 在线支付工具，既安全又便捷，支持美元、欧元、英镑、日元、澳元等多种国际上主要流通的货币，让卖家的外贸支付畅通无阻。

④ 销售方式灵活

eBay 平台为卖家提供了多种销售方式，包括拍卖方式、一口价方式及“拍卖+一口价”方式，让卖家和买家有了更多的选择。

（2）eBay 平台卖家账号类型

eBay 平台的卖家账号分为个人账号和商业账号，卖家可以根据自身需要注册适合自己的账号。如果卖家想临时销售一些商品，如销售一些自己不再需要的商品，可以选择注册个人账号；如果卖家想销售大量的商品，可以选择注册商业账号。

卖家注册个人账号后，可以将其升级为商业账号。但是，如果卖家将个人账号升级为商业账号后，就不能再简单地将商业账号改回个人账号。如果卖家想要将商业账号转换为个人账号，则需要联系 eBay 客户服务中心。

（3）eBay 平台卖家销售方式

eBay 平台为卖家提供了 3 种刊登物品的方式，即拍卖（Auction）方式、一口价（Fixed Price）方式和“拍卖+一口价”方式，这 3 种销售方式的对比如表 2-5 所示，卖家可以根据自己的需要和实际情况选择刊登物品的方式。

表 2-5　拍卖方式、一口价方式和“拍卖+一口价”方式对比

对比项目	拍卖方式	一口价方式	“拍卖+一口价”方式
释义	通过竞拍的方式进行销售，卖家为商品设置起拍价格和在线时间，商品下线时出价最高的买家就是该商品的中标者，商品即可以中标价格卖出	以定价的方式刊登商品	卖家在销售商品时选择拍卖方式，在设置最低起拍价的同时，再根据自己对商品价值的评判设置一个满意的“保底价”，也就是“一口价”
特点	① 卖家需要根据自己设定的起拍价缴纳一定比例的刊登费。此外，根据商品最后的成交价格，卖家还需缴纳一定比例的成交费。 ② 为商品设置较低的起拍价，能够很好地激发买家踊跃竞拍的兴趣，通过连番竞拍可以为卖家带来不错的利润。 ③ 增加商品的搜索权重，在商品的搜索排序中，即将结束拍卖的商品可以在“即将结束（Ending Soonest）”的商品搜索排序中获得比较靠前的排名	① 成交费用低：卖家可以根据自己设定的商品价格支付刊登费，商品成交后只需缴纳较低比例的成交费。 ② 商品展现时间长：商品的在线时间最长可设置为 30 天，这样能够保证商品得到充分展示。 ③ 一次性刊登：当商品数量较多时，可以采用“多数量物品刊登”方式，一次性完成销售刊登，操作简单、快捷。 ④ 操作省时省力：可以使用预先设置好的商品说明和商品描述，在进行商品刊登时省时省力	能够综合拍卖方式和一口价方式的所有优势，让买家根据自身需要和情况灵活地选择购买方式，还能为卖家带来更多的商机
适用场景	① 卖家无法确定商品的价格，但又希望快速售出商品，可以采取拍卖方式借助 eBay 市场决定商品的价格。 ② 所售商品非常独特、平时难以买到，能够引起买家的竞争。 ③ 在售商品有较高的成交率，通常在刊登后就能售出。 ④ 在 eBay 上销售商品，但最近没有成交的情况下，可以借助拍卖方式将商品按照“即将结束的物品”排序，以提高商品搜索排名	① 卖家自己非常清楚所售商品的价值，或者对商品的价值有清晰的预估，希望从商品上获得相应的价值。 ② 希望自己的商品能够获得更长时间的展示，供买家购买。 ③ 所售商品有多件，此时可以采取多数量刊登的方式将所有商品整合到一起一次性刊登。 ④ 所售商品库存较多且不想花费太多的刊登费	① 所售商品种类较多，想吸引更多的具有不同需求的买家。 ② 希望提高销量，扩大买家对商品的需求，通过“拍卖+一口价”方式让更多买家了解自己的店铺和其他在售商品

（4）eBay 平台的费用构成

eBay 平台会根据卖家的使用情况收取相应的费用，站点不同，费用构成有所不同。以 eBay 美国站点为例，eBay 平台涉及的各项费用如表 2-6 所示。

表 2-6　eBay 平台涉及的各项费用

费用名称	具体说明
刊登费	卖家在 eBay 平台刊登商品时支付的费用，不同站点的刊登费有所不同
特色功能费	卖家在刊登商品时使用特色功能支付的费用，如加粗字体、特大图片浏览、添加副标题等（不使用特色功能则无须支付）
推广费	卖家为刊登的商品使用付费引流工具进行推广而支付的费用
交易费	卖家刊登的商品卖出之后向 eBay 平台支付的手续费，主要包括固定成交费、可变成交费、国际销售费。固定成交费是指每一笔在 eBay 平台产生的订单都需要支付的固定费用。可变成交费是在每笔订单支付固定费的前提下另外支付的一笔成交费用，这笔费用根据刊登站点、是否订阅店铺、账号类型、刊登物品类型的不同而不同。国际销售费即跨境交易费，当卖家的注册地和买家的注册地或收货地不一致时，卖家就需要支付这笔费用
店铺订阅费	卖家在 eBay 开设店铺支付的费用
货币转换费	eBay 会用美元向卖家发放款项和收取应向 eBay 支付的费用，卖家将美元与人民币进行互相转换需要支付相应的费用
第三方纠纷费用	若在第三方金融机构开启了纠纷，并且卖家输掉纠纷，eBay 平台将代收纠纷费用，并将该费用交给第三方金融机构

3．全球速卖通

全球速卖通（AliExpress）（以下简称“速卖通”）是阿里巴巴推出的帮助中小企业接触终端批发零售商小批量、多批次快速销售，拓展利润空间而全力打造的集订单、收款、物流于一体的外贸在线交易平台。

（1）速卖通平台的特点

与其他第三方跨境电商平台相比，速卖通平台具有以下特点。

① 市场增长较为稳定

速卖通覆盖全球 200 多个国家和地区的消费者，主要优势市场为俄罗斯、西班牙、法国、美国、巴西、韩国等。同时，速卖通也积极在中东、东南亚等潜力较大的新兴市场进行布局，扩大区域影响力。

速卖通支持的商品品类较为丰富，覆盖家具、3C 产品、服饰鞋帽、美妆个护、汽车配件、运动户外、工艺装饰、手工园艺、宠物相关等品类，卖家可选范围广泛。

② 用户体量较大

速卖通在境外市场已经经过多年沉淀，积累了大量用户，不同年龄段、不同阶层、不同性别的买家均有一定的数量，所以其用户体量较大。

③ 物流强大

速卖通提供了无忧物流、海外仓、优选仓等多种物流方案可供卖家选择。无忧物流是速卖通联合菜鸟网络推出的物流服务，它能为速卖通卖家提供境内揽收、国际配送、物流详情追踪、物流纠纷处理，以及售后赔付一站式的物流解决方案。速卖通在美国、英国、德国、西班牙、法国、意大利、俄罗斯等多个国家和地区开通了海外仓，方便卖家采用海外仓的方式进行发货，提高发货时效。

优选仓是速卖通推出的“商品端到端”的官方跨境供应链服务，能够为卖家提供仓配一体化的综合解决方案，也能为卖家提供“爆品孵化、供应链计划、全自动订单履约、无忧物流全球配送”等支持。卖家使用优选仓发货，有利于获得更快的配送时效，例如，从中国威海、烟台优选仓发往韩国的商品，买家 3 天就能收到货。

（2）店铺运营模式

速卖通支持自主运营、半托管和全托管 3 种运营模式。

① 自主运营

自主运营就是由卖家全权负责店铺的运营工作，包括商品上下架，为商品定价，为商品提供售前、售中、售后服务，为商品选择合适的物流方案，对商品进行营销推广等。

- 自主运营店铺类型

店铺类型是店铺所属的类别，不同类型店铺的经营权限不同，在速卖通平台享受的权益也不同。目前，速卖通平台自主运营店铺分为官方店、专卖店和专营店 3 种类型。卖家申请的店铺类型不同，需要满足的条件也有所不同，具体如表 2-7 所示。卖家可以在分析自身的品牌定位、经营模式、目标消费群体等因素的基础上，选择适合自己的店铺类型，以获得更好的经营效果。

表 2-7　速卖通自主运营店铺的类型及其相关要求

对比项目	官方店	专卖店	专营店
店铺类型介绍	卖家以自有品牌或由权利人独占性授权（仅商标为 R 且非中文商标）入驻速卖通开设的店铺	卖家以自有品牌（商标为 R 或 TM 状态且非中文商标）或持他人品牌授权文件在速卖通开设的店铺	经营 1 个及以上他人或自有品牌（商标为 R 或 TM 状态）商品的店铺
开店企业资质	① 企业营业执照副本复印件。 ② 企业税务登记证复印件。 ③ 组织机构代码证复印件。 ④ 银行开户许可证复印件。 ⑤ 法定代表人身份证正反面复印件	与官方店相同	与官方店相同
单店铺可申请品牌数量	仅 1 个	仅 1 个	可多个
平台允许的店铺数	同一品牌（商标）仅 1 个	同一品牌（商标）可多个	同一品牌（商标）可多个
需提供的材料	① 商标权人直接开设官方店，须提供商标注册证（仅 R 标）。 ② 由权利人授权开设官方店，须提供商标注册证（仅 R 标）与商标权人出具的独占授权书（如果商标权人为境内自然人，则需同时提供其亲笔签名的身份证复印件。如果商标权人为境外自然人，可提供其亲笔签名的护照或驾驶证复印件）。 ③ 经营多个自有品牌商品且品牌归属同一个实际控制人，须提供多个品牌的商标注册证（仅 R 标）。 ④ 卖场型官方店，须提供 35 类商标注册证（仅 R 标）与商标权人出具的独占授权书（仅限速卖通邀请）	① 商标权人直接开设的品牌店，须提供商标注册证（R 标）或商标注册申请受理通知书（TM 标）。 ② 持他人品牌开设的品牌店，需提供商标权人出具的品牌授权书（若商标权人为境内自然人，则需同时提供其亲笔签名的身份证复印件；如果商标权人为境外自然人，可提供其亲笔签名的护照或驾驶证复印件）	须提供商标注册证（R 标）或商标注册申请受理通知书复印件（TM 标），或以商标持有人为源头的完整授权或合法进货凭证

续表

对比项目	官方店	专卖店	专营店
店铺名称格式	品牌名+official store（默认店铺名称）或品牌名+自定义内容+official store	品牌名+自定义内容+store	自定义内容+store
二级域名	品牌名（默认二级域名）或品牌名+自定义内容	品牌名+自定义内容	自定义内容
适用卖家	适合拥有品牌和授权品牌的卖家	适合专注于某一个品类的卖家	适合销售多种品类商品的卖家

- 自主运营店铺资费标准

卖家在速卖通上开设自主运营店铺需要支付两部分费用。

一是保证金。速卖通实行保证金制度，即卖家在速卖通上开店就需要缴纳保证金。目前，一个店铺只能选择一个经营范围，卖家可以在该经营范围下选择一个经营大类（只有个别经营范围下可选择多个经营大类）。保证金按店铺入驻的经营大类收取，如果店铺入驻多个经营大类，则保证金为多个经营大类中的最高金额，每个店铺仅收取一次保证金。

如果卖家主动关闭店铺，或者卖家出现其他平台规则规定的终止情形，且连续三个月内没有未完结的交易、未处理完毕的投诉、处罚或纠纷时，速卖通将在 30 个自然日内通知支付宝将保证金余额退回至卖家指定的支付宝账户中。

二是平台交易手续费。速卖通平台为卖家提供开设店铺、发布销售信息的技术服务，卖家使用这些服务后需要按照自己订单销售额的百分比交纳佣金。速卖通制定的各类目交易佣金标准不同，卖家需要及时关注速卖通关于交易佣金的相关规定。速卖通仅针对最终成交的订单金额收取佣金，如果订单取消、卖家退款，速卖通会按相应比例将佣金退还给卖家。

② 半托管

半托管是速卖通为卖家提供的覆盖物流仓配、专属营销活动和逆向退货的运营托管方案。在这种模式下，由卖家销售商品，速卖通平台为加入半托管模式的商品提供仓储物流管理、退货服务，并为其提供专属的营销活动支持。这种模式有效降低了卖家的经营门槛，帮助卖家提升买家购物体验，扩大市场份额。

- 开启半托管的方法

卖家开通自主运营店铺后，签署《速卖通半托管服务协议》，然后进入跨境卖家中心完成相关配置操作，将店铺升级为半托管模式，之后卖家可以为店铺内的部分商品报名半托管，报名通过的商品即可成为半托管商品。店铺升级半托管是商品升级半托管的前提条件，店铺加入半托管并不代表全店商品加入半托管，卖家可以选择商品加入半托管。

- 半托管的权益

成为半托管的商品在速卖通半托管服务适用的国家和地区会自动升级为“半托管商品”，这些商品的售价由卖家决定，并由速卖通为其提供供应链管理、营销推广、售后服务等（速卖通会从中收取相应的费用）；而在速卖通半托管服务不适用的国家和地区，这些商品仍然会保持原来的运营模式。

在半托管模式下，卖家需要采用 JIT 模式（指速卖通平台半托管商家无须提前备货到速卖通指定仓库，即可在商家店铺上架商品进行售卖的模式）进行履约，并享有“半托管海外仓退货”服务。

- 半托管佣金

速卖通会根据半托管商品的价格收取相应的佣金。

③ 全托管

全托管是指卖家负责商品上架、制定商品售价、商品入仓等相关业务，速卖通平台负责为商品提供售前、售中、售后服务和物流服务、营销推广服务等。这种模式可以让卖家省去在店铺运营上花费的时间和精力，从而集中精力研发、生产商品，不断提高商品的质量，快速推出新款商品。

- 开通全托管的方法

卖家在注册店铺时，直接选择注册全托管店铺即可。一个卖家可以申请多个全托管店铺，但每个全托管店铺的经营主体信息、品牌授权、商家资质等都需要是全新的。除了速卖通规定的特殊类目外，全托管店铺不限制发布商品的类目，因此卖家开通 1 个全托管店铺即可。

- 全托管的费用

每个全托管店铺需要缴纳 1 万元保证金。

4．TEMU

TEMU 是拼多多旗下的跨境电商平台，该平台采用社交裂变的方式扩大用户体量，上线后获得了高速发展。

（1）TEMU 的特点

与其他跨境电商平台相比，TEMU 具有以下特点。

① 注重社交裂变

TEMU 采用了拼多多在境内市场的发展模式，采用“砍一刀”、拼团购、拉人助力赢现金等方式吸引用户注册。同时，平台会向新用户提供一定比例的让利，以此快速提高用户数量。

② 强调商品性价比

TEMU 采用极致的性比价策略，通过具有较高性价比的商品获得竞争优势。TEMU 向目标国家和地区销售日用品、家居用品、时尚类商品等，与其他电商平台的同类商品相比，这些商品的价格较低。

③ 目标用户明确

TEMU 聚焦年轻群体、对价格敏感群体和喜欢使用社交软件的群体等，这些用户群体喜欢接受新事物，更容易接受 TEMU 社交裂变式的传播方式。

（2）店铺运营模式

TEMU 为卖家提供了自主运营、半托管和全托管 3 种店铺运营模式。自主运营模式是卖家自己全面负责店铺内商品上架、定价、销售、营销、物流、客户服务等工作。半托管模式是卖家可以自主选择物流服务商，完成订单的头程、尾程运输和售后物流处理等工作，TEMU 平台负责商品上架、营销推广、客户服务等工作；全托管模式是 TEMU 平台为卖家提供商品上架、运营、物流、售后等一系列服务，卖家专注于供货这一环节。

半托管模式与全托管模式的对比如表 2-8 所示。

表 2-8 半托管模式与全托管模式的对比

对比项目		半托管模式	全托管模式
商品定价		TEMU 平台	TEMU 平台
卖家负责的工作	备货环节	① 选品； ② 备货； ③ 上传商品并填写商品基本信息	① 选品； ② 备货； ③ 向 TEMU 平台寄送样品； ④ 向 TEMU 平台提供商品图片描述、价格、重量等信息
	物流环节	① 仓库管理； ② 订单发货； ③ 维护库存； ④ 订单配送至买家； ⑤ 售后物流处理	备货至 TEMU 境内仓库（卖家承担物流费用）
	售后环节	通过 TEMU 平台提供的售后服务处理商品返修、退换货、投诉等问题	通过 TEMU 平台提供的售后服务处理商品返修、退换货、投诉等问题
TEMU 平台负责的工作	备货环节	① 完善商品详情信息； ② 协助比价； ③ 将商品上架至不同国家和地区站点进行销售	① 选品审核； ② 核价； ③ 将商品上架至不同国家和地区站点进行销售
	物流环节	TEMU 平台为卖家提供灵活的发货选项，包括单件发货或多件合并发货	① 将卖家货物集中至仓库； ② 为订单提供跨境物流运输服务； ③ 为订单提供尾程配送
	营销环节	① 投放广告； ② 进行各种营销推广活动	① 投放广告； ② 进行各种营销推广活动
	售后环节	为卖家提供客户服务支持	为卖家提供客户服务支持
适合人群		在海外仓有备货、在境外有现货、能履约的卖家	具有完善供应链的工厂

5．SHEIN

SHEIN 是一个主营快时尚类商品的跨境电商平台，它采用按需生产的模式赋能供应商共同打造敏捷、柔性的供应链，向全球买家提供高性价比的时尚类商品。

（1）SHEIN 的特点

与其他跨境电商平台相比，SHEIN 具有以下特点。

① 运营管理技术水平高

SHEIN 建立了强大的供应链体系，能够为卖家提供完备的供应链支持，卖家能够更方便地进行发货、调货等操作。SHEIN 拥有自己研制的订单管理系统，该系统能够为人和货打上不同的标签，根据人、货标签并结合销售数据连接卖家和买家，从而让卖家更好地实现精准运营。

② 品类相对垂直

SHEIN 前期聚焦服饰品类，以专门销售服饰鞋帽类商品的垂直化电商平台形象赢得了一定的市场占有率。随后深度调研并剖析女性消费群体，逐渐拓展美妆护肤、精致家居等品类。

③ 以年轻用户群体为目标用户

SHEIN 以偏好快时尚类商品的年轻用户群体为目标用户，这些用户年轻、时尚，容易接受“网红”营销。SHEIN 平台上新速度快，每日能上架上千款新款商品，成为很多年轻人追逐时尚的风向标。

（2）入驻 SHEIN 的方式

SHEIN 支持自营服装类供应商和第三方平台卖家入驻，并为第三方平台卖家在保证金、合作费、推广费、销售佣金等方面提供了优惠措施。

① 自营服装类供应商入驻

自营服装类供应商入驻 SHEIN，与 SHEIN 是供货合作的关系，即供应商提供商品，SHEIN 从供应商处采购商品，并由 SHEIN 负责商品的运营，如商品的上架、销售、推广等。此外，供应商与 SHEIN 合作，无须缴纳保证金、推广费、销售佣金、国际物流费等费用。

SHEIN 为自营服装类供应商提供了原始设计制造商（Original Design Manufacturer，ODM）模式、原始设备制造商（Original Equipment Manufacturer，OEM）模式和生产型商家合作模式（FOB）3 种合作模式，具体介绍如表 2-9 所示。

表 2-9　供应商合作模式

项目	ODM	OEM	FOB
合作方式	SHEIN 的买手在供应商处进行选款，供应商根据买手选定的款式配合 SHEIN 进行商品开发并打版生产	SHEIN 的买手或设计师向供应商提供商品款式设计图，供应商根据设计图打版并生产	SHEIN 提供纸样和样衣，供应商包工包料进行生产
合作特点	小单快反（供应商在短时间内先小批量地生产一批商品并进行销售，然后观察商品在市场上的销售情况，如果商品畅销，则马上追加订单进行生产，即小批量、多批次和快速交货），供应商可自主备货，SHEIN 接受订单制、现货制	由 SHEIN 包工包料，小单快反，单量稳定	包工包料、小单快反、单量稳定
合作要求	① 供应商需配备商品开发设计人员，每月向 SHEIN 的买手提供商品款式图/设计图，供其选择； ② 供应商需根据商品的特性和买手的建议提供相关的商品图片； ③ 部分商品款式需要进行核价； ④ 供应商需配备跟单人员，此人员能够适应系统化办公，并能处理电子订单	① 供应商需配备看图打版能力强、能高度还原设计图的版师； ② 供应商的自有工厂面积要大于 800 平方米，工厂以外地区的面积要大于 1500 平方米，车机要超过 40 台； ③ 供应商的生产环节与人员配备完善，产能稳定，能适应订单数量小、返单速度快的生产模式	① 主招位于珠三角地区的工厂（位于其他地区的工厂需要在广东周边地区设分点，能保证商品的物流运输时效），工厂规模需要满足 SHEIN 平台的要求； ② 工厂需配置关键岗位人员，包括但不限于厂长、版师、纸样师、尾部主管、查货人员、业务跟单人员等
适合对象	具有较强的开发、设计能力的工厂、贸易商、工贸一体类商家	生产能力强的工厂、工贸一体类商家	生产管理能力强的工厂

② 第三方平台卖家入驻

SHEIN 支持第三方平台卖家的入驻，并为卖家提供了自主运营模式和代运营模式两种入驻模式，具体介绍如表 2-10 所示。卖家可以根据自身情况选择适合自己的入驻模式。

表 2-10 第三方平台卖家入驻模式

项目	自主运营模式	代运营模式
运营方式	卖家在 SHEIN 平台开设店铺，并全面负责店铺的各项运营工作	卖家在 SHEIN 开设店铺，自主决定上架的商品，并拍摄商品图片，将商品备货到 SHEIN 在境内设置的仓库，然后由 SHEIN 负责商品的定价、营销、履约等环节的工作
优势	① 卖家无须缴纳入驻费、月租、推广费，SHEIN 平台还会在某些时间段为卖家提供免佣金优惠； ② SHEIN 的客户经理为卖家提供运营支持	① 卖家无须缴纳入驻费，没有运营成本； ② SHEIN 为商品提供物流、售后服务； ③ 卖家拥有独立店铺、自主决定要销售的商品，SHEIN 会为卖家提供营销支持
适合的卖家	① 有店铺运营经验的跨境卖家； ② 具有较强的运营操盘能力、强调自主定价、本土市场有货的品牌方等	① 有第三方销售渠道的贸易商、档口商、工贸一体的商家等； ② 具有自主研发设计能力、有自有供应链的商家

6. TikTok Shop

TikTok Shop 是北京抖音信息服务有限公司旗下的跨境电商平台，能够为卖家提供一站式电子商务解决方案，助力卖家在 TikTok 上提高商品销量和品牌影响力。

（1）TikTok Shop 的特点

与其他平台相比，TikTok Shop 具有以下特点。

① 内容式电商平台

与速卖通、TEMU、SHEIN、亚马逊等货架式电商平台不同，TikTok Shop 是内容式电商平台。在货架式电商平台上，卖家需要在电商平台站内、站外通过各种工具对商品和品牌进行营销推广，从而吸引买家到电商平台上搜索商品，属于“人找货”的商业模式。

TikTok Shop 以社交媒体平台 TikTok 为依托，汇集了卖家、达人和买家。卖家、达人可以通过短视频、直播等方式展示商品，买家在观看短视频、直播的过程中可能会对商品产生兴趣并购买。作为社交媒体平台，TikTok 是天然的流量池，大量用户不间断地发布作品，为平台创造流量，TikTok Shop 平台的卖家只需在 TikTok 平台上发布优质内容，即可通过内容触达买家并激发买家下单，属于“货找人”的商业模式。

内容式电商平台与货架式电商平台的对比如表 2-11 所示。

表 2-11 内容式电商平台与货架式电商平台的对比

对比项目	货架式电商平台	内容式电商平台
商业模式	人找货	货找人
买家购买路径	产生购物需求→在平台主动搜索商品→浏览商品，货比三家→下单	观看短视频或直播被“种草”→对商品产生兴趣→下单
买家消费特性	更偏向于理性消费	更偏向于冲动消费
卖家提高商品销量、品牌影响力的方法	主要借助站内、站外各种营销工具实施营销推广	发布差异化的优质内容

② 用户黏性高

TikTok 的受众群体主要是年龄在 30 岁以下的年轻人群，他们多数喜欢使用社交媒体平台，而 TikTok 具有较强的娱乐属性，更有利于延长年轻人群使用 TikTok 的时长，增加用户对 TikTok 平台的黏性，而以 TikTok 平台为依托的 TikTok Shop 也能保持较高的用户黏性。

（2）店铺运营模式

TikTok Shop 平台为卖家提供了全托管模式和自主运营模式两种运营模式，两者对比如表 2-12 所示。

表 2-12 全托管模式和自主运营模式的对比

对比项目	全托管模式	自主运营模式
运营方式	卖家向 TikTok Shop 平台供货，TikTok 负责商品上架、营销、物流、客户服务等工作，运作流程为：卖家向 TikTok Shop 平台提供商品→TikTok Shop 平台审核并选品→商家向 TikTok Shop 平台寄送样品→TikTok Shop 平台审核样品并核价→卖家备货→TikTok Shop 统一运营	卖家自主运营店铺，全面负责商品上架、销售、营销、物流、客户服务等各项工作
商品定价权	TikTok Shop 平台	卖家
营销方式	TikTok Shop 平台负责对商品进行营销，如通过 KOL 带货、为商品投放广告等，卖家也可以在 TikTok 平台注册账号发布短视频或通过直播等方式为商品引流	卖家负责营销活动，如投放广告、直播带货、发布短视频、与 KOL 合作等
适合人群	① 工厂、供应链型卖家； ② 缺乏内容创作、直播运营经验的卖家； ③ 没有足够的精力或预算运营网店的工厂型卖家	① 具有较强的内容创作能力，有直播运营经验的卖家； ② 有电商运营经验的卖家； ③ 希望做高客单价商品、提高品牌影响力的卖家

7．Shopee

Shopee 成立于 2015 年，是一个主要面向东南亚市场的电商平台。自 Shopee 成立之日起，加入的卖家数量一直处于增长状态，平台总订单数也呈增长趋势，成为很多卖家开拓东南亚市场必选平台之一。

（1）Shopee 的特点

与其他跨境电商平台相比，Shopee 具有以下特点。

① 专注于移动端

Shopee 专注于移动端，顺应东南亚地区电商移动化的发展趋势。

② 市场前景广阔

东南亚市场是 Shopee 的主要市场之一，其人口基数大，具有较大的人口红利。同时，随着互联网技术的发展和智能手机在东南亚地区的普及，人们对网购的需求和理解日益加深，这为 Shopee 带来了庞大的用户基础。

此外，虽然有些东南亚地区尚处于发展中状态，但这并不代表当地的人们没有跨境购物的消费能力，正是因为当地的发展水平有限，会在一定程度上刺激人们购买进口商品的需求。

同时，东南亚地区距离中国较近，东南亚地区的人们对中国商品有较强的认可度，这也为中国卖家创造了更多的发展机会。

③ 具有较强的社交属性

Shopee 拥有较强的社交基因，具有即时聊天功能，能够让买卖双方进行即时沟通，为买家带来更好的购物体验，有效地帮助卖家提高转化率，降低退单率和纠纷率，提高重复购买率。

此外，Shopee 还具有社交分享功能，卖家和买家可以将商品分享在各种社交媒体平台上，以扩大商品的传播范围。Shopee 设有“关注”功能，买家可以在 Shopee 上“关注”自己喜欢的卖家，以及时了解卖家商品更新和最新优惠活动。

（2）店铺运营模式

Shopee 为卖家提供了全托管模式、自主运营模式和虾皮国际平台（Shopee International Platform，SIP）模式 3 种店铺运营模式，三者对比如表 2-13 所示。

表 2-13 Shopee 店铺运营模式对比

对比项目	全托管模式	自主运营模式	SIP 模式
运作机制	卖家负责选品、备货，Shopee 全托管专业团队负责店铺的运营、物流、售后等环节	卖家在 Shopee 平台开设跨境店铺，并负责店铺的选品、备货、运营和售后全链路等工作	卖家在菲律宾、马来西亚、巴西、墨西哥等国，以及我国的台湾地区拥有 1 个自主运营店铺（即主店铺），即可一键开通其他市场的 SIP 附属店铺，这样主店铺内的商品就可以直接在 SIP 附属店铺中进行销售
优势	① 卖家可以专注研发、生产商品； ② 资深买手会分析市场趋势，为卖家进行供应链商品开发提供支持； ③ 店铺享有专属活动位、平台投流、商品补贴、商品标签等； ④ 享有更高效的物流服务，提高物流时效，提升买家购物体验； ⑤享有 3 个月售后免责	① 定价灵活，卖家可以自行为商品定价，决定商品利润； ② 运营灵活，卖家可以自行选择参与站内外活动，选用营销工具进行营销推广； ③ 上下架商品灵活，卖家可以根据自己对各市场的洞察上下架商品	① 实时商品同步，系统自动同步卖家商品价格、库存，卖家无须手动调整； ② 运营成本低，SIP 附属店铺免佣金、交易手续费，在 SIP 附属店铺生成的订单仅需支付一定的 SIP 管理费； ③ 自动算价、灵活调价，系统自动倒算结算价格，卖家可以通过“SIP 调价比例”调整自己的利润空间； ④ 营销支持，平台会提供专业的活动选品建议，为卖家提供平台多种营销资源； ⑤ 享受独有的卖家激励计划； ⑥ 运营能力较高的卖家，加入 SIP 6 个月之后可申请转为自主运营模式
适合人群	① 工贸一体型的卖家； ② 拥有自己供应链的卖家	① 有跨境电商运营能力的卖家； ② 想要打造自己品牌的卖家	有自主运营店铺能力但缺乏运营人员，又想拓展市场的卖家

（3）Shopee 店铺运营涉及的费用

卖家在 Shopee 平台上运营店铺涉及的费用主要有佣金、交易手续费、活动服务费、物流费用和卖家保证金，具体介绍如表 2-14 所示。

表 2-14　Shopee 店铺运营涉及的费用

费用名称	具体介绍
佣金	平台针对已成交并妥投的订单收取的费用（未成交的订单不会收取任何费用），佣金会从每一笔订单的拨款金额中直接扣除。收取佣金的比例为订单金额的 6%～10%（不同站点的佣金费率有所不同），即佣金=实际订单支付金额×佣金费率
交易手续费	交易清算服务商收取的费用，收取金额视具体情况而定
活动服务费	平台针对参加各站点的官方促销活动（如大促活动）的商品或店铺收取一定比例的服务费，具体费率基于不同的活动有所区别
物流费用	卖家需承担包裹从转运仓至所在站点当地仓的费用，收取金额视具体情况而定
卖家保证金	以同一个营业执照注册的卖家为单位收取，金额为人民币 3000 元。涉及海外仓店铺（包括一店多运或独立海外仓店铺等）、重点品类等特殊类型或多次出现违规等情况的卖家，可能需要缴纳更高金额的卖家保证金（为了激励新卖家，Shopee 平台会不定期推出保证金豁免权益）

2.1.3　第三方跨境电商平台的选择

第三方跨境电商平台有很多，每个平台都有自己的特点和运营规则，对于卖家来说，选择适合自己的平台有助于自己更好地开展跨境贸易。一般来说，卖家在选择第三方跨境电商平台时需要考虑以下因素。

1. 不同跨境电商平台的特性

卖家要了解不同跨境电商平台的特性，包括平台的特点、店铺运营模式、服务系统、收费模式、商品品类竞争强度、主要目标市场等。不同跨境电商平台的准入门槛高低程度不同，平台规则也各有不同，卖家要深入了解各个跨境电商平台的相关政策，才能最终决定哪些平台是自己可以做的。

2. 自身优势和运营目的

卖家要分析自身有什么优势，并明确自己想通过跨境电商平台运营实现什么目的。在综合考虑跨境电商平台特性的基础上，卖家可以参考表 2-15 选择第三方跨境电商平台。

表 2-15　卖家选择第三方跨境电商平台的要素

卖家类型	自身优势	运营目的	平台选择要素	平台推荐
中小型制造企业	拥有较强的设计、研发、制造商品的能力，具有为全球品牌做 OEM、ODM 运营的经验	① 减少商品的中间环节，提高商品利润； ② 创建并运营自身品牌； ③ 增加外贸渠道	① 市场覆盖范围较广； ② 运营成本较低，能为卖家提供培训、运营指导等支持； ③ 平台能提供托管服务	SHEIN、TEMU、速卖通等
经销商	① 以经营、代理和孵化其他品牌为主； ② 形成了自己的经销商品牌和网络	① 扩大自身经销网络； ② 开拓新的销售渠道	① 运营成本较低； ② 能为卖家提供培训、运营指导等支持； ③ 平台的金融服务、物流服务比较完善	TikTok Shop

续表

卖家类型	自身优势	运营目的	平台选择要素	平台推荐
品牌商	① 具有较强的商品设计能力，自主掌握商品设计核心环节，商品为外包生产； ② 能够对商品设计、商品生产等环节进行一体化管理	① 新品牌——以境内市场为主要目标市场，希望通过跨境贸易开拓新的销售渠道； ② 普通品牌——打造商品口碑，提高商品销量； ③ 高端品牌——维护品牌形象，提高品牌溢价	① 市场覆盖范围广； ② 卖家具备一定的经营自主性	亚马逊、速卖通

任务2 跨境电商独立站

除了在第三方跨境电商平台注册店铺开展跨境电商业务外，很多卖家选择建立独立站，这样能让自己拥有更多的自由操控权，更好地拓展境外市场。

2.2.1 独立站建站的方式

目前，常见的搭建独立站的方式有 SaaS 建站、开源建站和自主开发 3 种方式，每种方式的优缺点如表 2-16 所示。卖家要在充分考虑自身团队配置、资金支持、运营需求等因素的基础上，选择最适合自己的方式。

表 2-16 独立站建站方式的优缺点

建站方式	操作方式	优点	缺点
SaaS 建站	软件即服务（Software as a Service，SaaS）是一种软件部署模式，软件供应商在云基础设施上构建应用程序，用户可以根据实际需求通过互联网向软件供应商订购所需的应用软件服务，按订购服务的多少和时间长短向供应商支付费用，并通过互联网获得软件供应商提供的服务。SaaS 建站就是卖家通过订购 SaaS 平台的软件进行建站	① 建站速度快，易于操作； ② 通常使用成熟的模块化系统，较少涉及代码，卖家可以自主操作，能较快地完成独立站的开发、设计和集成等工作； ③卖家可以通过 SaaS 平台享受更多技术接口	① 建站自由度低，难以满足卖家的个性化需求； ② 不支持源码下载，卖家无法转移网站数据，也不能开源网站建设
开源建站	供应商开放源代码，卖家对源代码进行二次开发，进行自助建站	与 SaaS 建站相比，开源建站的灵活度更高，卖家可以根据自身的个性化需求对源代码进行二次开发	需要配置专业的技术人员
自主开发	卖家通过自有或外包团队定制开发独立站	灵活度高	① 需要技术支持； ② 开发成本较高，建站周期较长； ③ 后期需要花费人力、物力、财力对服务器进行维护

在搭建独立站时，跨境电商卖家可以充分运用人工智能工具辅助建站，提高建站的效率，提升独立站的本土化程度。在网站规划阶段，卖家可以运用人工智能工具进行网站创意构思和布局规划，在分析用户行为偏好的基础上预测用户对网站的期望与需求，从而更有针对性地进行网站设计。在添加网站内容阶段，卖家可以运用人工智能工具制作商品图片、写作商品标题和商品描述等。

此外，卖家还可以运用人工智能工具对网站进行调整和优化，使其更具本土化特点，包括调整网站页面文案用词、调整网站页面色彩和图片等视觉元素，以及调整网站结构和布局等，让网站能够给目标市场的用户带来更好的使用体验。

2.2.2 独立站建站的基本流程

一般来说，搭建独立站包括以下流程。

1．注册域名

域名就是网址，是独立站的重要组成部分，卖家可以选择自己注册，也可以购买老域名。在选择域名时，卖家应遵循 3 个原则：第一，域名容易记忆；第二，域名不宜与其他网站的网址混淆；第三，域名与自己的品牌名相关，最好两者一致。

2．选购/租赁服务器

服务器能够存储网站的文件和数据，使网站能够被正常访问。服务器分为境内服务器和境外服务器，通常来说，跨境卖家可以优先选择目标市场中的服务器。

3．选择建站方式

卖家根据自身情况选择建站方式，若卖家采用 SaaS 建站方式，可以选用店匠科技、Shopify 等 SaaS 平台搭建独立站；若卖家采用开源建站方式，可以选用 WordPress、Magento、Joomla 等开源系统搭建网站。

4．规划并添加网站内容

卖家根据自身需求规划独立站的结构，如网站由哪些页面构成，主页包括哪些信息，哪些内容需要单独成页，网站具备哪些功能等；设计网站界面，如页面的颜色、字体等；设计网站的功能，如商品展示、购物车、在线支付等。随后，卖家即可根据规划的独立站结构为网站添加各项内容。

完成网站规划后，卖家最好将网站中会用到的相关材料提前准备好，如商品图、品牌视频、品牌介绍等，以便后续能直接将这些内容添加到网站中。

5．测试网站

网站搭建好后，在正式上线之前，还需要卖家对网站进行全方位的检查与测试，包括网站各项功能的运作、浏览器的兼容性等，确认无误后即可上线网站。

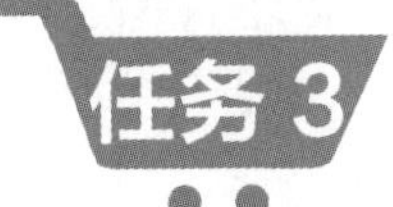

跨境电商多平台运营分析

很多跨境电商卖家会选择同时在多个不同的第三方跨境电商平台上注册店铺，或者在第三方跨境电商平台注册店铺的同时，建立独立站开展跨境电商业务，这种多平台运营的策略有利于卖家扩大市场份额，提高自身竞争力，但同时也会让卖家面临很多挑战。

2.3.1 多平台运营的优势

跨境电商多平台运营的优势主要体现在以下几个方面。

1. 市场更加广阔

各个第三方跨境电商平台都有自身的优势市场，卖家采用多平台运营的策略可以同时打入多个市场，让自己的商品和品牌覆盖更广阔的市场范围。

2. 利于商品多元化

很多卖家会设立子品牌，以拓宽商品品类，丰富自身的商品类型。如果卖家将自己的商品都展示在同一个跨境电商平台的店铺中，可能会引起买家的认知混乱，使买家无法对其品牌和代表性商品形成深刻的认知。此时，卖家可以采用多平台运营的策略，在不同的平台上销售不同的商品，同时开拓多个商品品类，从不同维度加深买家对品牌的认知。

3. 形成多元化推广网络

不同的跨境电商平台有自己的目标人群，卖家在多个跨境电商平台上发布商品信息，有利于吸引多元化人群的关注。只要这些人群对商品感兴趣，他们就可能购买商品，并在自己的社交圈分享、传播商品信息，有利于扩大商品的传播范围，形成多元化推广网络。

2.3.2 多平台运营的挑战

对于卖家来说，多平台运营是扩大市场占有率的一种手段，可以帮助卖家降低平台封号的风险，但同时也会让卖家面临一些挑战。

1. 商品管理难度大

在多平台运营中，商品管理难度较大。首先，卖家在多个平台上架商品容易出现重复选品的情况，从而对卖家自身整体销售计划造成不利的影响。其次，多平台运营的卖家需要确保每个平台上的商品都有库存，这在一定程度上加重了卖家的库存压力。最后，同一款商品在多个平台上实现同步销售的难度较大。

2. 运营难度大

不同的跨境电商平台有不同的运营规则，此外，跨境电商运营还面临政治因素、汇率波动、文化差异等诸多因素的影响，同一款商品在不同的平台和市场可能会面临不同的问题。例如，同一款商品在 A 市场合规，在 B 市场就可能存在侵权风险，甚至可能会因文化差异而被该市场禁售。

3. 管理成本高

多平台运营涉及多个平台上订单履约、库存管理、物流配送、售后处理等环节的协调与把控，如果卖家对各个平台的规则不熟悉，无法投入足够的人力负责不同平台各个环节的工作，很可能导致管理成本高、运营效率低下，甚至某些运营环节出现问题，如订单错漏、库存周转不畅、物流延误等，从而给卖家造成经济损失。

4. 运营难度上升

多平台运营需要卖家在不同的跨境电商平台上进行精细化运作，不同平台的运营规则不同，用户画像也不同，同一款商品在不同的平台上可能会表现出不同的销售结果和竞争力，这就需要卖家针对不同平台分别制定与其相适应的运营策略，从而增加卖家实施精细化运营的难度。

实训 对比跨境电商平台

1．实训目标

了解并把握各个跨境电商平台的特色。

2．实训内容

3～5人为一个小组，收集并整理亚马逊、eBay、速卖通、TEMU、SHEIN、TikTok Shop、Shopee等平台的相关信息，分析这些平台的特色。

3．实训步骤

（1）收集资料

分别登录亚马逊、eBay、速卖通、TEMU、SHEIN、TikTok Shop、Shopee等平台的官方网站，收集各个平台卖家入驻、卖家运营等相关信息。

（2）整理并分析资料

整理收集到的信息并进行分析，对比各个跨境电商平台的不同点，完成表2-17。

表2-17　跨境电商平台对比

对比项目	亚马逊	eBay	速卖通	TEMU	SHEIN	TikTok Shop	Shopee
平台符号							
平台简介							
平台类型（B2B、B2C、C2C）							
运营特色（自主运营、半托管、全托管）							
平台特色							
物流方式							

4．实训总结

学生自我总结	
教师总结	

课后习题

1．单项选择题

（1）下列关于阿里巴巴国际站半托管服务的描述错误的是（　　）。

A．由阿里巴巴国际站决定商品价格　　B．由卖家负责店铺的营销和销售工作

C．由阿里巴巴国际站提供物流服务　　D．由阿里巴巴国际站提供逆向退货服务

（2）在 eBay 平台上，如果卖家无法确定商品的价格，但又希望将商品快速售出，可以选择（　　）的销售方式。

A. 拍卖　　B. 一口价　　C. 拍卖+一口价　　D. 随机定价

（3）在速卖通半托管模式下，由卖家负责的环节是（　　）。

A. 营销推广　　B. 商品定价　　C. 售后服务　　D. 供应链管理

2. 多项选择题

（1）下列关于 TEMU 半托管模式的描述正确的是（　　）。

A. TEMU 平台拥有商品定价权

B. 由卖家负责投放广告进行营销

C. 由 TEMU 平台将商品上架至不同国家和地区站点进行销售

D. 由卖家备货至 TEMU 境内仓库

（2）下列关于 TikTok Shop 的描述正确的是（　　）。

A. 内容式电商　　B. 货架式电商

C. 属于"货找人"模式　　D. 买家消费更偏向于理性

（3）下列属于亚马逊平台的特征的是（　　）。

A. 坚持"买家至上"的理念　　B. 注重商品描述，轻客服咨询

C. 品类相对垂直　　D. 推出了小单快反的合作模式

3. 简答题

（1）简述卖家在选择第三方跨境电商平台时需要考虑的因素。

（2）简述多平台运营的优势与挑战。

项目 3 跨境电商市场调研

知识目标

- 掌握海外市场调研的内容和方法。
- 了解北美市场、欧洲市场、东南亚市场和中东市场的特点。
- 掌握选择目标市场的考虑因素和策略。

能力目标

- 能够对海外市场的环境和行业特征进行调研。
- 能够选择适合自身情况的目标市场。

素养目标

响应政府工作号召，积极开拓多元化市场，促进跨境电商新业态健康发展。

引导案例

TYMO，以深度调研精准定位市场需求

TYMO 成立于 2019 年，是一个专注于个人护理的品牌。出海第一年，TYMO 就创造了 2000 万元的销售额，经过几年的发展，TYMO 在海外市场获得了众多买家的喜爱。

扫码看视频

深度分析海外市场特点，洞察海外用户需求是出海品牌成功获得市场的必要条件。经过市场调研，TYMO 发现美国市场的消费者喜欢尝试新鲜事物，对科技含量较高的

个人护理类商品有着较高的认知度和接受度，因此，TYMO将美国市场作为进军海外的首个市场。

通过深度分析美国市场，TYMO发现在该市场中，大多商品是低端美发类商品，中高端同类商品较少。TYMO快速抓住这一需求缺口，在美国市场推出价格在59.99～69.99美元的直发梳系列商品和价格在69.99～99.99美元的卷发器，快速打开美国市场。随后，这些商品热销欧美市场。

在海外社交媒体上，很多年轻用户经常抱怨发型难打理，而且他们喜欢追求变化，不想局限于一种造型，但是他们又烦恼于频繁地烫发、卷发、拉直头发会对发质造成不好的影响。针对海外用户的这些需求，TYMO推出负离子直发梳、自动卷发棒等商品，并不断对商品进行迭代升级，在商品外观和商品功能上不断进行创新，以更好地迎合用户需求。在进驻亚马逊中东站点的时候，考虑到中东市场宗教文化因素，梳子中不能使用猪鬃毛，于是销往中东市场的梳子使用尼龙材质的材料代替猪鬃毛，同样保证了梳子的抓发效果。

从欧美市场到中东市场，TYMO以敏锐的市场洞察力迅速打响知名度，获得了亮眼的销售成绩。

案例分析

出口跨境电商卖家的目标市场在海外，不同国家和地区的市场规模不同，针对进出口贸易的政策不同，买家的消费行为习惯也不同。因此，出口跨境电商卖家要想顺利进入海外市场并获得成功，就需要做好海外市场调研，在全面且深入地了解海外市场特点的基础上进行商品研发，实施海外营销。

海外市场调研的内容

海外市场调研是指跨境电商卖家运用科学的调研方法与手段，系统地搜集、记录、整理、分析与海外市场有关的各类信息，从而把握海外市场的变化规律，为自身制定科学的运营决策提供可靠的依据。

3.1.1 海外市场环境调研

海外市场调研的内容比较广泛，从跨境电商的角度来看，海外市场调研主要包括海外市场宏观环境调研、海外市场电子商务环境调研、海外市场商品情况调研、海外市场营销情况调研、海外市场竞争情况调研和海外市场买家情况调研，具体如表3-1所示。

表3-1 海外市场环境调研的主要内容

海外市场调研的方向		主要内容
海外市场宏观环境	自然环境	海外市场的自然环境，如地理位置、气候、温度、湿度、地貌、自然资源、自然灾害等
	政治环境	海外市场与外贸相关的政治制度，政治稳定性，对开展对外贸易的态度，如外汇限制、进出口限制、进出口商品检验、进出口商品安全管理等
	法律环境	海外市场的与外贸相关的法律法规，例如，对知识产权的保护力度、与税收相关的法律法规、与消费者权益相关的法律法规等
	经济环境	海外市场的经济结构、经济发展水平、经济发展前景、民众就业情况、恩格尔系数等
	社会环境	海外市场的人口数量、人口分布情况、交通情况等
	文化环境	海外市场所使用的语言、风俗习惯、价值观念、生活方式等
	技术因素	海外市场的科技发展水平，如互联网普及率、移动端普及率、数字技术发展程度等

续表

海外市场调研的方向		主要内容
海外市场电子商务环境	电子商务市场规模	海外市场的互联网用户数量、网购人群规模、网购人群年龄结构、电子商务交易金额、电子商务行业增长率等
	电子商务行业发展趋势	海外市场电子商务行业的发展机遇和挑战
	电子商务行业竞争环境	海外市场电子商务行业的竞争对手或替代品，包括电子商务平台内所经营品类的竞争对手，能购买到该品类商品的其他渠道，如便利店、商超等
	电子商务业务服务环境	海外市场电子商务行业的供应链情况，包括商品的原材料供应商、生产商，电子商务的物流情况、电子支付服务情况、办理收结汇业务的银行服务情况等
海外市场商品情况	商品供给情况	海外市场某个品类或某款商品的市场规模、供应渠道、主要生产商的名称和生产能力、主要分销商的销售规模、影响商品供求变化的因素、商品需求弹性的大小等
	商品需求情况	海外市场对商品类型、质量、数量和价格的需求
	商品价格情况	海外市场某品类商品或某款商品的价格水平，影响该品类商品或该款商品价格的因素
海外市场营销情况	商品分销渠道	海外市场某品类商品分销渠道的类型，经销商和零售商的规模、经营能力、服务水平、资信情况，零售网点的情况，市场储运情况等
	广告宣传	海外市场可以利用的广告媒体、广告收费标准、广告表现形式，某品类商品常用的广告宣传方法，买家对各种广告的敏感程度等
海外市场竞争情况	竞争对手情况	海外市场某品类商品的竞争结构和垄断程度，主要竞争对手的市场占有率，竞争对手的身份，竞争对手的实力，竞争对手的商品种类，竞争对手商品的质量与价格，竞争对手的分销渠道，竞争对手的营销策略等
	竞品情况	海外市场某品类商品的竞品的款式、颜色、功能、材质、卖点、价格、销售情况、上下架时间、买家评价、营销推广方式等
海外市场买家情况	买家属性	海外市场买家的性别、年龄、身份、地位、地域分布等
	买家需求	海外市场买家的需求结构、需求变化，买家的购买动机，买家对商品的设计、性能、包装的要求等
	买家消费能力	海外市场买家的经济水平、消费水平、对商品价格的要求等
	买家资信情况	海外市场买家的资金实力、信誉情况、消费能力等
	买家偏好	海外市场买家常用的电子商务网站、搜索引擎，买家的支付习惯、网购时间等

3.1.2 海外市场行业特征调研

行业特征体现了某个品类在一个国家和地区电商市场的发展态势。对行业特征进行调研，跨境电商卖家可以了解目标行业的发展潜力，更好地把握市场机遇。

1. 市场容量调研

市场容量反映了目标行业的整体规模，指的是在不考虑商品价格或供应商的前提下，市场在一定时期内能够吸纳某种商品或劳务的单位数目。跨境电商卖家可以采用以下两种方法实施市场容量调研。

（1）从电子商务平台收集数据

跨境电商卖家可以从电子商务平台收集能够反映某行业供需关系的数据指标，并对其进行分析，从而了解该平台上此行业的市场容量，如表 3-2 所示。

表 3-2 电子商务平台上可反映某行业供需关系的数据指标

指标名称	指标说明
供需指数	统计周期内，所选类目的需求人数与供给商家数的比值，计算公式为“供需指数=（需求人数÷供给商家数）×100%”，供需指数越大，说明市场需求越大
搜索指数	统计周期内，所选类目下用户搜索商品次数的指数化指标。搜索指数越大，说明商品的搜索量和关注度越高
访客指数	统计周期内，所选类目下商品或店铺访客数的指数化指标。访客指数越大，说明潜在用户越多
商品加购人数	统计周期内，将商品添加到购物车的用户数量。商品加购人数在一定程度上体现了商品的潜在用户规模
商品收藏人数	统计周期内，将商品添加到收藏夹的用户数量。商品收藏人数在一定程度上也能体现商品的潜在用户规模

跨境电商卖家在分析数据指标时需要注意两点，一是市场是动态发展的，跨境电商卖家要考虑时间因素；二是在分析某行业的市场容量数据时，跨境电商卖家可以分析该行业下子行业的相关数据，以发现并避开规模小、竞争激烈的子行业。

（2）从相关机构收集资料

跨境电商卖家可以使用 Google Trends 查询所选类目或商品在特定市场的搜索趋势，进而了解其市场容量。此外，卖家还可以通过艾媒网、艾瑞网等第三方数据调研机构收集相关行业数据分析报告，并将其作为分析市场容量的参考资料。

2．行业集中度调研

行业集中度是指整个行业的市场集中度和市场势力，它反映了某个行业的市场饱和度和垄断程度。我们通常用赫芬达尔—赫希曼指数（Herfindahl-Hirschman Index，HHI，以下简称“赫芬达尔指数”）反映行业集中度。

赫芬达尔指数是一个行业中各竞争主体所占行业总收入或总资产百分比的平方和，其计算方法如下。

① 获得竞争对手的市场占有率（可以忽略市场占有率过小的竞争对手）。

② 计算竞争对手的市场占有率的平方值。

③ 将竞争对手的市场占有率的平方值相加，计算出总和。

赫芬达尔指数的计算公式如下。

$$HHI=SUM[(X_i/X)^2]$$

在赫芬达尔指数的计算公式中，X 代表市场的总规模，X_i 代表第 i 个企业的规模，X_i/X 代表第 i 个企业的市场占有率。HHI 的值越大，代表行业集中度越高，行业的垄断程度就越高。当 HHI=1 时，则说明该行业的市场被完全垄断。

赫芬达尔指数能够比较明显地反映规模较大企业的市场占有率，但无法很好地反映众多小规模企业的市场占有率，所以它更能体现规模较大的企业对市场的影响程度。

在分析某行业的集中度时，通常会对赫芬达尔指数求倒数，并将其倒数四舍五入得到一个整数，以直观地说明行业的集中度。假设某行业的赫芬达尔指数为 0.0597，说明该行业不存在店铺垄断的情况，该行业赫芬达尔指数的倒数为 16.7504，四舍五入取整数为 17，说明在众多店铺中，有 17 个店铺占据了市场的主要份额，说明该行业的市场集中度较高。

3．市场潜力调研

市场潜力是指在某一特定时期和特定条件下，某一市场对某一商品购买量的最乐观估计。跨境电商卖家可以采用蛋糕指数分析某行业的市场潜力，蛋糕指数的计算公式如下。

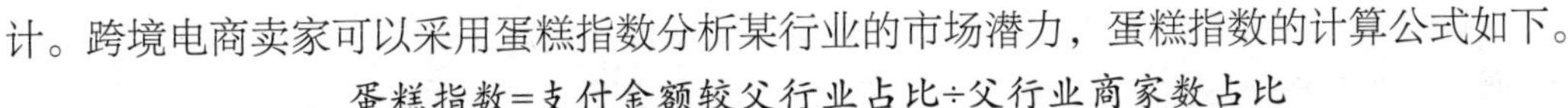

蛋糕指数=支付金额较父行业占比÷父行业商家数占比

蛋糕指数与市场容量之间不同的关系能够反映不同的市场特点，跨境电商卖家可以根据蛋糕指数与市场容量的关系及其所反映的市场特点而采用不同的策略，如表3-3所示。

表3-3　蛋糕指数与市场容量的关系所反映的市场特点及其参考策略

蛋糕指数与市场容量的关系	市场特点	参考策略
蛋糕指数大，市场容量大	行业中的店铺数量较少，市场容量较大，为蓝海市场	值得进入
蛋糕指数大，市场容量小	行业中的店铺数量较少，市场竞争度较低	卖家可以对此行业进行进一步的观察与分析，如果发现该行业的市场容量呈现较明显的增长趋势，可以考虑进入该行业
蛋糕指数小，市场容量大	行业中的店铺数量较多，市场竞争度较高	如果卖家在该行业的某个方面具备比较明显的竞争优势，可以考虑进入该行业
蛋糕指数小，市场容量小	行业的市场容量小，需要对市场竞争度做进一步分析	如果通过分析发现该行业市场竞争很激烈，可以考虑放弃进入；如果通过分析发现该行业市场竞争较小，可以保持观望，及时关注该行业的发展趋势，并做进一步分析

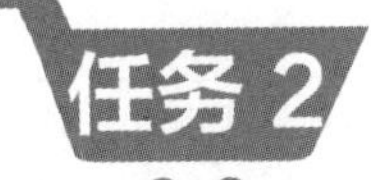

海外市场调研的方法

海外市场调研是一项复杂且细致的工作，需要以科学的方法做指导。海外市场调研常用的方法有案头调研法和实地调研法。

3.2.1　案头调研法

案头调研法又称文案调研法，指对二手资料进行再收集、整理和分析，从而获取自己所需要信息的调研方法。二手资料又称间接资料，指的是由他人收集、记录、整理过的资料，或者是他人发表过的资料。

二手资料分为两种类型，即内部资料和外部资料。内部资料包括卖家营销系统中储存的各种统计数据，如卖家的历史成交金额、各款商品销量统计数据、推广活动数据、主要竞争对手销售数据等；外部资料包括各个国家和地区的政府或相关机构公开的各类数据和信息，以及各类专业的调研机构、市场调研工具提供的相关数据统计和分析资料。具体来说，二手资料通过以下渠道收集。

- 跨境电商卖家内部资料。
- 大学、科研机构、公共图书馆发表的关于海外市场的分析报告。
- 海外组织、商会提供的贸易统计资料、税收政策、海关规定、进出口商资料等各类统计资料。
- 我国在境外设置的商务处可以提供一些与该地相关的市场情报。
- 国际组织发布的一些可供市场调研参考的资料。
- 各类数据分析工具，如Google Trends、KeywordSpy（一款可以用来挖掘并追踪关键词的工具）、Alexa（一款分析网站流量排名的工具）等。

与原始资料相比，二手资料具有收集简单、成本较低和花费时间较短的优势，但也存在一些劣势，如资料的可靠性不稳定，资料的可比性和通用性较差。因此，在收集和使用二手资料时，跨境电商卖家需要对其进行评估与验证，以确保二手资料的准确性、可靠性与有效性。

跨境电商卖家可以从以下 5 个角度对二手资料进行评估。

- 该资料是由谁收集、整理的？
- 该资料是否存在故意歪曲事实的情况？
- 该资料是如何被收集的？收集该资料的方法是否具有科学性？
- 该资料中的内容是否符合逻辑？
- 该资料与其他已知资料是否相符？

3.2.2 实地调研法

实地调研法是指调研人员直接从国际市场中收集资料的调研方法。采取这种方法收集到的资料就是原始资料，又称第一手资料。原始资料是针对特定问题而收集的资料，具有较强的目的性。原始资料的数据是当前数据，数据来源明确，具有较强的时效性和可靠性。

实地调研法主要包括观察法、实验法和询问法。

1. 观察法

观察法是指调研人员直接到达现场，通过直接观察或借助工具、机器观察被调研者的行为，从而获得原始资料的调研方法。例如，调研人员可以运用仪器设备记录买家的购买行为，也可以在展览会、订货会现场进行观察（如观察商品的展销情况、不同款式商品的订购情况等），从而获得相关资料。

2. 实验法

实验法是指调研人员挑选合适的目标群体，将其分为测试组和对照组，并对测试组进行某种处理，然后观察两个组的反应，从而获取相关资料的调研方法。

在国际市场调研中，实验法具有很强的应用性。当卖家想要调查店铺装修风格、商品价格、商品陈列方式、广告推广模式等因素对买家购买行为所产生的影响时，就可以采取实验法获取相关资料。例如，卖家想调查店铺内商品价格对买家购买行为的影响，就可以在不改变店铺装修风格、商品陈列方式、广告推广模式等因素的前提下调整商品价格，发现不同价格对买家购买行为的影响，从而找到最能激发买家购买行为的价格。

3. 询问法

询问法是指调研人员通过提问的方式向被调研者了解情况，从而获得原始资料的调研方式。询问法分为当面访谈、问卷调查和电话访谈。

（1）当面访谈

当面访谈是指调研人员对被调研者进行当面访问，从而获得相关资料的方法。当面访谈又分为个人深度访谈和焦点集体访谈。

个人深度访谈是指调研人员逐个访问被调研者，与其进行单独面谈，从而获得有效信息。调研人员采取个人深度访谈的方法，不应注重话题的广泛性，而应注重话题的深度，从而挖掘出深度的信息。例如，调研人员提出问题：“您有几套西装？”被调研者回答：“两套。”调研人员可以追问：“是定做的，还是直接购买的？”如果被调研者回答：“定做的。”调研人员可以追问：“您觉得定做西装有哪些优势？”“您在哪里定做西装？”如果被调研者回答：

"直接购买的。"调研人员则可以追问:"您在哪里购买的?""您经常购买哪个品牌的西装?""您购买的西装价位是多少?"

焦点集体访谈是指将5～10个被调研者召集在一起，由受过训练的调研人员引导他们就某一个话题展开讨论，并记录讨论结果，以供后期进行深入分析的方法。与个人深度访谈不同，焦点集体访谈通常不提供统计意义上的信息，只提供被调研者情感、感知方面的信息，体现其对某个事物的感觉或想法。

(2)问卷调查

问卷调查是指调研人员通过制定详细周密的调查问卷，要求被调研者回答调查问卷上的问题以收集资料的方法。调查问卷又称调查表或询问表，是以问题的形式系统地记载调查内容的一种问卷。调查问卷中问题和答案的设计会影响调研的结果，其设计非常重要。

在设计调查问卷时，需要注意以下几点。

- 语气要亲切、自然，让被调研者愿意配合。
- 问题要简单易懂，避免使用专业性太强的术语。
- 设计的问题要简短，具有较强的概括性。
- 问题和答案不带有偏见与倾向性。
- 问题顺序要由浅入深，循序渐进。
- 文字表达清晰，避免用词模棱两可、含糊不清。
- 避免直接询问比较敏感的问题(如年龄、收入等)。例如，不要问"您的年龄是多少"而是问"您是哪一年出生的"，或者给出年龄段(如18岁以下，18～25岁，26～35岁，36～50岁，50岁以上)供被调研者选择。

(3)电话访谈

电话访谈是指调研人员通过电话访问被调研者，从而获得相关资料的方法。在做电话访谈时，需要注意以下3点：一是调研人员提出的问题要尽量简单、口语化，语气要客气、有礼貌；二是尽量采取自由式问句，如"您喜欢什么款式的裤子"；三是要迅速记录访谈内容，以供后续深入分析。

3种调查方法的优缺点如表3-4所示。

表3-4 当面访谈、问卷调查与电话访谈的优缺点

询问法的类型	优点	缺点
当面访谈	① 可以灵活选择询问的地点； ② 速度快； ③ 专业的调研人员能够引导被调研者回答并解释一些较为复杂的问题	① 人均调查成本较高； ② 被调研者可能会受到调研人员问话方式的影响，从而做出不符合实际的回答
问卷调查	① 调查的范围较广； ② 费用较低； ③ 被调研者有比较充足的时间回答问题； ④ 有较强的匿名性； ⑤ 无须对调研人员进行专门的培训和管理，可以节省一部分时间和成本	① 问卷回收率低，容易影响样本的代表性； ② 问卷回收周期长，时效性较差
电话访谈	① 能够较快获得一定数量的信息； ② 回应率较高	① 人均调查成本较高； ② 被调研者可能会对调研人员产生怀疑，拒绝合作，或者反馈虚假信息； ③ 被调研者的回答可能会受到调研人员说话方式的影响

开展实地调研的成本较高，所花费的时间较长，被调研者的参与度也不稳定。跨境电商卖家可以通过两种途径开展实地调研，一种是自行调研，另一种是委托专业调研机构进行调研。跨境电商卖家可以根据自身情况灵活选择收集原始资料的方式，如表 3-5 所示。

图 3-5　跨境电商卖家收集原始资料的方式选择

适合跨境电商卖家自行调研的情况	适合跨境电商卖家委托专业调研机构进行调研的情况
① 跨境电商卖家具备足够的调研力量，具有丰富的调研经验； ② 跨境电商卖家虽然没有开展调研的经验，但由于该市场潜力巨大，值得花费大量的精力进行调研，并从中获取经验； ③ 调研项目只需少量的调研人员负责； ④ 跨境电商卖家与专业的调研机构进行沟通时存在困难，例如，针对高新技术商品开展的调研，有些调研机构的人员不懂相关技术； ⑤ 在跨境电商卖家选择的目标市场中，没有专业的调研机构	① 跨境电商卖家没有设置专门的调研部门和岗位； ② 跨境电商卖家设有专门的调研部门和岗位，但相关人员不具备承担调研工作的能力； ③ 跨境电商卖家与被调研者之间存在信息交流的障碍； ④ 调研项目非常重要，专业机构更有经验，更加专业化； ⑤ 某个国家和地区不是自己的主要目标市场，不值得专门派人前往开展调研工作

任务 3　主流海外市场的特点

为了提高商品销量，扩大市场占有率，很多卖家采用多渠道、多市场运营的策略，然而不同的海外市场具有不同的特点，深入洞察市场特性，因地制宜制定运营策略，是跨境电商卖家获得竞争优势的关键。

3.3.1　海外传统市场的特点

北美市场和欧洲市场的跨境电商发展比较成熟，是很多跨境电商卖家深耕的主战场，下面将详细介绍这两个市场的特点。

1．北美市场的特点

北美地区经济发展水平较高，是全球经济发展重要引擎之一，该地区电商市场在全球处于领先地位，也是中国跨境电商卖家必争之地。

（1）人口情况

美国和加拿大是北美地区最主要经济体，公开数据显示，2023 年美国人口总数为 3.35 亿人，加拿大人口总数为 4009.8 万人。

与中东地区、南美地区、亚洲等相比，北美地区的人口增长率较低，但该地区人均 GDP 处于世界领先水平。

（2）语言特征

北美地区大部分居民使用英语，虽然部分居民会使用西班牙语、法语或其他语言，但英语在该地区基本可以通用。

（3）互联网渗透率

北美地区互联网渗透率较高，预计到 2028 年，该地区互联网渗透率将超过 90%。该地区的电商普及率非常高，人们对网购的接受程度和依赖度也很高。

（4）买家消费偏好

北美地区电商用户在总人口数中占比较高，30 岁以下的年轻人是电商消费主力军。美国买家最关注商品质量，其次是商品包装，最后是商品价格。美国买家购物后，如果发现商品不能使用、有损坏，或者商品不符合他们的期望，都习惯要求退货退款。加拿大买家则比较看重商品价格。

在北美地区，电子类商品、时尚类商品、食品类商品、个人护理类商品等比较热销。

（5）法律法规要求

北美地区的法律法规非常复杂，例如，美国海关对进口商品有严格的规定，如果跨境电商企业没有遵守规定，就会面临罚款和扣货等处罚。

（6）支付方式

北美地区的买家多采用信用卡支付的方式，随着移动支付的发展，Apple Pay、Google Wallet、PayPal 等电子钱包在美国和加拿大的使用率不断提高。

2．欧洲市场的特点

欧洲是全球最大的经济体之一，作为一个经济发达、多元文化共存的大陆，欧洲跨境电商行业具有巨大的潜力和机遇。

（1）市场规模

欧洲跨境电商市场正处于快速发展阶段，预计 2022 年至 2026 年，该地区跨境电商市场规模增长将超过 550 亿美元，这意味着欧洲地区的跨境电商市场有着强劲的增长势头。在欧洲地区，英国、法国、德国是 3 个主要市场。

（2）买家形象

欧洲地区拥有悠久的历史和文化底蕴，当地居民普遍拥有严谨的工作作风、缜密的思维、高效的办事效率、良好的支付信用，因此欧洲地区买家在全球拥有良好的消费形象。

（3）买家消费偏好

欧洲地区买家习惯使用移动设备进行购物，此外，Facebook、Instagram 等社交媒体也会对该地区买家的购物行为产生影响，很多人偏向通过社交媒体进行购物。

在欧洲地区，服装、鞋子、手表、家居用品比较热销，一些高价值商品也拥有不错的市场。该地区的买家偏好购买高品质的商品，然而不同国家和地区的买家对商品的偏好会存在一些差异，例如，德国买家重视可持续发展，他们比较关注商品的环保性、节能性；法国买家更偏好购买美容、美妆类商品。

（4）物流服务

欧洲地区的物流网络较为完善，且在不断优化中。例如，法国、德国不断优化物流网络，努力提高包裹配送效率，西班牙则致力于利用新技术、自动化设备优化“最后一公里”配送服务。德国的物流基础设施比较发达，很多世界级物流公司均在德国，所以德国的物流服务具有高效、可靠、覆盖范围广的特点，能够为卖家提供优质的物流服务，处理复杂的物流业务，并提供多样化的“最后一公里”配送解决方案。

近年来，欧洲地区很多国家设置众多代收点，为卖家和买家提供了更灵活的送货方式。

（5）支付方式

欧洲地区买家在线上购物进行支付时，除了习惯使用维萨卡（VISA）、万事达卡（MasterCard）等国际卡外，也喜欢使用当地卡，如 Maestro（英国当地卡）、Solo（英国当地卡）、Laser（爱尔兰当地卡）、Carte Bleue（法国当地卡）、Dankort（丹麦当地卡）、CartaSi（意大利当地卡）等。

3.3.2 海外新兴市场的特点

随着经济全球化的发展，东南亚地区、中东地区的电子商务市场规模不断扩大，成为跨境电商新兴蓝海市场，吸引了众多跨境电商卖家进入。

1．东南亚市场的特点

东南亚是亚太地区重要经济引擎之一，近年来，该地区的电子商务市场规模保持着强劲的增长态势。作为数字经济新蓝海，东南亚市场备受中国企业的关注。

（1）电子商务市场规模

2015 年，东南亚地区电子商务市场规模为 5.4 亿美元。预计到 2025 年，该地区电子商务市场规模将超过 87 亿美元，其中，印度尼西亚将成为东南亚地区最大的电子商务市场。此外，东南亚地区电子商务的年增幅将达 32%，远远超过线下零售的年增幅。

（2）人口情况

东南亚地区年龄在 30 岁以下的人口数量占人口总数的一半以上，预计到 2030 年，东南亚地区"千禧一代"和"Z 世代"人口数量将占该地区人口总数的 75%。同时，东南亚地区的中产阶级的人口规模不断增长，预计到 2030 年，其人口数量将占该地区人口总数的 60% 以上。由此推断，东南亚地区将成为一个由当地年轻人、中产阶级为主导的市场，他们往往对电子商务有着更高的接受度。

（3）互联网使用情况

东南亚地区的互联网渗透率超过 80%，这说明该地区的居民的网络使用习惯较好。

东南亚地区的居民在互联网上花费的时间比全球其他任何地区都更多，即使是在该地区互联网普及率不高的国家，人们平均每天使用互联网的时长也将近 10 个小时。

（4）社交媒体使用情况

东南亚地区的社交媒体行业发展迅速，当地居民在购物时容易受到关键意见领袖（Key Opinion Leader，KOL）的影响，所以 KOL 营销在该地区是一种比较受欢迎的营销方式。此外，直播营销在越南和泰国获得较快的发展，其居民非常愿意通过观看直播购买商品。

YouTube、WhatsApp、Instagram 和 Facebook 是东南亚地区比较受欢迎的社交媒体，TikTok 在菲律宾、越南、印尼和泰国也获得了较多的关注。Zalo 是越南本土社交媒体，在越南拥有大量的用户。利用 KOL 进行营销的卖家可以重点关注 YouTube、WhatsApp、Instagram、Facebook、TikTok 和 Zalo 等社交媒体平台。

（5）买家消费行为特征

东南亚地区的买家对商品价格比较敏感，他们更愿意购买折扣力度大、性价比高的商品。此外，熟人推荐及商品的售前、售中、售后服务和物流服务等因素也会在一定程度上影响买家的购买决策。

总体来说，电子类商品、美容、健康、个人及家庭护理，以及时尚品类商品在东南亚地区比较畅销。

（6）物流情况

东南亚地区的物流基础设施建设尚不完善，订单"最后一公里"交付时效难以保障。该地区不同国家的物流情况略有不同，例如，新加坡的物流设施较为完善，本土物流公司新加坡邮政整体实力较强，在多个国家和地区建有仓储网络。印度尼西亚地理环境较为复杂，"最后一公里”配送难度较大，当地主流物流公司为 JNE，但其配送时效和物流跟踪服务都不尽如人意。菲律宾的物流公司提供大批量货运服务，但缺少配送电商小包裹的经验，同时当地岛屿丛生，在一定程度上增加了物流配送的难度。

（7）网购支付方式

在东南亚地区，信用卡支付和银行转账是比较普及的支付方式。此外，该地区买家普遍偏好线下支付，如货到付款、线下 POS。

2．中东市场的特点

在全球经济环境中，中东地区凭借独特的地理位置和庞大的经济实力，逐渐成为世界经济的焦点。得益于互联网技术的发展、政策的支持等因素，中东地区的跨境电商市场发展迅速，中东市场展现出强大的潜力和广阔的前景。

（1）中东地区宏观环境

中东地区涵盖 20 多个国家和地区，人口总数超过 4 亿人，并保持着较高的人口增长率，且人口结构年轻化，人口年龄中位数在 35 岁以下。

从经济发展来看，中东地区经济保持着较快的增长速度，人均 GDP 较高，居民消费能力高。

从基础设施看，中东地区的互联网用户数量超过 2 亿人，互联网渗透率高。虽然中东地区买家在购物时将货到付款作为首选，但近年来对电子支付的接受度在逐渐提升。

中东地区很多国家的居民使用阿拉伯语，但随着当地互联网技术普及和数字经济的发展，越来越多的人开始学习英语或其他外语，这在一定程度有助于降低跨境电商卖家与当地买家沟通的障碍。

中东地区重视低碳环保、绿色经济，各国会采取相关举措践行绿色生活，推动经济绿色可持续发展。

由于中东地区居民的生活方式受宗教文化的影响较为明显，因此中东地区禁止销售一些不符合宗教文化的商品。

（2）对外贸易政策

为了推动经济发展和提高国际竞争力，中东地区很多国家纷纷出台了众多支持跨境电商发展的政策，并通过多项举措大力推动数字经济的发展。

2018 年，迪拜自由贸易区理事会推出了与电子商务相关的条例；2020 年，迪拜海关开通了跨境电子商务平台，通过简化申报、自动退税等方式，大大降低了电商运营成本；2021 年，迪拜建立了中东地区第一个电子商务自贸区，为电子商务贸易提供综合服务。

2019 年，沙特阿拉伯成立电子商务委员会，同年通过沙特阿拉伯第一部电子商务法；2021 年，沙特阿拉伯中央银行首次批准针对电商快递的保险服务，支持电子商务的发展。

2021 年，中国与阿拉伯国家联盟共同发表《中阿数据安全合作倡议》，进一步推动中阿双边数字合作。

随着中国全方位外交活动的展开和“一带一路”倡议的不断推进，中国与中东地区国家之间的贸易关系不断增进，为跨境电商企业提供了良好的发展环境。

（3）海关、税收政策

中东地区各国在进口商品的关税、增值税（VAT）上有明确规定。例如，阿联酋、阿曼对大多数商品和服务征收的增值税税率为 5%，沙特阿拉伯对大多数商品和服务征收的增值税税率为 15%。跨境电商卖家需要详细了解目标国家和地区在海关、税收等方面的规定，按

照要求注册申报增值税，合规纳税。

（4）商品禁限售制度

中东地区各国有通行的产品认证，跨境电商卖家销售的商品需要符合当地对商品质量、安全性的要求。此外，中东各国有特定的限制和禁止销售的商品，卖家需要对其进行充分的了解。

（5）目的国海关清关要求

中东地区各国对清关商品的限制较多，不同国家对某些特定商品合规性的要求也有所不同，尤其是沙特阿拉伯，对清关商品的要求异常严格。中东地区国家的人们有宗教信仰，因此各国对违反宗教文化商品的查验力度非常大，卖家一定要了解清楚目的国的法规和文化禁忌。

此外，中东地区各国的清关税率各不相同，有的国家的清关税率高达15%，这在一定程度上会增加跨境电商卖家的运营成本。

（6）跨境电商物流

中东地区的跨境电商物流以空运和海运为主，当前该地区的跨境电商物流具有以下特点。

① 末端配送难度大

中东地区的买家多采用货到付款（Cash on Delivery，COD）的下单模式，再加上中东地区的地域特点，中东地区订单的末端配送难度较大，这主要表现在以下几个方面。

- 订单地址难以精准定位

中东地区很多区域的划分并不明确，很多地方没有准确、具体的地址信息，一些买家填写的收件地址是"××旁边""紧挨着××超市"等，同时受到历史原因的影响，该地区有很多地方重名，这就容易导致订单分拨错误。此外，很多订单填写的联系号码错误或无效，导致快递员无法及时联系到买家，所以中东地区的订单妥投率较低。

- 订单派送效率低，丢包率高

中东地区地广人稀，居民居住比较分散，订单密度较小，单个快递员派件覆盖的地域较广，订单派送周期较长。如果买家未接到快递员的派件电话，想要快递员折返派送，难度较大。此外，订单的物流信息更新不透明，一些买家等待很长时间未收到货物，又无法获得货物的物流信息，就可能选择拒签。

很多订单无法妥投，而被拒收、退货的订单又无法退回，导致订单丢包率较高。

- 沟通难度大

中东地区的居民大多数讲阿拉伯语，在派件过程中快递员与买家存在一定的沟通障碍，这在一定程度上也会增加订单交付风险。

COD模式的订单涉及商品的转运、派送、预约、异常处理等环节，任何一个环节出现问题，都可能对店铺的物流成本和订单派送签收率造成影响。在COD模式下，对于进军中东地区的卖家来说，有效解决物流配送"最后一公里"是他们面临的一大挑战。

② 物流时效难以保障

中东地区各国的清关时间较长，根据目的地物流情况的不同和实际清关效率的不同，跨境商品运输加上清关的总时间也不相同。例如，从中国销售到阿联酋或沙特阿拉伯的商品，物流运输加上清关的时间，总时长在5～50天。再加上COD订单末端配送难度较大，订单派送效率较低，这就导致订单的物流时效难以得到保障，很多订单无法在规定的时间内妥投。

与北美地区、欧洲地区相比，中东地区的跨境物流配套设施的建设较晚，但随着中东地区经济的发展，其物流配套设施正在逐步完善中。

（7）线上订单支付

与其他地区相比，中东地区线上订单支付具有以下特点。

① 数字支付不断发展

2019年之前，中东地区的居民在线上购物时更喜欢选择货到付款的方式，近几年，随着中东各国政府和金融监管机构的推动，该地区的数字支付获得较快的发展，越来越多的人在线上购物时选择使用数字支付的方式。

② 信用卡支付面临拒付、多币种挑战

在中东地区，信用卡支付在各种支付方式中占有较高的比例。在信用卡支付模式下，信用卡组织会为买家提供180天内可发起拒付的支持，卖家发货后，如果买家以信用卡被盗、未收到货为理由发起拒付，信用卡发卡行大多会选择支持信用卡持卡人，卖家就需要承担损失。

此外，一些国际信用卡支付网关只支持美元，不支持小币种，这样就不便于卖家使用中东当地货币对商品进行标价。

③ 银行转账、本地卡支付流程复杂

中东地区的银行转账、本地卡支付也占有一定的比例，与其他支付方式相比，这两种支付方式的交易流程比较烦琐。

④ 汇率波动大，容易产生汇损

受国际市场货币政策的影响，中东地区部分货币的汇率波动较大，卖家收到货款后若未及时换汇，就容易产生汇损。

（8）营销特点

近年来，在人口年轻化趋势日益明显的影响下，中东地区社交媒体的使用率呈明显上升趋势，其中阿联酋、巴林和卡塔尔3个国家的社交媒体使用率与其他国家相比较高。在各种社交媒体平台中，WhatsApp和Facebook的使用人数较多，同时，新兴社交媒体平台Snapchat和TikTok越来越受到年轻用户的青睐。

中东地区的宗教文化和传统节日会激发当地买家的消费需求，跨境电商卖家可以针对这些节日推出营销活动。

（9）买家消费行为特点

中东地区买家消费行为具有以下特点。

- 以年轻买家为主，女性买家购买力强。中东地区网购买家以年轻人为主，买家的年龄集中在18～24岁。随着中东地区一些国家女性地位逐渐得到提高，女性的消费潜力被激发出来，网购中女性买家的占比不断提高，甚至成为消费主力军。
- 买家购买力强，单笔客单价高。中东地区主要国家的人均GDP较高，当地买家的购买力普遍较高，很多买家每周都会在网上购物，而且买家的单笔客单价较高，例如，阿联酋买家平均单笔客单价超过120美元，卡塔尔买家平均单笔客单价则超过200美元。
- 注重商品品质、耐用性和环保性。中东地区买家对网购商品的品质有着较高的要求，也看重商品的耐用性和环保性，他们更愿意用较高的价格购买采用可回收、可持续利用或环保材料制成的商品。

• 对物流配送有较高要求。中东地区买家对商品的物流配送有较高要求，一是希望卖家能够提升配送速度，二是买家希望卖家提供包邮服务。

（10）热门商品品类

中东地区跨境电商热门商品品类如表 3-6 所示。

表 3-6 中东地区跨境电商热门商品品类

热卖品类	热卖商品举例
电子消费品类	电子及配件类商品，如一体式数码相机、电池、相机支架； 计算机配件，如鼠标、键盘、微型 SD 卡； 智能家居类商品，如电动窗帘、智能照明设备、智能摄像头、智能音箱等
家居生活品类	化妆品展示盒、储物盒、花瓶、抽屉收纳用具等
时尚品类	服饰、鞋靴、箱包、假发、钟表等
美容美妆品类	身体防晒类商品、腮红、面霜、唇膏、化妆水、香水、除臭滚珠、除臭膏等
健康个护品类	耳垢去除仪器、牙膏等
母婴品类	手推车、纸尿裤、婴儿车载座椅、儿童玩具等

任务 4 目标市场的选择

在跨境电商业务运营中，并非所有的市场都对卖家有足够的吸引力，卖家的资源与资金是有限的，无法满足所有市场的全部需求，因此，卖家需要扬长避短，选择适合自己的市场进行运营，这样才更容易获得成功。

3.4.1 选择目标市场的考虑因素

选择目标市场是指跨境电商卖家针对一个或几个市场进行重点运营。跨境电商卖家在选择目标市场时，需要考虑以下几个因素。

• 市场规模：最好选择市场容量大、具有较大增长潜力的市场，这样有利于获得更多的发展机会。

• 竞争程度：选择竞争程度较低的市场，这样有利于降低竞争压力，更容易获得竞争优势。

• 买家需求：选择自身商品或服务特性与买家需求更匹配的市场，这样有利于更好地满足买家需求，提高市场占有率。

• 法律、政策：选择对外贸易法律、政策相对宽松的市场，这样有利于降低运营障碍和风险，以保障业务顺利进行。

• 自身资源：在分析自身资源的基础上，选择与自身资源规模和自身运营能力相匹配的市场，这样有利于集中资源优势赢得竞争优势。

3.4.2 选择目标市场的策略

目标市场策略包括无差异性市场策略、差异性市场策略、集中性市场策略，这3种目标市场策略的优缺点如表3-7所示。跨境电商卖家可以在综合考虑自身情况、各个市场特点的基础上，选择适合自己的目标市场策略。

表3-7 目标市场策略的优缺点

市场策略	释义	优点	缺点
无差异性市场策略	卖家将整个市场视为一个大的目标市场，只考虑市场的共性，而不考虑其差异性，运用一种商品、一套营销方案开拓市场的策略	① 由于商品种类单一，有利于大批量生产，降低生产和储运成本；② 无差异的营销策略有利于降低营销成本；③ 不实施市场细分，卖家无须在市场调研上花费过多的时间和资金	① 如果同类卖家也采用这种策略，必然产生激烈的竞争；② 着眼于大众市场，容易忽视细分市场的差异性需求，买家的一些个性化需求无法得到满足
差异性市场策略	卖家将整个市场划分为若干个细分市场，针对不同的细分市场生产不同的商品，制定不同的营销策略，以满足不同买家的消费需求	① 针对性强，有利于满足买家的个性化需求；② 卖家在多个细分市场上经营，一定程度上分散经营风险	① 由于采用差异化策略，会增加卖家的管理难度，并增加商品生产、储运成本；② 卖家需要为不同的细分市场制定不同的运营方案，会增加卖家在市场调研、渠道管理等方面的成本；③ 如果卖家管理不善，无法合理配置自身资源，容易顾此失彼，甚至出现内部彼此争夺资源的现象，使主营商品难以形成竞争优势
集中性市场策略	卖家选择一个或几个细分市场作为目标市场，实行专业化的生产和销售	① 目标集中，便于卖家深入了解市场需求变化，利于卖家在细分市场集中优势力量获得竞争优势；② 便于卖家实施有针对性的运营策略，节约生产和营销成本；③ 卖家可以满足个别细分市场的个性化需求，从而让自身在该市场获得竞争优势	① 目标市场范围小，市场发展潜力较小，卖家的长远发展计划可能会受到限制；② 卖家的目标市场集中、狭小，一旦目标市场发展变化，如买家需求发生变化、购买力下降，或者强大的竞争对手进入市场，或者市场中出现新的对买家更有吸引力的替代品，则会让卖家运营面临极大的威胁

分析海外市场与目标行业

1. 实训目标

通过对海外市场、目标行业进行调研与分析，了解在该市场从事目标行业的有利条件及面临的风险。

2. 实训内容

（1）3～5人为一个小组，从俄罗斯、越南、印度、墨西哥、巴西5个市场中任选一个，选用合适的调研方法对该市场整体跨境电商环境进行调研，总结该市场的特点，并形成调研报告。

（2）从服装行业、美妆行业、电子产品行业中任选一个行业，选择合适的调研方法对确定的目标市场中的此行业进行调研，总结目标市场中此行业的特征，并形成调研报告。

3．实训步骤

（1）确定调研目标和调研方法

小组成员讨论，确定要调研的目标市场、目标行业和选择的调研方法。

（2）收集目标市场资料

参考表 3-8，使用选择的调研方法收集目标市场资料。

表 3-8　海外市场调研的主要内容

市场调研方向	主要内容
海外市场宏观环境	自然环境
	政治环境
	法律环境
	经济环境
	社会环境
	文化环境
	技术因素
海外市场电子商务环境	电子商务市场规模
	电子商务行业发展趋势
	电子商务行业竞争环境
	电子商务业务服务环境
海外市场商品情况	商品供给情况
	商品需求情况
	商品价格情况
海外市场营销情况	商品分销渠道
	广告宣传
海外市场竞争情况	竞争对手情况
	竞品情况
海外市场买家情况	买家属性
	买家需求
	买家消费能力
	买家资信情况
	买家偏好

（3）形成目标市场调研报告

对收集到的目标市场资料进行分析，并形成目标市场调研报告，如表 3-9 所示。

表 3-9 ______市场跨境电商环境调研报告

调研时间		调研对象	
调研成员			
市场环境分析			
宏观环境：			
电子商务环境：			
商品情况：			
营销情况：			
竞争情况：			
买家情况：			

（4）收集目标行业资料

使用选择的调研方法收集能够反映目标市场、目标行业的市场容量、行业集中度、市场潜力的相关资料，具体如表 3-10 所示。

表 3-10　行业特征调研主要内容

行业特征调研方向	主要内容
市场容量	供需指数、搜索指数、访客指数、商品加购人数、商品收藏人数
行业集中度	主要竞争对手、竞争对手市场占有率
市场潜力	支付金额较父行业占比、父行业商家数占比

（5）形成目标市场、目标行业调研报告

对收集到的目标行业资料进行分析，形成目标市场、目标行业调研报告，如表 3-11 所示。

表 3-11 ______市场______行业调研报告

调研时间		调研对象	
调研成员			
行业特征分析			
市场容量：			
行业集中度：			
市场潜力：			

4. 实训总结

学生自我总结	
教师总结	

课后习题

1. 单项选择题

（1）速度快、可以灵活选择询问的地点，但是人均调查成本较高的调研方法是（　　）。

A. 实验法　　B. 当面访谈　　C. 问卷调查　　D. 电话访谈

（2）蛋糕指数大、市场容量小的市场特点是（　　）。

A. 行业中的店铺数量较少，市场容量较大，为蓝海市场

B. 行业中的店铺数量较少，市场竞争度较低

C. 行业中的店铺数量较多，竞争度较高

D. 行业的市场容量小，需要对市场竞争度进行进一步分析

（3）卖家营销系统中储存的各款商品销售统计属于（　　）。

A. 直接资料　　B. 内部资料　　C. 外部资料　　D. 公开资料

2. 多项选择题

（1）下列关于原始资料的说法正确的是（　　）。

A. 具有较强的目的性　　B. 具有较强的时效性

C. 又称为间接资料　　D. 分为内部资料和外部资料两种类型

（2）东南亚市场特点包括（　　）。

A. 属于跨境电商新兴市场　　B. KOL 营销比较受欢迎

C. 物流网络比较完善　　D. 互联网渗透率较高

（3）下列关于中东市场特点的描述正确的是（　　）。

A. 重视低碳环保、绿色经济　　B. 末端配送难度大

C. 订单地址难以精准定位　　D. 喜欢货到付款

3. 简答题

（1）简述海外市场环境调研的主要内容。

（2）简述中东市场的特点。

项目 4 跨境电商商品管理

知识目标

- 掌握跨境电商选品的原则与方法。
- 掌握跨境电商商品定价的策略。
- 掌握撰写商品标题、设计商品主图的技巧。
- 掌握设计商品视频和商品详情页的技巧。

能力目标

- 能够在充分了解目标市场的基础上采用合适的方法进行选品。
- 能够为跨境电商商品设计标题、主图、视频和详情页。

素养目标

培养家国情怀，增强文化自信，利用跨境电商平台向世界销售具有中国特色的产品。

引导案例

“小宅女”紧抓目标市场流行趋势，选品坚持“本土化”

快时尚类商品一直是跨境电商营销热门品类，快时尚女装品牌“小宅女”在我国获得成功后，选择在服装市场潜力巨大的东南亚地区开拓新的市场。

扫码看视频

在充分分析与研究东南亚市场特点的基础上，“小宅女”运营方针对东南亚市场消费者的审美偏好和消费习惯，为其量身开发了一系列商品，让该品牌在东南亚市场快速获得了消费者的高度认可，同时也收获了可观的销售额。

通过市场调研，“小宅女”运营方发现截至2024年菲律宾居民的肥胖率为9.3%，在东南亚国家中排名第五，针对这一情况，开发了很多宽松且偏向于轻薄、舒适风格的款式。

在选品过程中，“小宅女”运营方会通过多种渠道捕捉当地流行趋势。例如，分析Shopee平台上其他卖家的服装版型；收集并分析东南亚地区的设计师品牌、自媒体品牌的服装特点；使用境内第三方数据分析工具等。

在研究当地流行趋势时，“小宅女”运营方非常关注当地优秀本土品牌推出的系列新品，会针对这些新品的设计元素、风格等进行深度分析。例如，当地某品牌推出了一个包含20种产品的新品系列，“小宅女”运营方就会对该新品系列中的所有商品进行详细的拆解，从中提取流行元素。在无法直接与当地消费者进行近距离沟通的情况下，“小宅女”运营方通过研究当地流行品牌及其新品系列的流行元素、销售情况洞察当地消费者的喜好，并以此指导自身商品开发。

在商品定价上，“小宅女”运营方更加强调商品的性价比，对于店铺内的引流款，会在成本的基础上增加5%～10%的利润；对于店铺内高品质的商品，在竞争压力较小的情况下通常会将商品的毛利率定在20%。

案例分析

在跨境电商运营中，卖家不能有“一盘货卖全球”的想法，而应根据不同市场的特点有针对性地开展选品工作。卖家要始终保持敏锐的市场嗅觉，通过多种渠道对目标市场消费者的需求进行深度挖掘与分析，从而打造出更加符合当地消费者审美趋势的商品。

任务1 跨境电商选品

在跨境电商运营中，商品的选择非常重要。优质的商品不仅能为店铺带来可观的销量，还能提升店铺的整体流量，提高商品在搜索结果页面中的排名，提高店铺的核心竞争力。

4.1.1 跨境电商选品的原则

选品虽然不是一项具有统一规范和要求的工作，但有一些需要卖家遵循的原则，如市场适配原则、差异化运营原则和规避风险原则。

1．市场适配原则

不同的市场具有不同的特点，卖家在选品之前务必要对目标市场进行详细的分析与研究，在对目标市场有了全面、深刻认知的基础上实施选品工作。卖家所选的商品款式、包装类型、支付方式、物流服务、售后服务等越符合目标市场的流行趋势和买家消费偏好，卖家开展跨境电商业务就越顺利。

2．差异化运营原则

在跨境电商行业中，销售相同类目的商品的卖家数量众多且商品存在严重的同质化现象，竞争非常激烈。在选品时，在不破坏市场正常竞争秩序的前提下，卖家可以根据对自身优劣势和竞品的分析，采取差异化运营策略，从同质化严重的商品中挖掘出具有差异化特点的商品，以寻求竞争优势。

3．规避风险原则

跨境电商业务涉及的环节多且复杂，面临的风险也较多，卖家在选品阶段要注意规避风险，这样可以避免后续产生不必要的损失。在选品过程中，跨境电商卖家主要规避选择危险、敏感物品的风险和所选商品侵犯知识产权的风险。

跨境电商平台通常会列明禁售的危险、敏感物品，卖家需要对此有所了解，在选品时避免选择此类商品。明确持有发明专利、实用新型专利、商标等专利权的商品均受各个电商平台和国家法律的保护，卖家销售的商品一旦侵权，卖家不仅会受到电商平台的惩罚，甚至要支付金额巨大的经济赔偿，造成严重的经济损失。因此，卖家在选品时可以在相关网站上查询所选商品的专利情况，确保所选商品不会侵权。

4.1.2　跨境电商选品的方法

跨境电商选品的方法有很多种，卖家可以多尝试一些不同的方法，在不断尝试的过程中找到适合自己的选品方法。

1．站内数据分析工具选品法

一些跨境电商平台会为卖家提供数据分析工具，如速卖通的生意参谋、亚马逊的商机探测器和选品指南针等，为卖家选品提供相应的数据参考，帮助卖家从行业、类目与属性等角度进行选品。下面以速卖通的生意参谋为例，介绍使用选品专家进行选品的方法。

扫码看视频

（1）了解卖家热销商品和买家热搜商品

登录速卖通卖家账号，进入速卖通跨境卖家中心，单击“生意参谋”|“选品专家”选项卡，如图 4-1 所示。

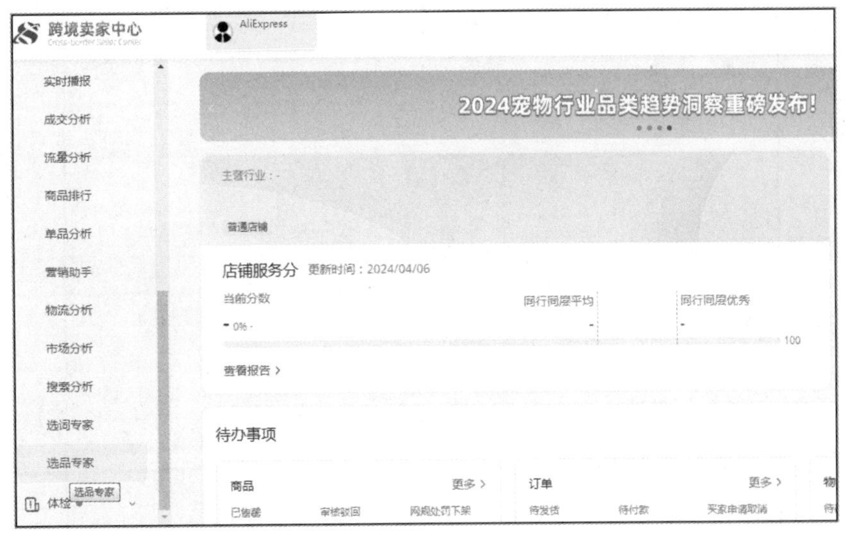

图 4-1　单击“生意参谋”|“选品专家”选项卡

进入“选品专家”页面，系统提供了“热销”和“热搜”两个维度。其中，“热销”是从卖家的角度进行展示的，“热搜”是从买家的角度进行展示的。

单击“热销”选项卡，设置搜索条件，在此设置搜索条件为“计算机和办公”行业、俄罗斯、最近 30 天，如图 4-2 所示。圆圈越大，表示商品的销量越高；圆圈的颜色越红，表示商品的竞争度越大。从图 4-2 中可以看出，ink cartridge（墨盒）、laptop battery（笔记本电脑

电池）、replacement keyboard（更换键盘）、tablet lcds（平板电脑液晶显示器）、printer part（打印机零件）的销量较高，其竞争度也较大。

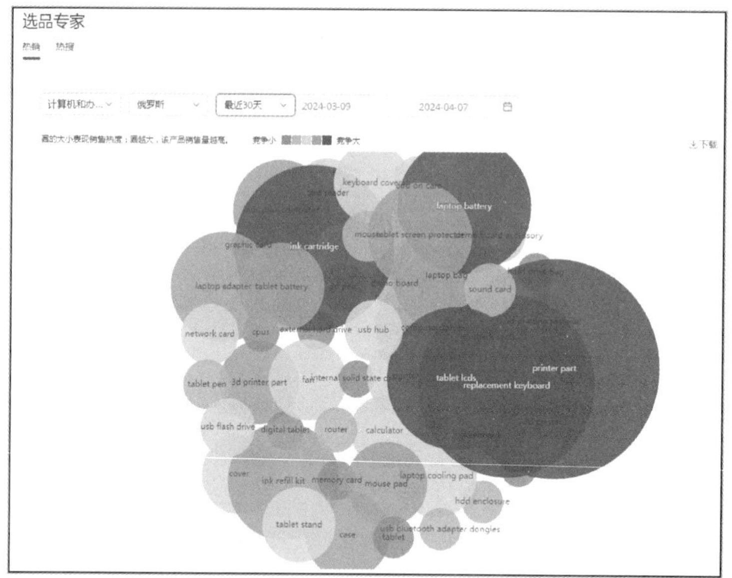

图 4-2 “计算机和办公”热销分析

单击“热搜”选项卡，设置搜索条件，在此设置搜索条件为“计算机和办公”行业、俄罗斯、最近 30 天，如图 4-3 所示。圆圈越大，表示商品的销量越高。从图 4-3 中可以看出，各种商品的热搜情况相差不大，说明此类目下各种商品的销量相差不大。

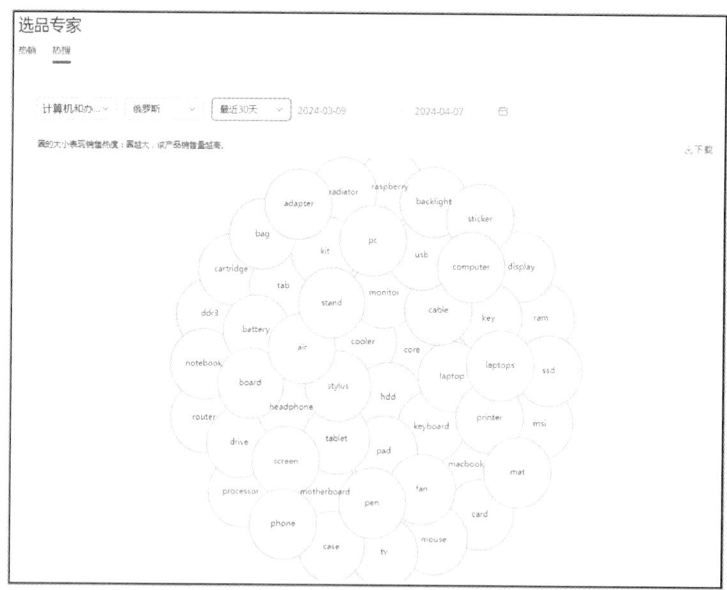

图 4-3 “计算机和办公”热搜分析

同时从热销和热搜，即卖家和买家两个角度进行分析，如果某个类目下的某种商品在“热销”分析中属于热销商品，同时在“热搜”分析中属于热搜商品，说明这种商品是比较好卖的。从图 4-2 中可以看出，keyboard cover（键盘防尘罩）、laptop cooling pad（笔记本电脑散热垫）、fan（风扇）、tablet stand（平板电脑支架）的销量较高，且竞争度相对较小；从图 4-3

中可以看出，各种商品的销量相差不大。结合图 4-2 和图 4-3 可以看出，keyboard cover、laptop cooling pad、fan、tablet stand 等商品在俄罗斯有一定的销售潜力。

（2）销量详细分析

使用选品专家，卖家还可以对某款商品进行销量详细分析，包括分析关联产品、热销属性和热销属性组合等。

单击“生意参谋”|“选品专家”选项卡，单击“热销”选项卡，选择“行业”为“计算机和办公”，选择“国家”为“俄罗斯”，选择时间为“最近 30 天”，在结果中单击“fan”圆圈，进入“fan”销量详细分析页面，可以查看该产品的 Top 关联产品（见图 4-4）、Top 热销属性（见图 4-5）、热销属性组合（见图 4-6）。

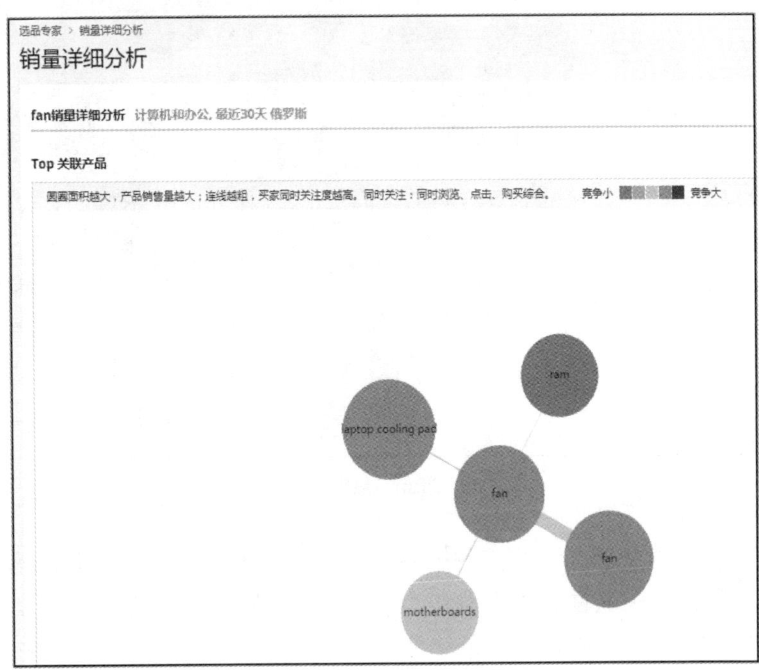

图 4-4 “fan” Top 关联产品

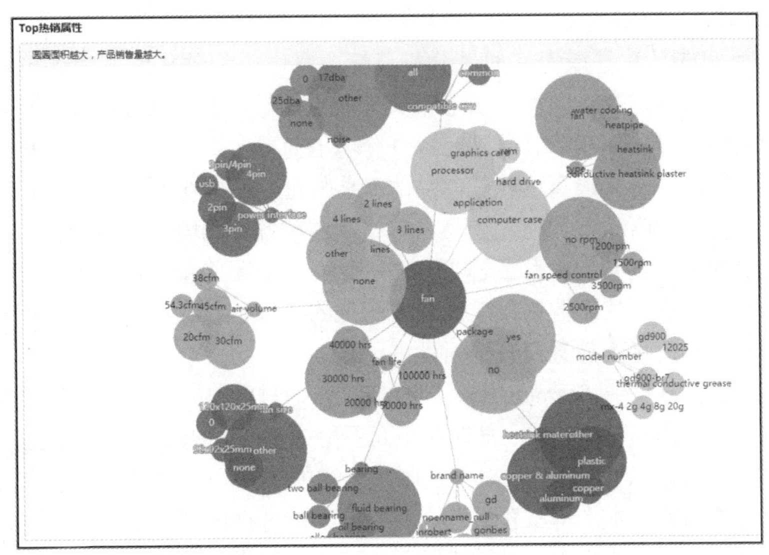

图 4-5 “fan” Top 热销属性

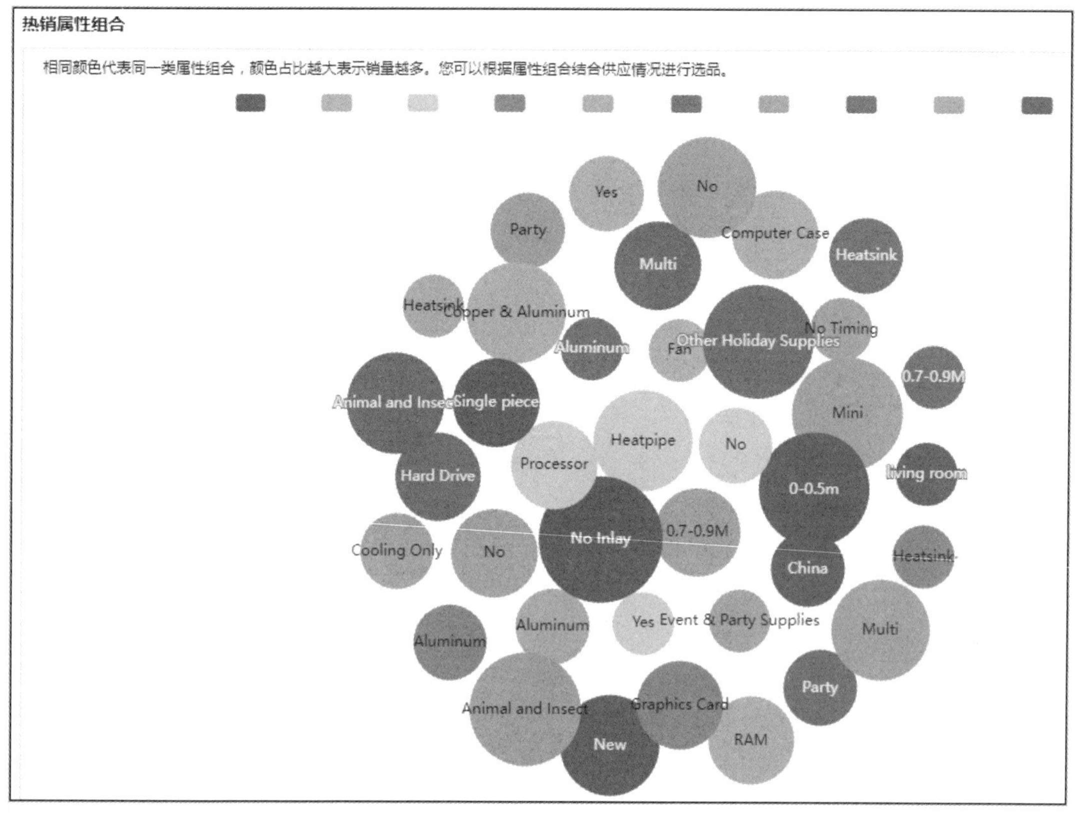

图 4-6 “fan”热销属性组合

TOP 关联产品是指买家在关注某种产品的同时关注的其他产品。其中，产品与产品之间的连线越粗，彼此的关联性就越强，即买家同时关注度越高。圆圈面积越大，表示产品的销量越高。圆圈的颜色表示产品的竞争情况，颜色越红，竞争越激烈；颜色越蓝，竞争越小。

2．买家需求挖掘选品法

买家需求挖掘选品法是指卖家通过分析目标商品中热卖款式的买家评价挖掘买家未被满足的需求，以此辅助选品。买家评价包括买家对商品做出的正面评价和负面评价。

卖家确定要销售某种商品后，通过在各个跨境电商平台上收集并分析这种商品热卖款式的买家的正面评价，了解买家喜欢此款商品的哪些特征，从而挖掘目前买家已经被满足的需求，将带有这些特征的商品款式列入选品名单；通过在各个跨境电商平台上收集并分析这种商品热卖款式的买家的负面评价，了解买家对这款商品的哪些特征提出了批评，或者抱怨这款商品不具备哪些特征，从而挖掘目前尚未被满足的买家需求，在选品时规避选择具有这些特征的款式，或者对自身商品进行有针对性的优化。

例如，某卖家计划销售 Storage box（收纳箱），通过收集并分析各个跨境电商平台上热销的收纳箱的正面评论和负面评价，发现在正面评价中，“Large capacity”（大容量）和“thick”（厚的）两个关键词被提到的频率较高，说明收纳箱的容量和厚度是买家非常关心的问题，目前市场上的这类商品基本上都具备这两个特征，卖家选择的商品需要具备这两个特征；在负面评价中，“expensive”（贵）和“Easy to crack”（易产生裂纹）两个关键词被提到的频率

较高，说明目前市场上这类商品的价格普遍较高，质量有待提升，卖家选择的商品需要规避这两个特征，或者重点针对这两个特征进行提升。

3．榜单选品法

一些跨境电商平台会提供商品热销榜、畅销商品榜等榜单，卖家可以通过分析这些榜单中的商品辅助选品。以亚马逊为例，可供卖家选品参考的榜单如下。

扫码看视频

（1）Amazon Best Sellers（亚马逊畅销排行榜）

“Amazon Best Sellers”是亚马逊根据商品销量做出的榜单，记录了某个类目下按照销量从高到低排名前 100 名的商品，榜单数据每小时更新一次。

登录亚马逊美国站首页，找到“Best Sellers in Sports & Outdoors”（运动与户外畅销排行榜）板块（也可以选择其他类目畅销排行榜），如图 4-7 所示。在该板块中选择一款商品，进入其商品详情页。例如，单击“Best Sellers in Sports & Outdoors”板块中的第 1 款商品。

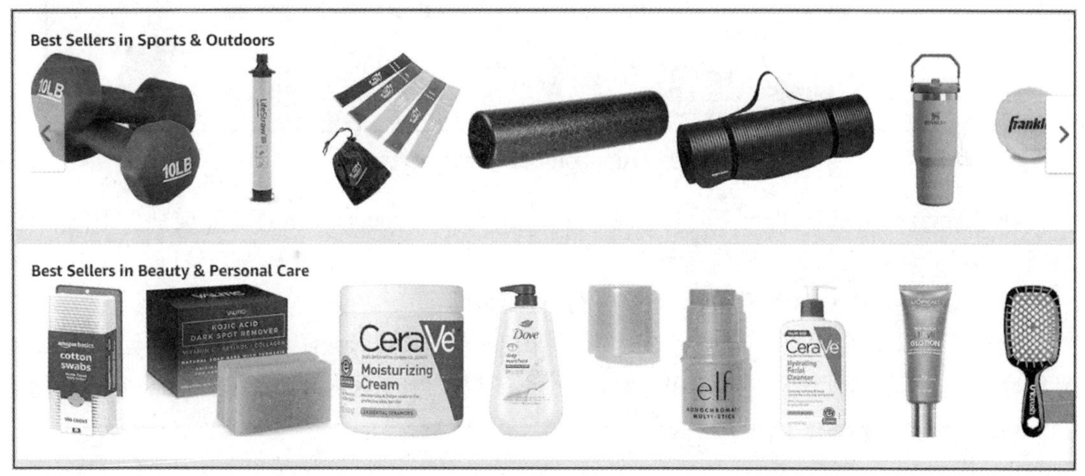

图 4-7 “Best Sellers in Sports & Outdoors”板块

进入商品详情页，单击“Best Sellers Rank”中的“See Top 100 in Sports & Outdoors”（查看运动与户外类目下销售前 100 名的商品）超链接，如图 4-8 所示。

Product information

Technical Details

Brand	Amazon Basics
Color	Navy Blue
Item Weight	20 Pounds
Special Feature	No Roll Head
Use for	Hand
Product Dimensions	8.6"L x 4.02"W
Style	10-Pound, Pair
Handle Diameter	1.25
Handle Material	Neoprene
Number of Pieces	2
Item Package Dimensions L x W x H	9.8 x 8.5 x 4.62 inches
Package Weight	9.42 Kilograms
Item Dimensions LxWxH	8.6 x 4.02 x 3.6 inches
Brand Name	Amazon Basics
Suggested Users	women/men
Number of Items	1

Additional Information

ASIN	B01LR5S6HK
Customer Reviews	4.8 ★★★★★ 95,499 ratings 4.8 out of 5 stars
Best Sellers Rank	#1 in Sports & Outdoors (See Top 100 in Sports & Outdoors) #1 in Exercise & Fitness Dumbbells
Date First Available	October 11, 2018

Feedback

Would you like to tell us about a lower price?

图 4-8 单击“See Top 100 in Sports & Outdoors”超链接

进入当前商品（哑铃）所属类目（运动与户外）的“Amazon Best Sellers”（亚马逊畅销排行榜）页面，如图 4-9 所示。这个榜单展示了该类目下畅销前 100 名的商品，卖家可以分析这个榜单中各款商品的信息，如商品类型、商品款式、商品标题、商品价格等，并结合自身的特点和发展需求，从中选择可以运营的商品。

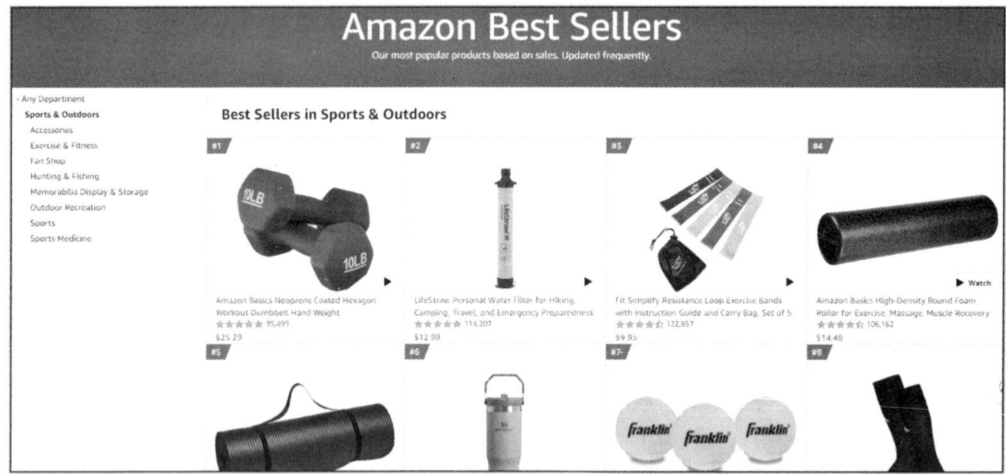

图 4-9 “Amazon Best Sellers”页面

在“Amazon Best Sellers”页面左侧单击“Any Department”（所有商品类别）下的其他类目，即可查看该类目的畅销排行榜。

（2）Amazon Movers & Shakers（亚马逊销售飙升榜）

卖家还可以关注“Amazon Best Sellers”页面中的“New Releases”（新品排行榜）、“Movers & Shakers”（销售飙升榜）、“Most Wished For”（最想获得的商品）等榜单，如图 4-10 所示。

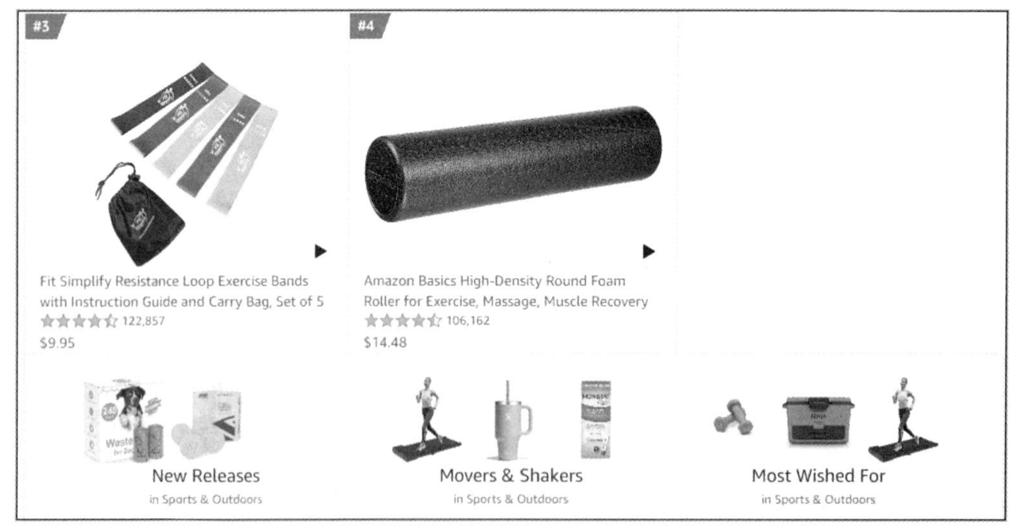

图 4-10 关注其他榜单

“Amazon Movers & Shakers”（亚马逊销售飙升榜）页面展示的是亚马逊平台上相关类目下在过去 24 小时内销量增长最快的前 100 名商品。在该榜单中，每个商品都会有一个绿色的箭头，箭头右侧提示了这款商品的上升指数、当前排名和历史排名，如图 4-11 所示。根据这些提示，卖家可以找出一些具有较大销售潜力的商品。

图 4-11 “Amazon Movers & Shakers”页面

在“Amazon Movers & Shakers”页面左侧单击“Any Department”（所有商品类别）下的其他类目，可以查看该类目的销售飙升榜。

（3）Amazon Hot New Releases（亚马逊新品排行榜）

“Amazon Hot New Releases”页面展示的是亚马逊平台上的“新星”商品，即上架时间较短，但排名上升速度很快的排名前 100 的商品，如图 4-12 所示。与畅销排行榜上竞争激烈、难以追赶的商品相比，这个榜单中的商品更值得新手卖家参考。

图 4-12 “Amazon Hot New Releases”页面

（4）Amazon Most Wished For（亚马逊最想获得的商品）

“Amazon Most Wished For”页面展示了亚马逊平台上买家最想购买的前 100 名的商品，如图 4-13 所示。进入这个榜单的商品是该类目下的“未来之星”，具有较好的市场潜力。

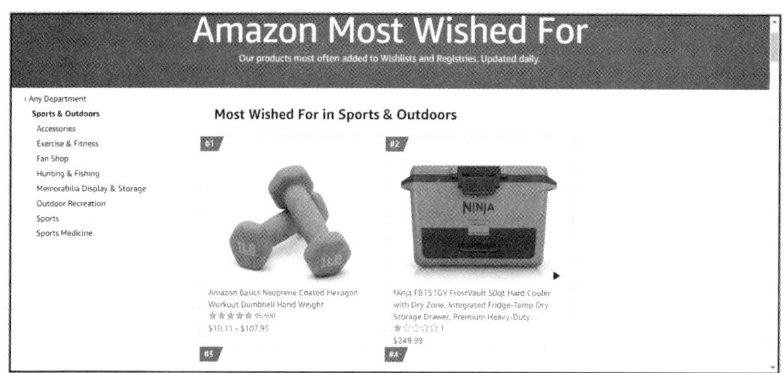

图 4-13 “Amazon Most Wished For”页面

（5）Amazon Gift Ideas（亚马逊礼品计划）

在亚马逊平台上，买家购物时可以要求卖家将商品作为礼品进行包装，并在指定的时间内将商品送达收件人。“Amazon Gift Ideas”页面展示了该类目下普遍被买家认同的可以被作为礼物送给别人的前 100 名的商品，如图 4-14 所示。这个榜单在一定程度上能够反映买家的消费心理和风俗习惯，对卖家选品具有较大的参考价值。

图 4-14 “Amazon Gift Ideas”页面

在亚马逊平台上，一级类目各个榜单中商品的竞争度通常较高，而二级、三级、四级类目各个榜单中商品的竞争度通常较低，存在一定的竞争空间，卖家在选品时可以重点关注。

4．第三方数据分析工具选品法

扫码看视频

市场上有一些能够为卖家提供选品和运营指导的第三方数据分析工具，如 Jungle Scout、AMZ Tracker、FindNiche、嘀嗒狗等，这些工具的市场定位、功能和服务内容略有区别，但都能提供不同跨境电商平台的分析数据，卖家可以选择适合自己的工具辅助选品。FindNiche 是一款大数据选品工具，主要通过抓取速卖通、Shopify 平台数据为卖家选品提供参考数据。下面以 FindNiche 为例，介绍使用 FindNiche 在速卖通平台进行选品的方法。

（1）通过设置条件筛选商品

登录 FindNiche 账号，在首页上方单击“速卖通”按钮，在弹出的下拉列表中选择“速卖通选品”选项，如图 4-15 所示。

图 4-15　选择“速卖通选品”选项

进入商品筛选页面，卖家可以通过设置不同的筛选条件筛选商品。例如，在常用筛选中，将“选择分类”设置为“计算机和办公”；在高级筛选中，将“订单&增长”设置为“7 天内订单＞30，7 天内订单增幅＞50%，上架时间 30 天”，如图 4-16 所示。这样筛选出来的商品具有成为爆款的潜力。

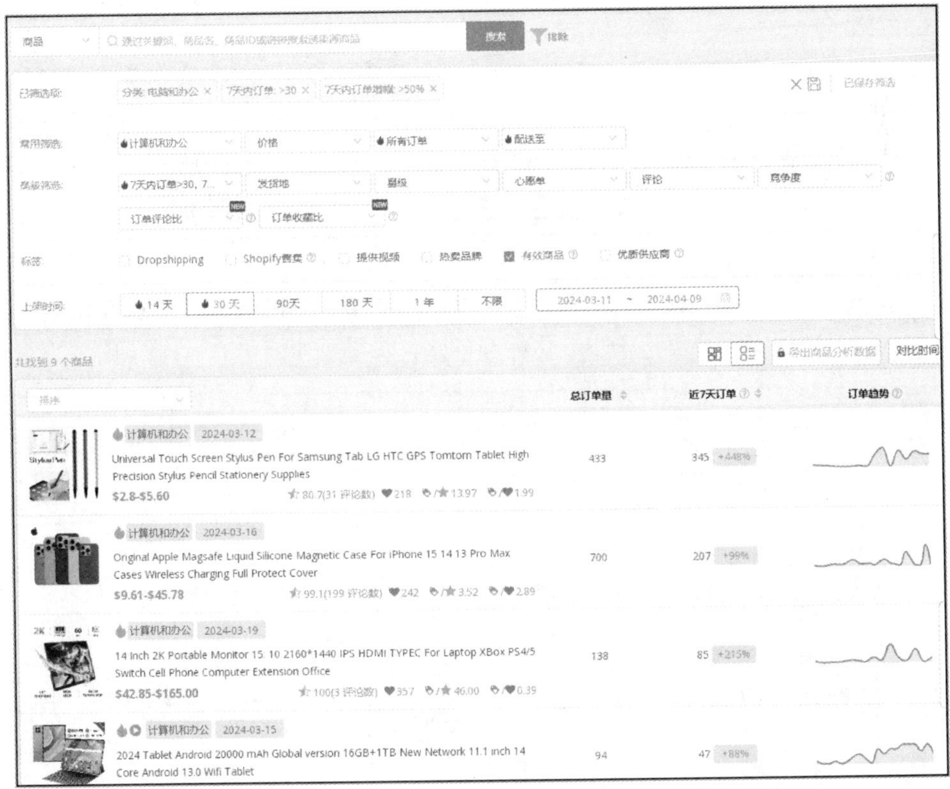

图 4-16　设置商品筛选页面

其他常用的筛选条件组合及其作用如表 4-1 所示。

表 4-1　常用的筛选条件组合及其作用

筛选组合	筛选条件	条件设置	作用	卖家关注目标
组合 1	选择分类	目标类目	筛选卖家数量较少、销量较高、市场需求呈持续上升趋势的商品	重点关注订单趋势呈上升趋势的商品
	订单&增长	7 天内订单增幅：51%～300%		
	竞争度	1～5		
组合 2	选择品类	目标类目	筛选有优化潜力的爆款商品，此类商品有较高的市场需求，且当前在售的商品存在一定的缺陷，无法满足买家多样化的需求	重点关注订单趋势呈上升趋势的商品
	订单&增长	7 天内订单 > 50		
	星级	3～4		
组合 3	订单&增长	7 天订单>50，7 天内订单增幅>50%	筛选最近 30 天销量较高的新款商品	重点关注订单趋势呈上升趋势的商品
	上架时间	30 天		

（2）通过榜单查看近期爆款商品

卖家可以通过榜单寻找近期爆款商品。在 FindNiche 首页上方单击“速卖通”按钮，在弹出的下拉列表中选择“速卖通榜单”选项，如图 4-17 所示。

图 4-17　选择“速卖通榜单”选项

进入速卖通榜单页面，包括热销榜、新品榜、国家榜、节日榜。图 4-18 所示为热销榜，卖家可以通过设置时间、分类进一步细化筛选条件，获得更加细化的筛选结果。

图 4-18　热销榜

5．参考目标市场的本土电商平台选品法

本土电商平台是指目标市场当地的电子商务平台。目标市场本土电商平台立足本土市场，对当地买家的消费习惯、消费偏好通常有更深刻、更全面的认知，一些优质的本土电商平台上的商品备受买家的信任和喜爱。这些本土电商平台上的热销类目、热销商品对跨境电商卖家选品具有重要的参考价值。表4-2所示为一些境外市场本土电商平台。

表4-2　境外市场本土电商平台

境外市场	电商平台名称	简介
北美市场	Walmart（沃尔玛）	美国乃至全球知名的连锁企业，主要有沃尔玛购物广场、山姆会员店、沃尔玛商店、沃尔玛社区店等营业方式
	Etsy	美国的一家专注销售手工艺品的C2C电商平台，销售的商品包括艺术品、服装、珠宝和其他装饰物品等
	Wayfair	美国的一家以销售家具和家居用品为主的电商平台
	Lowe's	美国知名的家居装饰零售商，主营家装类商品
	Newegg（新蛋）	美国知名的科技品类电商平台，主要销售计算机类、消费类、通信类电子产品
欧洲市场	Ozon	俄罗斯知名B2C电商平台，销售的商品包括图书、电子产品、音乐和电影、服装、运动用品等品类
	Wildberries	俄罗斯电商平台，主要销售服装、鞋类、时尚和电子产品等
	Joom	俄罗斯知名的移动端电商平台
	Allegro	波兰知名全品类电商平台
	OTTO	德国知名电商平台，销售的商品涵盖电子产品、家居、户外、服装、鞋类、电器、办公用品等品类
	Fruugo	英国知名电商平台，除了英国外，在美国、澳大利亚、德国、荷兰、法国、意大利等国家和地区也拥有一定的买家基础和良好的买家口碑
	Zalando	德国知名电商平台，主要销售儿童服装、鞋、美容类商品、运动用品、时尚家居类商品
中东市场	noon	被称为“阿拉伯地区首个电子商务平台”，是中东知名电商平台之一，销售的商品涵盖美容、时尚、电子产品、厨房和生活用品等品类
	Trendyol	土耳其领先的时尚电商平台，专注时尚品牌，销售的商品涵盖女士用品、男士用品、儿童用品、运动用品、家用电子类产品等
东南亚市场	Lazada	东南亚地区领先的电商平台，销售的商品涵盖消费电子类产品、家庭用品、时装等
	Tiki	越南知名的综合类B2C电商平台，销售的商品包括玩具、数码设备、生活用品和美容用品等
	L192	柬埔寨本地规模较大的在线时尚生活类商品购物平台，销售的商品涵盖服装、鞋类、箱包、配饰、美妆、家居、玩具、3C产品等品类
日韩市场	乐天市场	日本知名电商平台，销售的商品涵盖电子产品、服装、家具用品、食品等
	Coupang（酷澎）	韩国最大的电商平台之一，销售的商品类别非常丰富，包括电子产品、美容产品、书籍、婴儿用品、家居用品、玩具、体育用品等

6．参考竞争对手选品策略选品法

如果卖家确定了目标类目，可以通过分析该类目下竞争对手的选品策略为自己提供参考。卖家可以重点关注竞争对手店铺内新品上架信息，这些信息能在一定程度上体现竞争对手对当前市场趋势的判断，具有一定的参考价值。

7．参考TOP卖家商品选品法

各个跨境电商平台不同类目下都有TOP卖家，这些卖家在相应类目下深耕多年，通常对自己商品所属类目的发展有着比较全面的认知，他们会在深入开展市场分析的基础上进行商品布局，能够快速、精准地抓住市场消费趋势。对于中小卖家来说，TOP卖家的商品布局具有很强的指导意义。

8．参考社交媒体渠道选品法

人们喜欢在Facebook、YouTube、TikTok等社交媒体平台上分享奇闻乐事，于是一些网红、达人会向用户推荐时尚潮流的商品。凭借自身的影响力，网红、达人分享的商品很多时候能够获得大量用户的喜爱，这些商品也可以作为卖家的选品参考。

9．分析名人、影视作品、文体活动选品法

名人往往是很多人关注的焦点，他们使用的商品往往具有较强的销售潜力。此外，一些热门的影视作品、大型文体活动（如奥运会、世界杯等）也会衍生出一些纪念品、周边商品，卖家可以将这些商品作为选品备选。需要注意的是，卖家在开发影视作品、文体活动周边商品时要注意避免侵权。

任务2 跨境电商商品信息设置

商品信息设置是店铺运营的重要环节之一，只有将商品信息准确地上传到店铺中，才能让买家搜索到商品并购买。商品信息主要包括商品定价、商品标题、商品主图及商品详情页等。

4.2.1 商品定价

商品定价是商品销售链条中非常重要的环节，一方面，商品定价会影响商品的定位、形象和竞争力；另一方面，商品定价直接影响商品的销量和利润。卖家为商品制定合理的价格，才能在激烈的市场竞争中生存下来。

在为商品制定价格时，卖家可以采用以下3种策略。

1．基于商品成本定价

基于商品成本定价策略是比较简单的一种商品定价策略，卖家采取这种定价策略无须经过严谨的市场调研，只需考虑商品成本（如生产成本/进货成本、物流成本、营销推广成本等）及自己期望的利润额，就可以制定商品价格，即商品价格=商品成本+期望的利润额。例如，某卖家采购了一批女士衬衣，每件衬衣的成本为14.5美元，该卖家想在每件衬衣上赚取10美元的利润，那么每件衬衣的销售价格应为24.5美元。

2．基于竞争对手定价

基于竞争对手定价策略是指卖家寻找自己的直接竞争对手，分析竞争对手的商品价格，并参考该价格制定自己的商品价格的策略。例如，某卖家销售双轮电动平衡车，他在某跨境电商平台上收集同款商品的价格数据时，发现在该电商平台上销量前十名的卖家中，同款商品的最低销售价格为 120.45 美元，最高销售价格为 200.55 美元，通过参考同行竞争对手的商品价格，该卖家将自己的商品价格定在 120.45～200.55 美元。

这种定价策略的优势是卖家可以通过借鉴同行竞争对手的商品价格设置自己的商品价格。但是在具体应用的过程中，卖家需要注意两个问题：一是卖家选择的竞争对手所销售的商品要与卖家所销售的商品相同，这样的商品价格才有参考意义；二是卖家所选择的竞争对手数量要充足，卖家分析的竞争对手越多，就越容易掌握市场上某款商品的价格趋势，从而让自己的商品定价越精准。

3．基于商品价值定价

基于商品价值定价策略是指卖家分析自己的商品能给买家带来哪些价值，在一段特定时期内，买家愿意为该商品支付多少费用，然后卖家根据这种感知确定商品价格的策略。换句话说，基于商品价值定价策略是以买家对商品的感知价值为基础的。例如，一款由知名设计师设计的 T 恤与一款普通 T 恤相比，在买家的心目中，知名设计师设计的 T 恤价值更高，他们愿意为其支付更多的费用。

基于商品价值定价策略操作起来比较复杂，这是因为卖家需要开展市场调研和用户分析，需要了解目标用户群体的消费行为特征，分析目标用户群体购买商品的原因，了解目标用户群体最关注的商品功能，还要知道价格因素对目标用户群体的购买决策会产生多大的影响。

4.2.2 商品标题的撰写

商品标题在商品信息中具有举足轻重的作用，一个优质的商品标题能够有效地吸引买家的注意力，最大限度地为商品引流，提高商品的曝光量和转化率。要想设置出高质量的商品标题，卖家需要掌握一些技巧。

1．商品标题中关键词的类型

一般来说，商品标题中的关键词主要分为核心词、属性词和流量词 3 类，每类词具有不同的特点，如表 4-3 所示。

表 4-3 商品标题关键词的类型及其特点

关键词类型	特点	示例
核心词	行业热门词，接近于类目词，这类词属于电商平台的热搜词，也可以看成商品名称	Boot（靴子），Trousers（裤子），Dress（连衣裙）
属性词	描述商品某个属性的词，如颜色、长度等。这类词针对的是商品某一细分类，针对性更强，能够更精准地满足搜索这些关键词的买家	Korean Style Short Skirt（韩版短裙），Repair the Body T-shirt（修身 T 恤），Collect Waist Dress（收腰长裙），Pure Color Trousers（纯色长裤），Crewneck Party Dresses（圆领礼服），V-neck Dress Party Dresses（V 领礼服），Wedding Dress Long Sleeve（长袖婚纱）
流量词	不常用但恰好有一些特定群体会搜索的词语，它不属于热门词，但这类词带来的流量是非常精准的，成交量也相当可观	如某名人的名字，某动漫的名字等

2．关键词的挖掘与搜集

商品标题是关键词的直接体现，关键词的好坏直接影响买家能否搜索到卖家的商品，其

重要性不言而喻。卖家需要掌握挖掘与搜集关键词的方法，才能更好地了解市场，为商品标题的设置奠定基础，进而设置出高质量的商品标题。下面介绍几种挖掘与搜集关键词的方法。

（1）商品所属的类目名称及规格设置

商品所属类目名称一般属于热门关键词，与商品具有非常紧密的相关性，如图 4-19 所示。

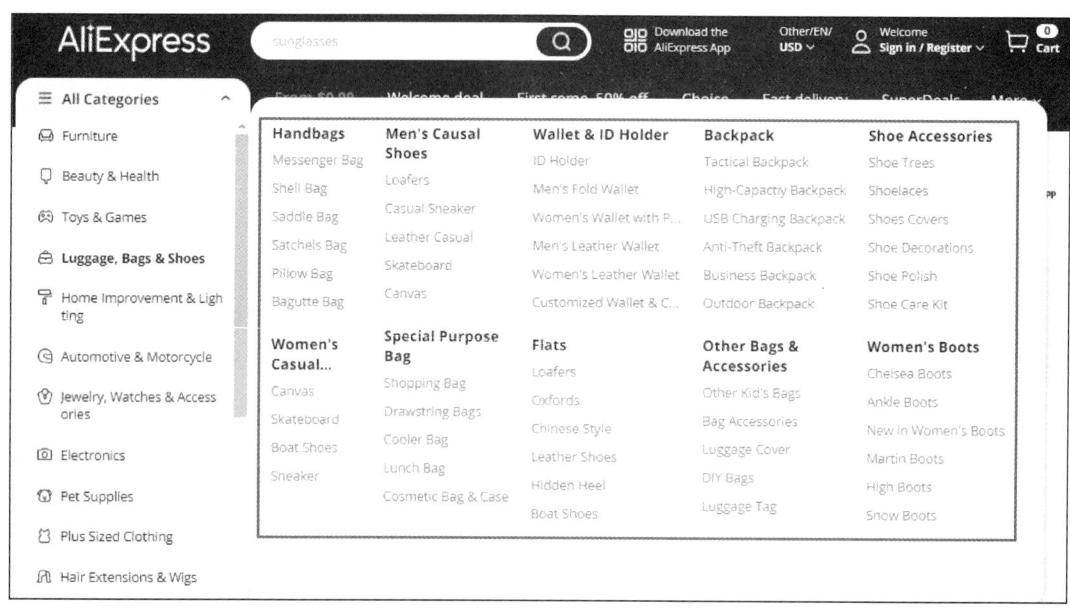

图 4-19 速卖通首页商品类目名称

此外，在搜索结果页面左侧也会显示商品类目，如图 4-20 所示。这些词语可以作为商品标题关键词的备选词。

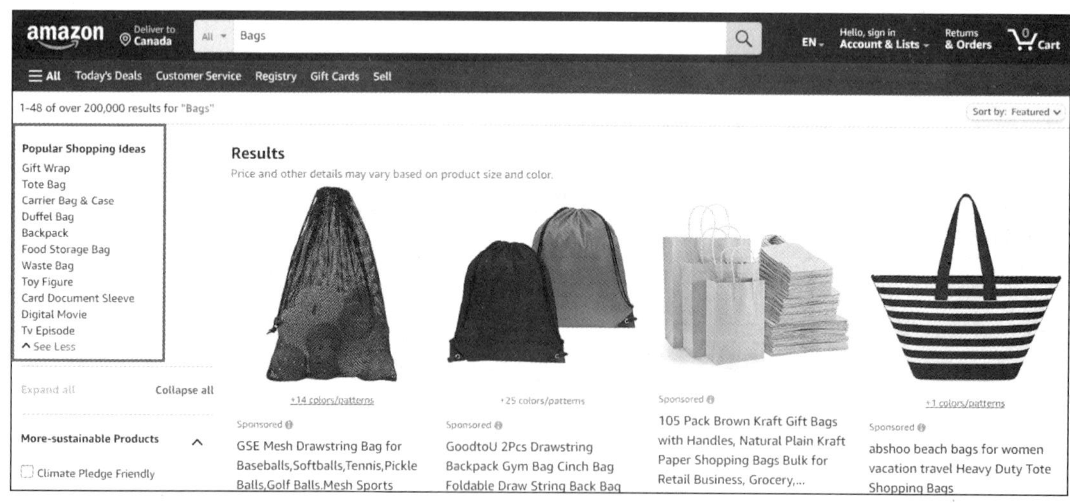

图 4-20 亚马逊搜索结果页面商品类目

（2）从搜索框下拉列表中选词

搜索框下拉列表中的关键词具有重要的参考意义，它们是跨境电商平台根据买家搜索习惯推荐的一些词，如图 4-21 所示。卖家可以将这些关键词进行整理与筛选，从中选择与自己商品相关性较高的关键词作为商品标题的备选关键词。

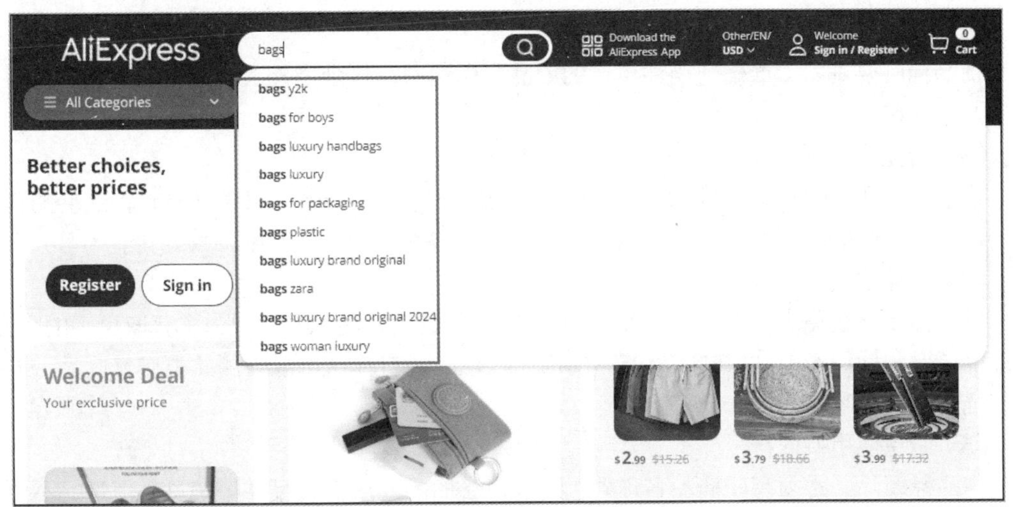

图 4-21　速卖通搜索框下拉列表中的关键词

（3）参考其他卖家的商品标题

参考其他卖家的商品标题是一种比较省时、省力的搜集关键词的方法。卖家可以使用商品的核心词在搜索框中进行搜索，在搜索结果页面中将销量较好和评分较高的商品标题搜集起来，并将其复制在 Excel 表格中（搜集 5～10 个商品标题即可），然后对这些商品标题进行观察和分析。

通过直观的对比，卖家可以发现哪些词是重要信息，哪些词是商品的核心词，从中找出人气卖家经常使用的关键词，并逐层过滤筛选，最终选出适合自己商品的关键词。

（4）借鉴其他平台同行人气卖家的商品标题

在速卖通、eBay、亚马逊、敦煌网、Shopee 等跨境电商平台上有大量的同款商品，卖家可以在这些平台上找到很多与自己商品相关的关键词。卖家可以使用不同的关键词在不同的跨境电商平台的搜索栏中进行搜索，从而得到很多有用的关键词，最后进行筛选，选择与自己商品相关性高的关键词。

（5）使用工具挖掘关键词

卖家可以借助工具挖掘关键词，如 Terapeak、速卖通的生意参谋等。此外，卖家还可以使用 AIGC（Artificial Intelligence Generated Content，人工智能生成内容）类工具挖掘关键词，并撰写与优化商品标题。

3．设置商品标题的原则

商品标题是商品被搜索到和吸引买家进入商品详情页的重要因素。优质的商品标题包含买家最关注的商品属性和能够突出商品的卖点。卖家在设置商品标题时，需要遵循以下原则。

（1）充分利用标题字数限制

卖家在设置商品标题时，要充分利用标题的字数限制，使其符合跨境电商平台对标题字数的要求。商品标题过短不利于搜索覆盖，例如，如果卖家销售的商品是跑鞋，商品标题对鞋的类型描述只使用了“Running Shoes”一词，当买家使用“Sport Shoes”作为关键词进行搜索时，该商品不会出现在搜索结果页面中。因此，在商品标题符合标题字数限制的前提下，卖家可以将“Sports Shoes”放在标题中。当然，标题也不能过长，超出字数限制的标题无法得到完整展示。

（2）符合语法规则

商品标题要真实、准确地描述自己的商品，标题书写符合境外买家的语法规则，没有错别字及语法错误。

（3）避免关键词堆砌

商品标题要避免关键词堆砌，如“MP3、MP3 Player、Music MP3 Player”，这样的关键词堆砌不能提升商品标题排名，反而会使商品标题被平台的搜索规则降权处罚。

（4）避免虚假描述

商品标题要避免虚假描述，例如，如果卖家销售的商品是 MP3，但为了获取更多的曝光，在商品标题中使用类似“MP4、MP5”的描述，速卖通有算法可以监测此类作弊商品，同时虚假描述也会影响商品的转化率。

（5）避免使用特殊符号

商品标题除了必须写明商品名称外，还要包含商品的属性、尺寸等信息。但是，不要在商品标题中使用特殊符号，尤其是引号、句号等，这是因为买家在搜索商品时不会在关键词之间添加这样的符号，基本上用的都是空格。

4.2.3 商品主图的设计

在电子商务中，商品主图发挥着重要作用，优质的商品主图能清晰地展示商品的特点，吸引买家的注意力，激发其购买商品的欲望。

1．商品图片的拍摄

卖家在拍摄商品照片时可以采用以下技巧。

（1）选择专业的拍照设备

一般来说，拍摄网店商品图片需要用到以下器材。

① 数码相机：卖家拍摄商品照片使用的数码相机需要具备合适的光感元件、手动模式、微距功能及外接闪光灯的热靴插槽，可以更换镜头。

② 三脚架：其主要功能是保持相机稳定，以保证照片的清晰度。

③ 灯具：卖家选择在室内拍摄时一般需要准备至少 3 只照明灯具，最好是 30W 以上白光三基色节能灯，这种灯色温较好，价格比较便宜。

④ 拍摄台：拍摄台主要用于放置被拍摄的商品。如果卖家没有专业的拍摄台，可以将商品放在桌子、椅子、茶几、大号纸箱等物品上进行拍摄，也可以将商品放在光滑、平整的地面上进行拍摄。

⑤ 背景材料：如果卖家有足够的资金准备专业的拍摄场地，可以购买专业的背景纸、背景布用于拍摄商品照片。如果卖家资金有限，没有足够大的场地，可以购买一些全开白卡纸作为背景材料用于拍摄商品照片，既经济又方便。

（2）有效使用自然光

使用自然光也能拍摄出高质量的商品照片，卖家需要将拍摄地点选择在室内靠近窗户的地方，这样利用自然光就能让商品呈现出最自然的照明效果。不要将拍摄地点选择在室外，这是因为室外拍摄容易导致照片出现曝光过度或阴影太强的情况。

选择室内靠近窗户的地方作为拍摄地点，不能让窗户处于相机的正前方或正后方的位置，应该让光源从侧面照向商品。为了避免光线分布不均匀，可以在商品的另一侧放一个反光板让光线发生反射，进而让光线均匀分布。

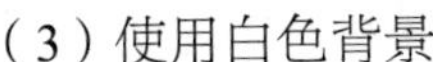

（3）使用白色背景

拍摄专业的商品图片通常使用白色背景，这是因为使用白色背景能让光线反射在商品上，从而让商品的光线更加饱和，卖家可以使用全开白卡纸作为拍摄背景。

如果要拍摄的商品体积较小，可以使用椅子和全开白卡纸搭建一个简易的小型拍摄台，如图 4-22 所示。如果要拍摄的商品体积较大，则可以制作一个布景架（见图 4-23），或者用挂钩将布景固定在墙上，这样方便长期拍摄。

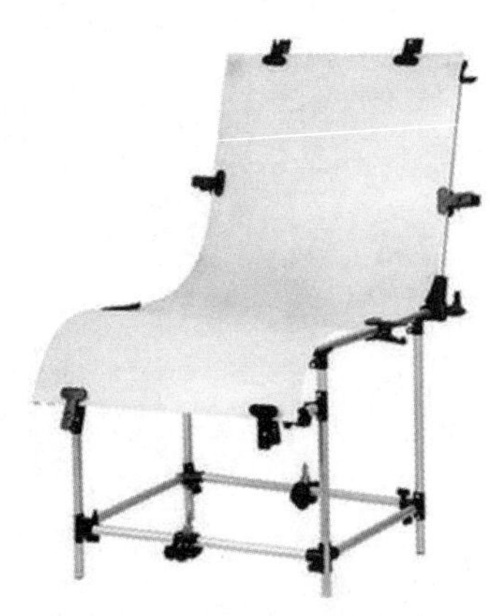

图 4-22　简易的小型拍摄台

图 4-23　布景架

拍摄服装类商品时，卖家在拍摄之前要将商品的褶皱整理好，然后将商品平铺在摄影台上进行拍摄；如果有模特，在模特穿好服装之后要再次检查并处理商品的褶皱，然后进行拍摄（此时可以将白卡纸贴在白墙上作为拍摄背景）。

如果商品颜色是纯白色的，如婚纱、白色服装等，即使通过打光也不能完全避免出现阴影的情况，这时可以先使用纯蓝色背景，然后在后期处理时使用图像编辑工具进行背景置换。

（4）对商品照片进行适当优化

对商品照片进行适当优化也非常重要，卖家可以使用 Photoshop 等图像编辑工具对照片进行优化，如调整照片大小、调整照片曝光度、调整照片饱和度、对照片中的模特进行美化等。

此外，卖家还可以使用生成式人工智能工具优化商品照片，如智能去除噪点、修复模糊；智能改善照片亮度、对比度、色彩等细节；智能裁剪商品图像，去除不必要的背景，以突出商品主体；智能风格迁移，将其他图片的风格应用到自己的商品照片等。

需要注意的是，无论卖家使用何种工具优化商品照片，都不能对照片编辑得过多，而是为买家提供最真实的商品图片；如果照片编辑过度，对商品进行了过度的美化，买家收到货后发现实物与商品图片不符，就容易引起纠纷。

2．商品主图展示设计

卖家在设计商品主图展示时可以采用以下技巧。

（1）商品主题突出

商品主题突出是指让买家在看到图片的第一眼就可以看出卖家卖的是什么商品。那么，如何突出商品主题呢？其要点是分清图片中内容的主次，图片要重点展示售卖的商品，减少次要元素对商品的干扰。例如，时尚类商品，如服装、手表等，其背景多为生活场景或街拍图，那么图片背景的颜色不要和商品颜色过于接近，背景中也不要有过多的次要元素，以免影响商品展示的视觉效果。

（2）多样化构图

构图要大胆创新，以吸引买家的目光。如果商品的样式或颜色较多，可采用“单品+多款式小图”展示方式，即在主图中重点展示一个单品，其他款式使用小图展示，如图 4-24 所示。

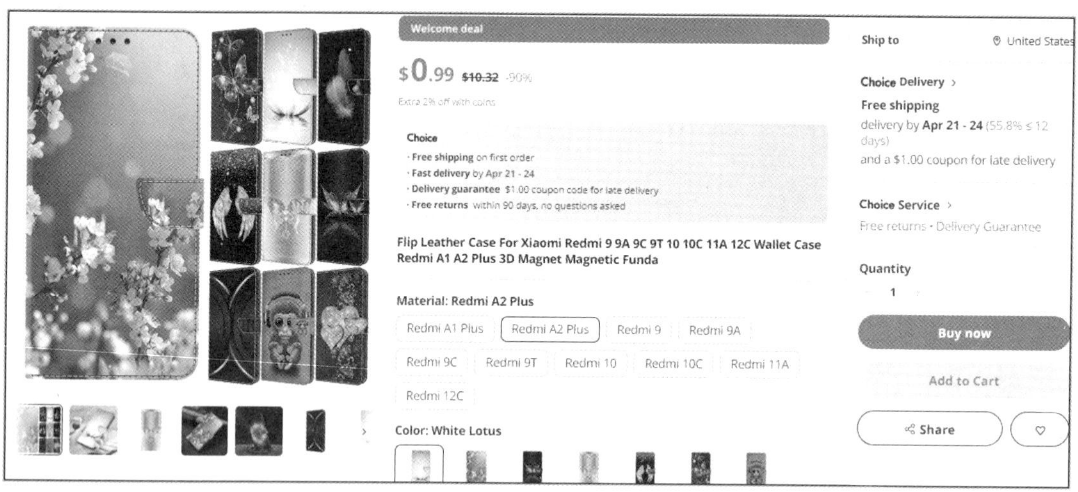

图 4-24 “单品+多款式小图”展示方式

（3）采用特写展示商品

为了更好地展示商品的特殊功能或质地，可以为商品添加特写图片。卖家可以通过采用特写方式凸显自己商品的与众不同，如带有价值信息的价格标签、与众不同的商品特征、详细的商品按钮细节，或者某个新颖的设计细节等。图 4-25 所示为某款腕表的特写展示。

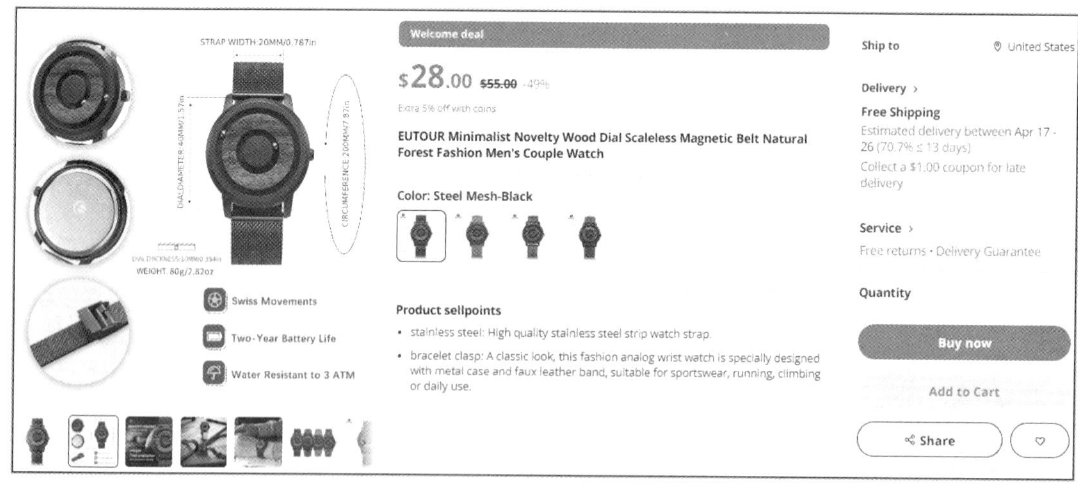

图 4-25 某款腕表的特写展示

（4）在主图区域添加短视频

卖家可以在主图区域中添加短视频，通过视频的形式展示商品，如图 4-26 所示，为买家创造更直观的视觉体验。卖家在添加短视频时，首先要确保短视频的格式、内容符合跨境电商平台的要求，否则短视频是无法获得展示的。

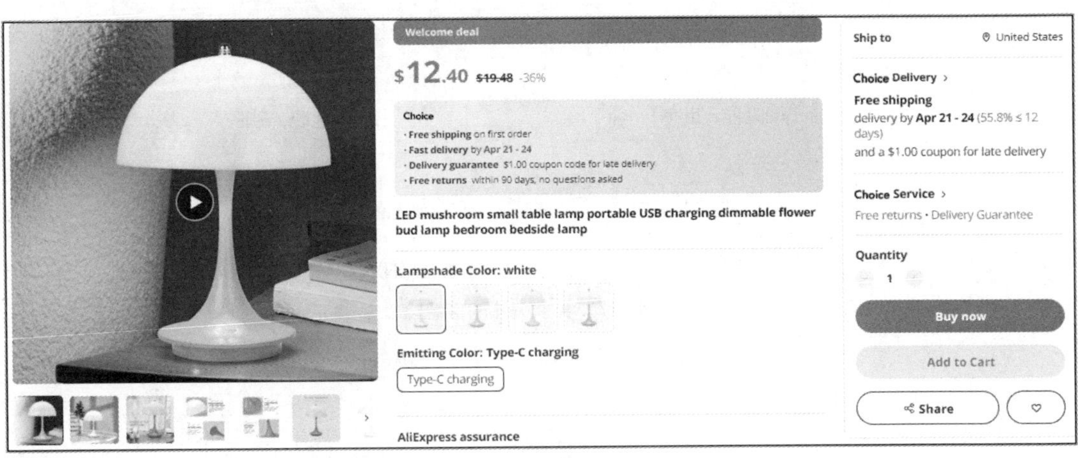

图 4-26 短视频展示

4.2.4 商品视频的设计

与图文类内容相比，商品视频更有表现力，它能以影音结合的方式让商品得到更生动的展示，让买家更直观地了解商品的外观、特性等。跨境电商商品视频主要包括商品详情页中主图位置的视频和商品详情介绍部分的视频，卖家可以采用表 4-4 所示的内容类型设计商品视频。

表 4-4 商品视频的内容类型及其要点

内容类型	要点
商品外观展示	展示商品的外观、包装、配件、设计亮点等
商品使用场景展示	在具体场景中展示商品的使用方法、使用效果
商品生产过程展示	展示商品的加工生产的过程、方法或使用的工艺等
商品使用教程	展示使用商品制作某种物品的方法，例如，食品类商品视频可以展示使用所售商品制作美食的方法，化妆品类商品视频可以展示使用化妆品画眉毛、画眼线的技巧等
商品开箱	拆箱并逐个展示箱子中的商品

4.2.5 商品详情页的设计

商品详情页是全面展示商品的主要通道，是卖家和买家展开对话，影响并说服买家下单的地方。商品详情页中的内容会对买家的购买决策产生直接影响。

1. 商品详情页的构成

在撰写商品详情页之前，卖家首先要了解买家的需求，明确买家想从商品详情页中获得哪些商品信息。只有充分了解买家的关注点，卖家才能更好地“对症下药”，抓住买家的购买心理。通常来说，在商品详情页中，买家关注的信息点主要包括图 4-27 所示的几个方面。

一般来说，一个完整的商品详情页包括商品说明、实力展示、交易说明、促销说明、吸引购买等，如图 4-28 所示。

图 4-27　买家关注的信息点

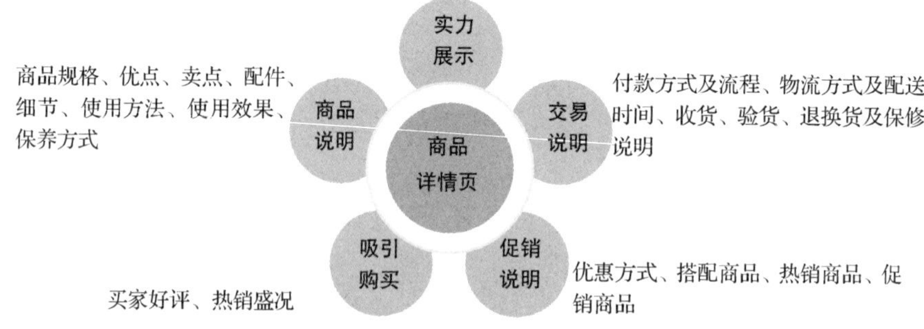

图 4-28　商品详情页的主要构成部分

2．商品详情页的内容设计

商品详情页是增强买家购买信心的重要工具，撰写商品详情页并不是随便将商品内容堆砌在一起，而是讲究技巧的。

（1）用图片展示商品

在买家不能直接"验货"的情况下，他们需要通过图片了解商品的情况，因此图片的好坏对交易的成败有着至关重要的影响。优质的商品图片能向买家传递很多信息，如商品的款式、颜色和材质等。

卖家在设计商品详情页中的图片时，可以从以下几个方面入手。

① 商品全景图

商品全景图能让买家对商品产生全面的印象，使买家对商品形成形象、真切的认识，如图 4-29 所示。商品全景图的大小、颜色、分辨率等非常重要，要尽可能地让买家清晰地感受到商品的材料和质地等。

② 模特展示图和场景展示图

无论商品图片多么精细，其向买家传达的信息都是有限的。要想进一步刺激买家的购买欲，卖家可以使用一些模特展示图展示商品，让买家对商品的使用效果产生切实的感受。例如对于服装类商品，卖家可以使用模特展示图体现商品试穿效果，让买家放心购买自己的商品，如图 4-30 所示。

此外，卖家还可以使用场景展示图，这样的图片更具视觉冲击力，既能给买家以真实感，还能起到装饰店铺的作用，进一步吸引买家的目光，增加买家对商品的好感，如图 4-31 所示。除了模特展示图和场景展示图外，卖家还可以展示一些已经购买过商品的买家试穿效果图，这样更能增强说服力。

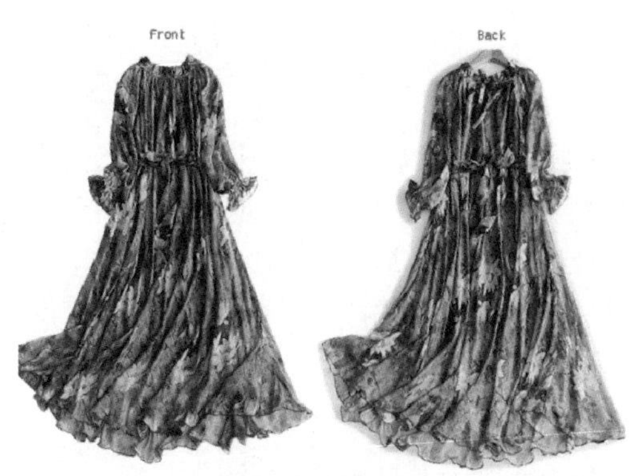

图 4-29　商品全景图

图 4-30　模特展示图

图 4-31　场景展示图

③ 商品细节图

买家在网上购物时还会注重商品的细节，希望从各个方面详细地了解自己中意的商品。因此，卖家要详细展示商品的细节，让买家能够直观、清晰地看到商品各个部位的特点，增强其购买的信心，如图 4-32 所示。

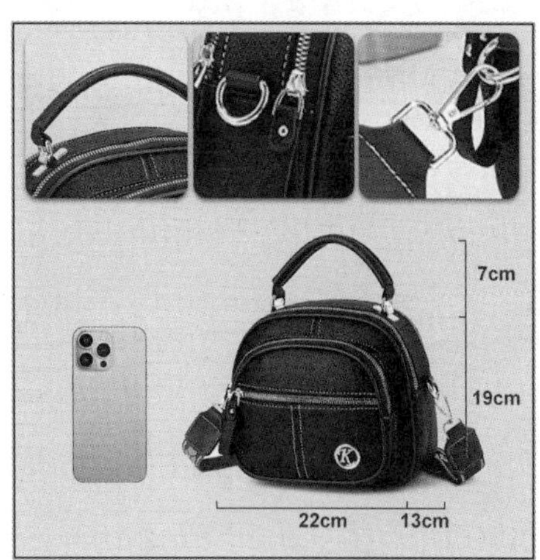

图 4-32　展示商品细节

（2）展示商品好评

卖家可以将一些“重量级”买家好评附加在商品描述中，也可以放一些与买家的聊天记录，进一步提高其他买家的信任度。

（3）详细说明商品使用方法、保养方法等

对于一些使用起来比较复杂的商品来说，卖家需要在商品详情页中对商品的使用方法进行详细的说明，以免买家频繁地咨询商品的使用方法，同时也避免出现因买家不会使用商品或使用不当认为商品存在问题而投诉卖家的情况。

图 4-33 所示为某款假发商品详情页展示的清洗方法，以图文并茂的方式向买家说明如何清洗该款假发，便于买家正确保养假发，提高买家对该卖家的信任度。

图 4-33　某款假发商品详情页展示的清洗方法

（4）商品实力展示

为了更好地展示商品的高品质，增强商品的说服力，卖家可以在商品详情页中展示商品获得的荣誉、商品检验报告、商品制作工艺等内容。图 4-34 所示为某款假发商品详情页展示的检验报告，能够提高买家对该款假发品质的信任感。

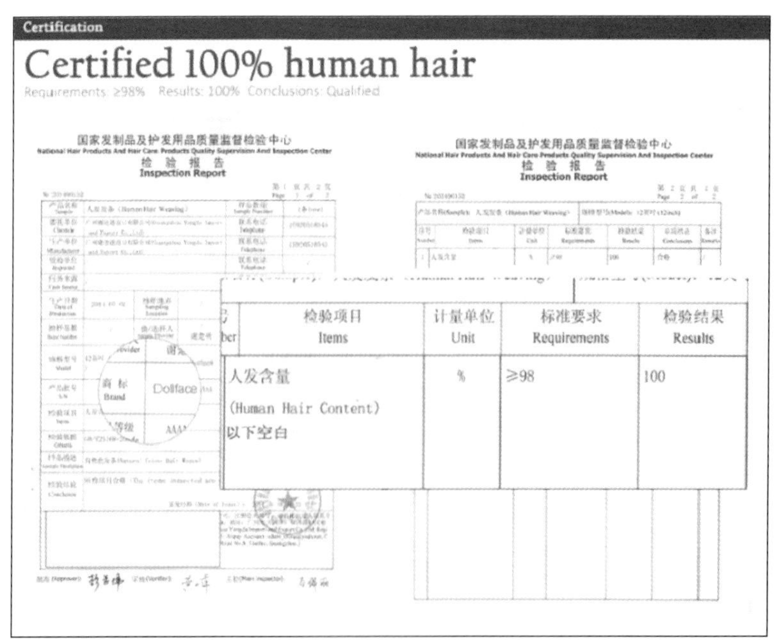
Certification

Certified 100% human hair

Requirements: ≥98%　Results: 100%　Conclusions: Qualified

国家发制品及护发用品质量监督检验中心
National Hair Products And Hair Care Products Quality Supervision And Inspection Center
检 验 报 告
Inspection Report

检验项目 Items	计量单位 Unit	标准要求 Requirements	检验结果 Results
人发含量 (Human Hair Content) 以下空白	%	≥98	100

商标 Brand　Dollface

图 4-34　某款假发商品详情页展示的检验报告

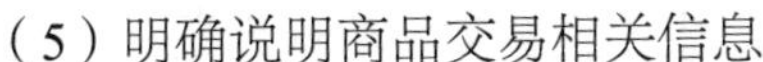

（5）明确说明商品交易相关信息

商品交易相关信息是为了帮助买家解决一些已知或未知的问题，例如是否支持退换货，支持哪些支付方式，选择哪家快递公司，商品出现质量问题如何解决，关税问题，开发票注意事项，收货地址要求等。图 4-35 所示为某款商品的支付方式、关税问题与收货地址相关说明。做好这些工作能够在很大程度上减轻客服人员的工作负担，提高买家静默下单的转化率。

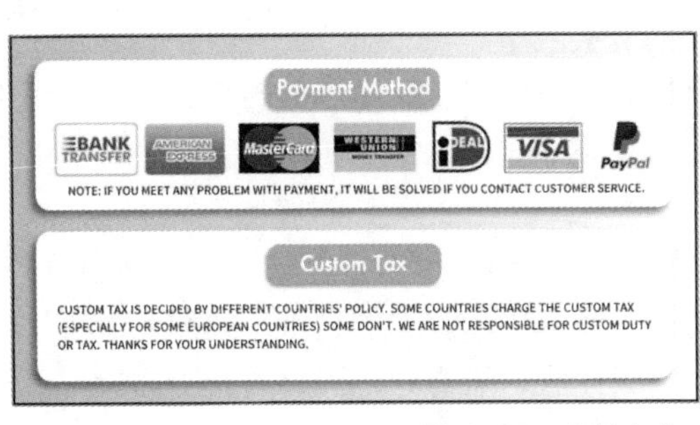

图 4-35　支付方式、关税问题与收货地址要求

（6）撰写吸引人的文字描述

在商品详情页中，除了图片能够对买家造成视觉上的冲击外，文字描述也能向买家传达更加完整的商品信息。在商品详情页的设计过程中，卖家在重视商品图片设计的同时，也不能忽视文字描述的撰写，商品详情页的设计应该做到内容与视觉效果并重。

卖家在撰写文字描述时，可以采用以下技巧。

① 向买家展示商品能给他们带来的好处

在文字描述中向买家介绍商品的各项功能是很多卖家常用的做法，但这并非最佳的做法。买家在浏览商品详情页时，除了想知道商品的功能和规格，还想知道商品的这些功能会给他们的生活带来哪些好处和改变。

例如，销售搅拌机的卖家需要向买家强调，自己卖的不仅是一台高功率的搅拌机，还是一种便捷、健康的饮食方式；销售台灯的卖家需要向买家强调，自己卖的不仅是在夜间能够提供照明的灯，还是一种为刻苦学习的孩子提供维护视力健康的保障。

要想将沉闷无趣的商品功能描述变成生动、有价值的文案，卖家不能仅单纯地介绍商品的功能，还要突出商品能给买家带来的好处。例如，如果卖家销售的是实木床，在描述商品时与其说“maple wood frame”（床由枫木制成），不如说“maple wood frame so you wouldn’t have to change your bed every three years”（床由枫木制成，这能让你省去每三年换一次床的麻烦）；与其说“cushioned, waxed leather headboard with protective coat”（实木床增加了衬垫、上过蜡、带有保护层的皮革床头板），不如说“generously cushioned, waxed leather headboard to rest your head in comfort without worrying about staining it”（增加了衬垫、上过蜡的皮革床头板能让你的头部感到安稳、舒适，也不用担心会弄脏它）。

一种更能激发买家购买兴趣的文字描述的写法就是：列出商品的每个功能，然后分别列出每个功能可以给买家带来的好处。

② 合理使用形容词和填充词

某个销售毛绒玩具的卖家在商品详情描述中这样介绍一款毛绒玩具：“This doll is an adorably, sweet, pink plush toy that’ll make a great birthday present for your daughter or granddaughter.”（这是一个可爱、甜美、粉色的毛绒玩具，是为你的女儿或孙女准备的绝佳

生日礼物。）虽然这句英文在语法上没有错误，但使用了太多没有意义的形容词和填充词，让整句话显得很啰唆。

在一个句子中添加太多没有实际意义的形容词和填充词只会画蛇添足，让买家读起来感到啰唆和困惑，最终导致买家离开页面。将上面的句子改成这样："A pretty-in-pink plush doll that'll make your five-year old squeal with delight."（一个漂亮的粉色毛绒娃娃，它会让你 5 岁的孩子高兴到尖叫。）这句话在准确地向买家传达了商品颜色的同时，还向买家描绘了一幅孩子收到毛绒玩具时兴奋的画面，能够激发买家的购买欲望。

在撰写文字描述时，卖家要合理地使用形容词，一个名词前只用一个形容词，可以使用一些能够刺激感官的形容词，如"good""leading""best-in-class""nice"等。

③ 合理分段，设置精美的格式

在跨境电商交易中，商品文字描述是用外文书写的，很多卖家在撰写过程中不注意分段，把大段的段落堆积在一起，要点中只列出商品功能，没有展示商品的亮点，如图 4-36 所示。这种做法只会增加买家阅读的困难，降低买家的阅读体验，最终导致买家离开页面。

NOTE:For the color, there maybe some difference from the picture because of the light and screen.Pls allow 2-3cm error because of manual measurement. NOTE:Pls place order according the size information. If you can't choose the size or any other problems,pls contact us before payment,we will reply you as soon as possible.Thank you very much.

图 4-36　不注意分段的商品文字描述

商品文字描述的格式非常重要，卖家要注意合理分段，文本段落之间用空格隔开，为买家创造舒适的阅读体验，这样有利于延长买家在页面中的停留时间，进而提高商品转化率，如图 4-37 所示。

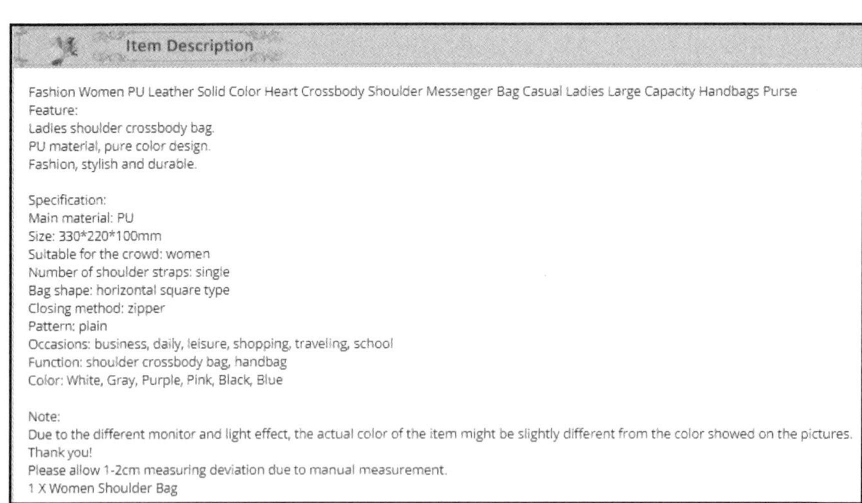
Item Description

Fashion Women PU Leather Solid Color Heart Crossbody Shoulder Messenger Bag Casual Ladies Large Capacity Handbags Purse
Feature:
Ladies shoulder crossbody bag.
PU material, pure color design.
Fashion, stylish and durable.

Specification:
Main material: PU
Size: 330*220*100mm
Suitable for the crowd: women
Number of shoulder straps: single
Bag shape: horizontal square type
Closing method: zipper
Pattern: plain
Occasions: business, daily, leisure, shopping, traveling, school
Function: shoulder crossbody bag, handbag
Color: White, Gray, Purple, Pink, Black, Blue

Note:
Due to the different monitor and light effect, the actual color of the item might be slightly different from the color showed on the pictures.
Thank you!
Please allow 1-2cm measuring deviation due to manual measurement.
1 X Women Shoulder Bag

图 4-37　合理分段的商品文字描述

实训 1　选择商品

1. 实训目标

根据目标市场的特点，选用合适的选品方法完成选品工作。

2．实训内容

3～5 人为一个小组，选用合适的选品方法进行选品，并确定要经营的商品。

3．实训步骤

（1）多渠道选品

小组讨论，确定目标市场（可以是项目 3 实训中选定的目标市场）和目标行业，如服装行业、宠物食品行业等（也可以是项目 3 实训中选择的行业），运用各种选品方法收集该行业中的商品，完成选品单，如表 4-5 所示。

表 4-5　选品单

选品方法	商品图片	商品名称	商品价格	商品销量	销售平台	评价情况

（2）确定商品

小组成员讨论，在对目标市场、目标行业进行充分调研的基础上，根据选品单确定小组要销售的商品。在选择商品时，可以关注具有中国特色的商品或本地特产，这样更便于进货。如果想降低压货的风险，可以考虑做代销。还可以选择从 1688 平台进货，选择支持拿样的商家，自己亲自查验样品的品质后再决定是否从此处进货。

4．实训总结

学生自我总结	
教师总结	

实训 2　设置商品信息

1．实训目标

掌握设计商品标题、商品主图、商品详情页的技巧，会为商品设计各项信息。

2．实训内容

3～5 人为一个小组，完成商品标题的撰写、商品图片的拍摄、商品详情页的设计。

3．实训步骤

（1）设计商品标题

全面了解并分析商品，搜索关键词，为商品设计具有吸引力的标题。

（2）设计商品图片

拍摄商品图片，包括商品主图和商品详情页中的图片，并对图片进行合理的美化，调整商品图片大小，提高商品图片的美观度。

（3）设计商品详情页的文字描述

分析商品的特点，为商品设计具有吸引力的详情页文字描述。

4．实训总结

学生自我总结	
教师总结	

课后习题

1．单项选择题

（1）下列不属于跨境电商选品原则的是（　　）。

A．市场适配原则　　B．差异化运营原则

C．规避风险原则　　D．节约成本原则

（2）卖家分析自己的商品能给买家带来哪些价值，在一段特定时期内，买家愿意为该商品支付多少费用，然后卖家根据这种感知确定商品价格。这种策略是（　　）定价策略。

A．基于商品成本　　B．基于市场环境

C．基于商品价值　　D．基于竞争对手

（3）商品标题中的核心词是指（　　）。

A．行业热门词，接近于类目词

B．描述商品某个属性的词，如颜色、长度等

C．不常用但恰好有一些特定群体会搜索的词

D．具有很多流量的词

2．多项选择题

（1）下列关键词中属于属性词的是（　　）。

A．Trousers（裤子）

B．Korean Style Short Skirt（韩版短裙）

C．Korean Version Long Skirt（韩版长裙）

D．Pure Color Trousers（纯色长裤）

（2）商品详情页中应该包括的内容有（　　）。

A．商品说明　　B．实力展示

C．促销说明　　D．交易说明

（3）下列关于商品标题的设置说法正确的是（　　）。

A．符合语法规则　　B．避免关键词堆砌

C．可以添加特殊符号增强吸引力　　D．避免虚假描述

3．简答题

（1）为了让商品在主图中得到更好的展示，卖家可以采取哪些策略？

（2）为了提高商品对买家的吸引力，卖家在设计商品详情页时可以采取哪些技巧？

项目 5

跨境电商营销

知识目标

➢ 掌握实施站内促销活动营销、站内付费广告营销的策略。

➢ 掌握实施搜索引擎营销、电子邮件营销、Facebook 营销、Instagram 营销、YouTube 营销和 TikTok 营销的策略。

➢ 掌握实施直播营销的策略。

➢ 掌握实施节日营销活动策划、网红营销策划、品牌出海策划的策略。

能力目标

➢ 能够根据店铺运营目标实施站内促销活动营销和站内付费广告营销。

➢ 能够根据店铺运营规划选择合适的站外营销方式,并采用有效的营销策略进行营销。

➢ 能够通过直播的方式销售商品。

➢ 能够制定具有可操作性的节日营销活动、网红营销与品牌出海策划方案。

素养目标

坚守中华传统文化，在营销活动中讲好中国故事、传播中国声音，推动中华文化走向世界。

引导案例

内容营销+联名 IP，助力滋色迅速破圈

扫码看视频

滋色（ZEESEA）是中国原创时尚彩妆品牌，是最早一批投身出海浪潮的国货美妆品牌之一，进入境外市场仅一年便成为第一个抢占日本主流美妆市场的国潮彩妆品牌。

在开展营销推广时，滋色主要采取内容营销的方式。滋色在 Facebook、Instagram、Pinterest 等社交媒体平台上创建了账号，有针对性地输入商品内容，潜移默化地向年轻消费者“种草”。

同时，滋色积极与美妆博主、KOL 进行合作，深度推动品牌口碑营销。滋色会在社交媒体上通过创建热点话题与年轻消费者进行深度互动。例如，在推广炫彩睫毛膏时，滋色在社交媒体上创建了“泪妆”话题，并引发了日本消费者的广泛讨论，让这款商品在市场上迅速打开了知名度。

与世界级大 IP 进行联名也是滋色极具特色的营销创意。例如，滋色先后与英国国家美术馆、毕加索等世界级文化艺术 IP 合作，推出了多款联名彩妆商品，如埃及 16 色眼影、爱丽丝 9 色眼影等。通过 IP 联名，滋色赋予了商品更多的文化内涵，有效地提升了品牌溢价。

在营销策略上，滋色深度贯彻本土化策略。例如，滋色通过调研发现，日本消费者喜欢在图片上添加较多的介绍性文字，因此滋色会在投放到日本的广告中使用较多的文字，以契合当地消费者的阅读习惯。

案例分析

不同国家和地区的消费者有着迥异的消费习惯、消费偏好等，卖家在进行商品的本土化和品牌输出时，要懂得将商品的时尚感、美感与品牌文化进行融合，为商品和品牌打造独特、鲜明的风格，以吸引消费者对品牌的关注。

任务 1 站内营销

站内营销就是在跨境电商平台上采用各种工具开展营销推广活动，如站内促销活动营销、站内付费广告营销等。

5.1.1 站内促销活动营销

站内促销活动是卖家经常使用的营销方式之一，有效的站内促销活动能够提高商品的曝光率和转化率。常见的站内促销活动包括满减优惠、发放优惠券（码）等。

1．满减优惠

满减优惠包括满立减、满件折、满包邮等类型。满立减是指卖家为店铺设置“满 X 元优惠 Y 元”的促销规则，即买家在店铺内的订单总额达到 X 元，买家付款时可以享受 Y 元扣减优惠。满件折是指卖家为店铺设置“满 X 件享受 Y 折”的促销规则，即买家在店铺内购买的商品数量达到 X 件，在付款时可以享受 Y 折优惠。满包邮是指卖家为店铺设置“满 X 元/件

包邮”的促销规则，即买家在店铺内的订单总额达到 X 元，或者购买的商品数量达到 X 件，在卖家指定地区内买家可以享受包邮服务。

卖家在设置满减优惠活动时，需要注意以下事项。

① 卖家设置满减优惠的金额时，要考虑店铺内商品的价格。

② 合理规划参加满减优惠活动的商品，商品的价格要便于买家凑单，以获得满减优惠。

2．发放优惠券（码）

卖家在店铺内设置优惠券（码），买家领取后在支付订单时可以享受相应的优惠。卖家在设置优惠券（码）的规则时，需要注意以下事项。

（1）设置阶梯式的优惠券（码）

卖家可以设置阶梯式的优惠券（码），如满 99 元减 5 元、满 150 元减 10 元，满 200 元减 15 元等，这样有利于逐步激发买家的购买欲，吸引买家为了享受更多的优惠而不断提高购买金额，从而提高客单价。

（2）设置合理的有效期

卖家设置优惠券（码）的有效期不宜过长或过短，以 7～30 天为宜。如果优惠券（码）的有效期过长，很难刺激买家尽快使用，甚至会让买家遗忘；如果优惠券（码）的有效期过短（如 1 天），买家很可能还没选好店铺中的商品，优惠券（码）就已过期，这样就无法实现利用店铺优惠券（码）活动提高订单量的目的。

此外，卖家还可以将优惠券（码）设置为店铺的常规活动，刺激买家多买，提高店铺的客单价。

5.1.2 站内付费广告营销

为了帮助卖家吸引流量，第三方电商平台推出各种付费推广工具，其中常见的付费推广方式是按点击付费推广广告，即卖家为商品投放按点击付费推广广告，推广商品曝光不扣费，买家点击卖家推广的商品时才会扣费。

在投放按点击付费推广广告时，卖家需要做好以下工作。

1．选品

有优势的商品更容易获得买家的青睐，以下 5 种商品比较适合投放按点击付费推广广告。

- 销量（收藏量）高的商品：店铺内销量（收藏量）高的商品更容易获得买家的信任。
- 转化率高的商品：店铺内转化率高的商品更容易吸引买家的关注。
- 有充足货源的商品：商品货源充足，以免推广商品因高销量而造成缺货。
- 利润、价格相对有优势的商品：由于价格和利润过低的商品即使有不错的销量，也可能无法赚回付费推广花费的费用，因此卖家要选择利润、价格相对有优势的商品。
- 比较大众化的商品：对于款式多样化的商品而言，总有一两种款式更符合大众的审美标准，即大众款。卖家选择大众款商品进行广告的投放，更容易吸引大多数买家的关注，以这些大众款商品为店铺的主打商品导入流量，而点击进入广告商品详情页的买家如果有个性化需求，自然会关注个性款商品。

2．关键词的选择

在投放按点击付费推广广告时，通常需要卖家选择关键词，并为关键词出价。卖家在选择关键词时，首先，不建议选择太多泛词，所谓泛词，即大词、超热词、不精准的词；其次，要选择与自己商品属性相近的关键词，商品属性包括功能、材质、颜色、风格、产地等，这些关键词都是与商品比较匹配的，能够缩小商品的搜索范围，进而提高广告转化率；最后，选择的关键词数量不宜过多，通常情况下一款商品选择5～10个关键词即可。

此外，在选择关键词时，卖家要考虑不同国家和地区买家的搜索习惯，关键词要符合买家搜索商品时的用法。例如，卖家在Shopee平台的马来西亚站为某款腮红投放按点击付费推广广告，在选择关键词时，不仅要考虑腮红的英文名称“blusher”，还要考虑腮红的马来西亚语名称“pemerah pipi”。此外，卖家还要考虑不同人对腮红的不同称呼，有些人称腮红为眼影或眼影盘，卖家就要考虑眼影和眼影盘的英文名称和马来西亚语名称。卖家按照买家搜索习惯、语言使用习惯、词语输入习惯等多个维度，可以拓展出多个关键词，最大限度地覆盖有意愿购买腮红的买家。

如果卖家把握不好关键词的选择，可以借助一些关键词分析工具帮助自己整理和筛选关键词。首先，卖家可以从电商平台搜索下拉列表中选词，搜索下拉列表中给出的词都是一些搜索量较高、比较热门的词，卖家可以将这些词作为商品推广广告的关键词；其次，卖家可以借助关键词挖掘工具获得更系统、更详细的关键词，如Google Trends、Google Ad Words等；最后，卖家还可以通过查看竞争对手的标题，尤其是搜索结果页面排名比较靠前的竞争对手的商品标题来获取更多的关键词。

3．关键词匹配度

按点击付费推广广告的关键词匹配度通常分为精准匹配和广泛匹配两种。精准匹配是指卖家设置的关键词与买家搜索使用的关键词相同，广告才会获得展现；广泛匹配是指买家搜索使用的关键词中包含卖家设置的关键词，广告也会获得展现。

例如，如果卖家为广告选择的关键词为“钱包”，设置为精准匹配，只有当买家搜索使用的关键词为“钱包”时，广告才会获得展现；如果卖家设置为广泛匹配，则当买家搜索使用的关键词为“女士钱包”时，广告也会获得展现。

虽然广泛匹配能够吸引更多的流量，但是如果卖家销售的是男士钱包，当买家搜索“女士钱包”时，卖家的广告也被展示出来，买家点击广告进入商品详情页，发现该商品并不是自己想买的商品便会离开，此时广告产生的流量是无效流量，就会浪费卖家的广告预算。

因此，卖家需要合理设置关键词匹配度。在投放关键词广告初期，卖家可以为关键词设置广泛匹配，然后分析关键词的数据表现，如果某个关键词产生的流量多、转化率高，则可以将该关键词设置为精准匹配，这样有利于节约广告成本。

4．关键词出价

在设置关键词出价时，新手卖家可以先从低价开始，逐步往上加价，然后根据广告的点击情况灵活调整出价。如果卖家想通过广告快速获取一些流量，可以选择直接购买一些精准性、流量高的关键词。如果卖家的推广评分较高，可以将关键词出价设置为行业均价的1～1.2倍；如果卖家的推广评分较低，可以将关键词出价设置为行业均价的1.5～2倍。

如果某款商品是首次投放按点击付费推广广告，卖家可以通过设置较低的关键词竞价测试这款商品是否适合投放按点击付费推广广告，然后根据流量的转化情况对该商品进行优化。如果该商品投放按点击付费推广广告两周后获得了较高的流量，卖家可以提高该商品的

关键词竞价，使商品获取更多的流量；如果该商品投放按点击付费推广广告 3 周后仍未达到潜力爆款的要求（商品购买按钮点击率达到 10%、支付转化率达到 20%），则卖家可以放弃推广这款商品。

5．广告预算的设置

卖家每日设置的广告预算在竞价的 20 倍以上，如果广告实际结果是转化率很高，但预算不够用，卖家可以进一步提高预算；如果预算总是在非销售高峰时段就被耗尽，卖家可以分时段调整广告竞价，即在非销售高峰时段降低广告竞价，而在销售高峰时段恢复广告竞价。

6．标题的设置

准确、优质的标题能够提高关键词的推广评分，提高广告商品的点击率。首先，标题要符合外文语法规范，语法不要太复杂，以降低系统理解的难度；其次，由于广告展示位无法完整地展示商品标题，因此商品标题不能太长，也不能太短，表示商品重要属性、买家关注点和商品卖点的词语尽量放在标题的前面。

7．橱窗图片的设置

商品橱窗图片要清晰、美观，让买家一眼就能看清商品，这样更容易激发买家的购买欲望。为了美观或者避免被盗图，卖家可以在图片上添加水印，但水印不能过于明显，以免使广告展示位上的图片显得杂乱或模糊不清。

8．商品详情页页面的设置

卖家为商品投放按点击付费推广广告的目的是提高商品的曝光量和流量，如果商品详情页没有做好，就很难达到引流和提高转化率的目的。因此，卖家在选定一款商品并为其投放按点击付费推广广告时，必须确保该商品详情页是完整的，商品详情页中的图片、标题、商品描述等的设置准确、详细，且具有吸引力。

其中，最重要的是卖家要做好商品主图的优化工作，无论是搜索结果，还是广告展示，主图都是非常关键的要素，优质的主图是吸引潜在买家点击广告的关键条件。

任务 2 站外营销

借助站外营销工具开展引流推广，提高转化率是跨境电商卖家必须掌握的营销手段。跨境电商卖家常用的站外营销方式包括搜索引擎营销、电子邮件营销、Facebook 营销、Instagram 营销、YouTube 营销、TikTok 营销等。

5.2.1 搜索引擎营销

搜索引擎营销是指卖家利用搜索引擎工具，根据用户使用搜索引擎的方式，配合一系列技术和策略，在用户检索信息的时候将更多的商品、品牌信息呈现给目标用户，从而获得盈利的一种网络营销方式。随着信息技术的发展，搜索引擎营销越来越受到卖家的青睐，它凭借低成本、高效率的优势，逐渐成为卖家开展站外营销的主流方式之一。

1．搜索引擎竞价排名

搜索引擎竞价排名是指卖家所付费用越高，其发布的内容在搜索引擎搜索结果页面中的

排名就越靠前，其实质是卖家为自己的网页购买关键字排名，搜索引擎按照点击计费的一种营销方式。卖家可以通过调整每次点击付费的价格控制自己在特定关键词搜索结果页面中的排名，并通过设定不同的关键词捕捉不同类型的目标访问者。

与其他营销方式相比，搜索引擎竞价排名具有以下特点。

- 按效果付费，推广费用相对较低。
- 卖家可以设置与控制广告出价和推广费用。
- 竞价结果会出现在搜索结果页面中，并与用户搜索的内容紧密相关，使推广更加精准。若卖家出价高，竞价结果将出现在搜索结果页面靠前的位置，更容易引起用户的关注和点击。
- 卖家可以对广告的点击情况进行统计分析，进而优化竞价排名出价策略。

在选择竞价排名的关键词时，卖家应依据潜在买家的搜索习惯进行选择。

（1）寻找核心关键词

首先，从潜在买家的搜索习惯出发，全方位寻找与商品相关的关键词；其次，从商品或服务的特点出发寻找核心关键词；最后，挖掘目标买家的需求、偏好和兴趣，拓展潜在的核心关键词。

通常来说，核心关键词分为4类，如表5-1所示。

表5-1　核心关键词的类型

核心关键词类型	说明
商品词	卖家所提供的商品或服务的名称，它是最能体现潜在买家搜索意图的词汇之一，是卖家关键词词库中的必备词
品牌词	独一无二的、能够体现卖家实力的品牌名称的词。搜索品牌词的人通常是带着明确目标主动寻找卖家的潜在买家，所以品牌词是卖家关键词词库至关重要的战略词
商品咨询词	买家用来咨询商品或服务相关信息的，贴近买家口语的词汇或短句。商品咨询词往往最接近潜在买家的购买需求，并且容易影响他们的购买决策，是卖家关键词词库的重点词
行业词	表达商品和服务所属类别、体现行业特殊性的词。这类词可能影响潜在买家对同类商品产生新的需求。同行业的卖家都会提及这类词，是卖家关键词词库的潜力词

找到并积累了一定数量的核心关键词后，卖家可以利用一些数据分析工具（如谷歌关键词工具）对这些核心关键词进行数据分析，包括分析某个关键词的搜索量、搜索热度、变化趋势、主要搜索人群等，从而为确定核心关键词提供数据参考。

（2）延伸拓展

卖家可以在核心关键词的基础上进一步拓展关键词，构成长尾关键词。长尾关键词（Long Tail Keyword）是网站上的非目标关键词，但与目标关键词相关，是可以带来搜索流量的组合型关键词。长尾关键词的特点是比较长，往往由2～3个词语组成，甚至是一个短语，它们往往存在于内容页面中，除了存在于标题中，还存在于具体内容中。

（3）筛选提炼

通过前面两步，卖家可以发现大量的关键词，但不可能采用所有的关键词，一方面预算不允许，另一方面也没有必要。卖家可以根据自身的推广需要、关键绩效指标和预算对关键词进行筛选提炼。

（4）分类管理

结合目标买家的购买行为特征，卖家可以将所有的关键词进行分类。例如，将关键词分为商品词、行业词及品牌词等。在推广时，卖家可以根据不同的时间段选择不同类型的关键词。

2．关键词广告

关键词广告是指显示在搜索结果页面中的网站链接广告，这种广告按点击次数收取广告费。卖家可以根据需要设置不同的关键词进行广告投放，这就相当于在不同页面轮换投放广告。在跨境电商行业中，谷歌是跨境电商卖家开展站外引流必选的一个重要渠道。下面以谷歌为例，分享投放关键词广告的技巧。

（1）明确目标受众群体

在通过谷歌投放关键词广告之前，卖家要先对商品的竞争力、市场热度、目标受众群体进行分析，然后选择市场前景较好的地区锁定潜在消费群体。此外，为了避免产生不必要的点击支付，卖家可以设定自己的广告只出现在某个特定国家或地区的潜在消费群体中。

（2）选择合适的关键词

选择合适的关键词非常重要，一旦选择失误，不仅无法实现营销目的，还会流失客户。在选择关键词时，卖家应当遵循4个原则，如图5-1所示。

图5-1　选择关键词的原则

（3）在广告标题中添加具有号召性的词

卖家可以在广告标题中添加一些具有号召性的词，如“Free”（免费的）、“New”（新的）等，但在添加这些词时要注意不能违反谷歌的相关规定。例如，如果广告标题中含有“Free”的字样，那么广告直接链接的页面应该含有相应的免费商品或服务；如果广告标题中含有“New”的字样，那么该商品或服务的推出年限要在半年之内。

此外，需要注意在广告标题中不能含有“Best”（最好的）、“The cheapest”（最便宜的）、“First”（第一）等带有主观感情的词。

（4）对广告进行测试

通常来说，卖家要设计两个或更多的广告方案并对这些方案进行测试，从中选出点击率较高的广告方案。重复这个过程，不断地对广告方案进行优化，以不断提高广告的点击率。

（5）有效避免无效点击

为了减少不必要的广告开销，卖家可以将商品或服务的价格添加在广告的最后，避免那些在网上寻找免费服务或商品的人点击广告，那些在网络上寻找免费资源的人不会成为卖家的客户。这种策略可以提高潜在客户的总体转化率，并降低平均客户取得成本。

5.2.2 电子邮件营销

电子邮件营销（E-mail Direct Marketing，EDM）是指在目标受众事先许可的前提下，卖家借助电子邮件软件向其发送电子邮件，传播有价值的信息的一种网络营销方式。电子邮件软件有多种用途，如发送电子广告、商品信息、销售信息、市场调查问卷、市场推广活动信息等。电子邮件营销具备极高的投资回报率，备受跨境电商卖家的青睐。

1. 电子邮件营销的基本流程

想开展高效的电子邮件营销，卖家需要把握好每个环节的工作。通常来说，电子邮件营销的流程包括 5 个环节，如图 5-2 所示。

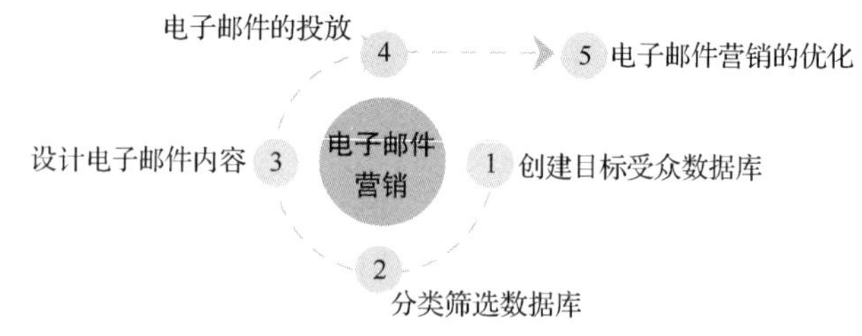

图 5-2 电子邮件营销的流程

（1）创建目标受众数据库

创建目标受众数据库是为后期开展高效的电子邮件营销做铺垫，目标受众数据库越完善和精准，后期电子邮件营销效果就越显著。卖家可以通过建立会员制度、收集购买过自己商品的买家信息等途径采集电子邮件目标受众的数据。

（2）分类筛选数据库

针对电子邮件营销的需要，卖家可以将目标受众数据库按照受众的地域、性别、年龄、特点及兴趣爱好等维度进行分类，并对创建的目标受众数据库进行筛选。

（3）设计电子邮件内容

根据预设的目标受众，设计规范的电子邮件内容，包括邮件的标题、内容、排版布局等。电子邮件内容越贴近目标受众的心理需求，后期电子邮件营销效果就越好。

（4）电子邮件的投放

电子邮件的投放是一个既简单又困难的环节，这是因为它关系到制作的电子邮件是准确到达目标受众手中，还是被丢入垃圾箱中。为了保证电子邮件投放的到达率和精准度，卖家要选择优质的电子邮件营销工具进行电子邮件的投放。

（5）电子邮件营销的优化

根据电子邮件的打开率、点击率、到达率等数据对电子邮件营销进行优化，如删减目标受众数据、更换电子邮件营销服务商，以及优化电子邮件内容等。

2. 电子邮件内容的撰写

借助电子邮件营销工具，卖家可以设计格式精美的电子邮件，给收件人带来一种美的感受，但是电子邮件的外观并不是真正吸引收件人阅读电子邮件的关键，只有真正能够给收件人带来价值的电子邮件内容，才能吸引收件人的关注，进而刺激他们的购买欲，这也是卖家开展电子邮件营销最应该注意的地方。

卖家在撰写电子邮件时，可以采用以下技巧。

（1）做好标题设计

人们收到电子邮件后，通常会先关注邮件标题，如果邮件标题缺乏亮点，就难以激发人们阅读的兴趣。对于一些具有时效性的信息，卖家可在邮件标题的前面添加 Daily、Weekly、Monthly 等词，如“The Daily Discount for Wrist Watch”（腕表每日折扣）；当店铺有促销活动、新商品上市时，可以用事件作为邮件标题，提醒人们“不要错过”，如“Don't Miss Our Special Offer for Dresses”（不要错过我们特别提供的连衣裙）；有的卖家会为商品提供操作视频，可以在邮件标题中体现出来，如“Operation Video for The Puzzle”（拼图的操作视频）。

（2）内容具有针对性

对于管理人员来说，希望收到的电子邮件中包含最新经济形势、对企业发展有帮助的各类资讯，以及管理策略等内容；对于市场人员来说，希望收到的电子邮件中包含更多的市场最新动态、商品信息、市场信息等内容；而对于普通用户来说，则希望收到的电子邮件中包含商品折扣、小知识、促销信息等内容。因此，邮件发送者要根据不同的目标受众撰写具有针对性的电子邮件，其内容、语气要有所不同，贴近受众心理的语言和内容更容易拉近卖家与受众的距离。

（3）内容简明扼要

电子邮件内容要尽量简明扼要、条理清晰。例如，电子邮件可以介绍商品，如店铺最近热销的商品，或者介绍节假日和季节类活动公告等，还可以向收件人提供活动链接或有一定截止时间的活动优惠券（码）。需要注意，活动优惠代码要留给收件人一定的时间去使用。

（4）刺激受众的兴趣与好奇心

卖家在电子邮件中要鼓励收件人深入了解邮件内容，尽量刺激他们的兴趣与好奇心，鼓励他们点击邮件中的链接并了解商品信息。鼓励的方式有多种，例如，突出自己商品或服务的特色，免费赠送礼品，向收件人表明购买商品可以获得哪些好处等。

（5）合理设置图片

电子邮件中使用的图片不能太大，一般要求小于 15KB。图片数量也不能太多，应少于 8 张，以免收件人因邮件的打开速度太慢而失去耐心关闭邮件。图片应放在网络空间，否则收件人很可能看不到，图片的名称不能含有“AD”字符，否则会被当成“被过滤广告”。

（6）避免收件人借助插件浏览内容

电子邮件中尽量不要使用 Flash、Java、JavaScript 等格式的内容，否则收件人可能打不开电子邮件，或者需要安装一些插件才能浏览电子邮件。为了避免收件人收到的电子邮件显示乱码或者图片格式无法被浏览，卖家可以制作一份和电子邮件内容相同的 Web 页面，然后在电子邮件顶部写上一句话“如果您无法查看邮件内容，请点击这里”，通过添加超链接跳转到 Web 页面。

（7）谨慎使用链接

卖家可以在电子邮件中添加链接，但数量不宜过多。链接要写成绝对地址而非相对地址，不要使用地图功能的链接图片，否则会使电子邮件被多数邮箱自动划分为垃圾邮件。

5.2.3 Facebook 营销

Facebook（其母公司在 2021 年更名为 Meta）作为全球最大的网络社交通信平台之一，历来是跨境电商卖家开展营销的必选工具之一。卖家使用 Facebook 营销能够让自己的商品或服务更容易被买家搜索到，相当于为网店创建一个交流社区，可以更直接地推广自己的商品。

1．提升账号人气的技巧

在 Facebook 上进行推广营销，卖家除了要提供优质的服务，还需要与粉丝建立紧密的关系，加强双方的交流沟通。在开展 Facebook 营销时，卖家可以采用以下几种方法提升自己的 Facebook 账号人气。

（1）创建友好的页面

一个杂乱无章的页面往往会让访问者产生不适感，卖家要想给访问者留下良好的印象，就要让 Facebook 页面看起来比较“友好可亲”。卖家可以从合理布局页面、提供优质的商品服务、定期更新商品信息，以及加强与访问者之间的互动等方面进行完善。

（2）维系好忠诚客户

众所周知，卖家的忠诚客户就是商品和品牌最好的宣传员。如果卖家的品牌在市场上得到了良好的反馈，积累了一定的客户群，此时卖家可以鼓励忠诚客户加入 Facebook 支持自己，然后让忠诚客户进行宣传，借助忠诚客户的口碑宣传吸引更多的访问者浏览自己的 Facebook 页面来了解商品。

（3）添加 Facebook 的社交插件

借助多个社交平台展开推广是一种行之有效的营销方式，但在推广过程中需要有一个网络桥梁将所有的社会化媒体活动联结起来，目的是更好地控制推广内容和进行品牌管理。在 Facebook 网站中，卖家可以通过整合，利用 Facebook 的社交插件加强各个社交平台之间的联系，这样能够让更多的人看到企业的 Facebook 页面，进而提高浏览量。

（4）利用高人气的 Facebook 页面

卖家可以利用 Facebook 平台提供的工具搜索与自身所销售商品相关的 Facebook 页面，或者寻找一些与自己业务相关的讨论，并向这些人气较高的 Facebook 页面提供一些有价值的信息，与这些人气较高的 Facebook 页面的管理者与粉丝建立紧密关系，当彼此了解后，可以引导他们访问自己的 Facebook 页面。

（5）借助网络论坛与合作网站

如果卖家有合作网站或在网络论坛中表现活跃，可以在合作网站或网络论坛的签名档中添加自己 Facebook 页面的链接。需要注意的是，卖家要发表一些具有实用性的文章，以获得合作网站浏览者或网络论坛中其他人的认可和关注，这样才能吸引他们关注自己的商品。

（6）联合组织社交活动

卖家可以与其他 Facebook 页面的管理员进行合作，共同策划一个能让双方粉丝获益的社交活动，这样既能增进彼此之间的了解，又能达到推广宣传的目的。

2．提升页面互动性的技巧

具有互动性的 Facebook 页面更容易吸引访问者的关注，卖家可以参考以下方法提升 Facebook 页面互动性。

（1）充分发挥创意

如果卖家在 Facebook 上只介绍商品，会让访问者感到单调无趣。访问者更喜欢浏览富有创意的内容，所以卖家在 Facebook 上发布的内容要融入创意，分享一些有趣且新奇的创意商品，这样才能吸引更多的访问者。

（2）采用多样化的形式

相对于文字，视频和图片更能给人带来直观、形象的感官体验。卖家可以将发表的内容以多样化的形式进行展现，这样更容易引起访问者的兴趣。卖家在选择图片时要遵循 3 个原则，一是图片要简洁干净，不宜有太多的文字描述；二是图片要与商品直接相关；三是图片色彩要鲜明，能够吸引访问者的目光。

（3）内容短小精悍

人们越来越喜欢简单、短小精悍的内容，这就要求卖家在发布内容时，最好使用简练的句子，或者将复杂的信息简单化，这样的内容更容易受到访问者的欢迎，也更具有传播性。

（4）注重互动性

要想增强社交媒体的互动性，卖家可以有意识地开展一些互动活动，引导访问者参与其中。例如，针对几款服饰搭配设计，呼唤访问者参与投票。通常来说，新颖有趣的活动，更能调动访问者参与活动的热情与积极性。

（5）善用留白

卖家可以在 Facebook 页面中提出一个问题，然后留出空白让访问者回答。如果问题能够激发访问者的兴趣，就能引起他们热烈的评论，然后卖家再及时进行回复，从而拉近卖家与访问者之间的距离。

5.2.4 Instagram 营销

照片墙（Instagram）是一款在移动端上运行的社交应用，它允许用户以一种快速、美妙和有趣的方式将自己随时抓拍的图片进行分享。自 2010 年上线以来，Instagram 已经成为领先的社交媒体平台之一。这个平台最大的亮点就是具有极高的用户参与度。

为了以新颖独特的方式表达品牌，确保品牌在 Instagram 上获得最大的曝光率，以吸收更多的潜在关注者，卖家在 Instagram 上做营销推广时，可以采用以下技巧。

1. 分享与交流买家体验评价

考虑到大多数买家在电子商务平台购物时喜欢查看真实的买家体验评价，卖家要注意收集真实的买家体验评价，经过精挑细选并征得买家同意后，将其展示在自己的 Instagram 推广内容中。这些买家体验评价无形中为卖家口碑的传播提供了途径，在 Instagram 上看到其他买家体验评价的人有更大的可能成为卖家未来的潜在买家。

2. 有效利用主题标签

主题标签的作用是让卖家发布的推广内容被更多的目标买家发现。卖家要尽可能地使用那些与自身业务相关且有趣、符合自身所在行业属性的各种主题标签。只要有人搜索到卖家曾经使用过的主题标签，那么卖家的帖子和业务都将对其可见。

卖家可以尝试建立一个与自身业务相关且独一无二的主题标签，这样可以让 Instagram 上的粉丝更准确地追踪他们感兴趣的主题，查看该卖家过去发布的帖文；粉丝也能以此作为交流，从而形成忠诚的粉丝群体。

3. 展示引人注目的图片

作为一个主打图片的社交平台，Instagram 最引人注目的就是各种精美的图片。卖家在设计图片时，最好选择能展示商品使用场景的图片，即将商品和配件放在现实的环境中进行展示。

在设计图文时切忌生搬硬套，不要为了展示文字说明而影响图片的美观度。卖家可以将图文分开，发一张引人注意的图片，感兴趣的粉丝自然会主动查看其文字说明。

4．增强与粉丝的互动

无论使用哪个社交平台进行营销，卖家都需要注意与粉丝保持有效互动，Instagram 的算法尤其看重互动数据。卖家要想提高自己在 Instagram 上所发布内容的曝光率，经常与粉丝互动（如留言、点赞等）是非常有必要的。当卖家留言或点赞后，粉丝也能在“追踪中”页面看到，这样有利于提升粉丝对品牌的好感度。

5.2.5 YouTube 营销

YouTube 是全球知名的视频网站之一，每天都有成千上万的视频被用户上传、浏览和分享。相对于其他社交网站，YouTube 的视频更容易带来“病毒式”的推广效果，YouTube 也是跨境电商卖家开展营销推广不可或缺的工具之一。

1．根据用户购买状态分阶段推送视频

YouTube 是品牌出口推广不可错过的站外引流渠道之一，YouTube 的广告活动应该针对人们在不同购买状态的不同需求来开展，而不是随意地制作视频。全球知名的管理咨询公司麦肯锡将 YouTube 用户的购买行为分为 5 个阶段，如图 5-3 所示。

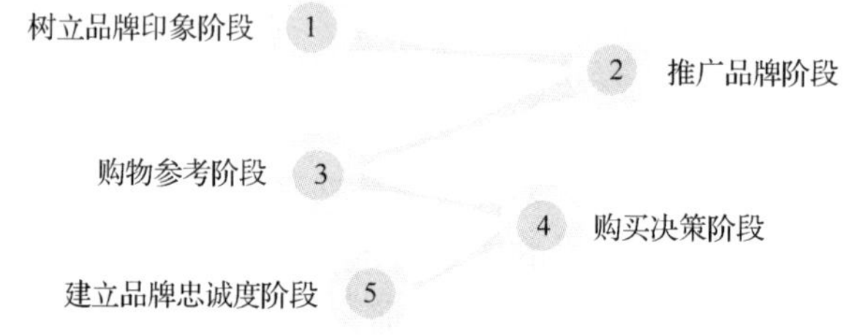

图 5-3　YouTube 用户购买行为阶段划分

一旦卖家创建了某个成功的广告，了解了目标受众的特点，就可以创建更多具有战略性和效益的 YouTube 广告活动。

（1）树立品牌印象阶段——增强目标受众娱乐参与感

在树立品牌印象阶段，目标受众对卖家和卖家的商品并不熟悉，卖家在这一阶段可以通过创建教学类视频、娱乐类视频、网红推荐类视频，提高视频的曝光度和品牌的影响力。

① 教学类视频

“How to”教学类视频是常见的视频营销形式之一，卖家可以在这类视频中演示目标受众感兴趣的某种操作，并利用详尽的步骤进行说明，以此带入商品。图 5-4 所示为某家居品牌在 YouTube 上发布的教学类视频，该视频既实用又有趣，虽然没有直接展示商品的销售信息或链接，但吸引了很多对家居装修感兴趣的人对该品牌进行关注，有效地提高了品牌的知名度。

如果卖家在 YouTube 上正处于初步尝试的阶段，那么教学类视频就是很好的选择。卖家所拥有的商品知识对于很多用户而言就是专家级别的建议，而这也是创建和品牌相呼应内容的方式之一。

② 娱乐类视频

创建娱乐类视频大多需要团队的配合，这类视频往往可以引起广泛的传播。幽默有趣或场景壮观的视频都可以很好地吸引受众对其关注。

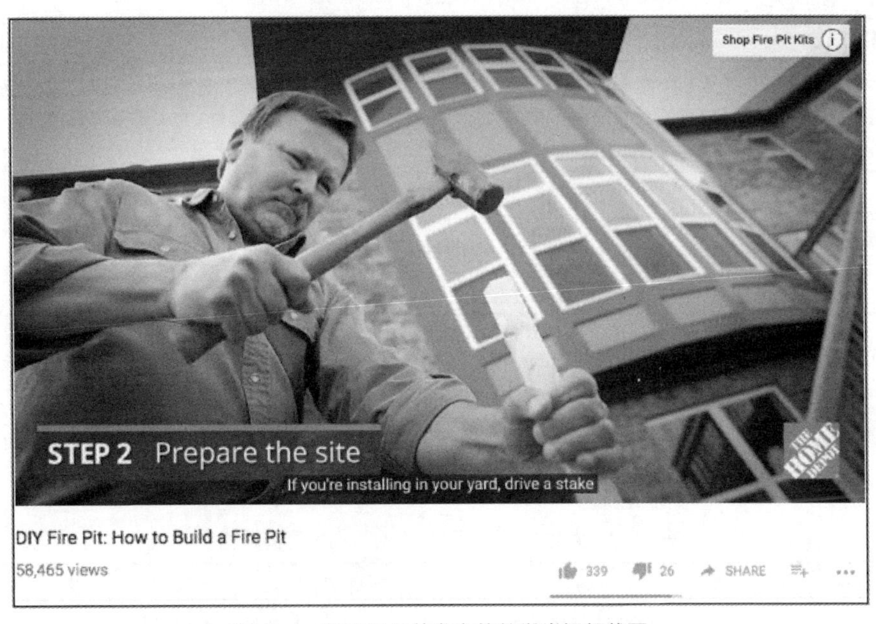

图 5-4 某家居品牌发布的教学类视频截图

③ 网红推荐类视频

让潜在目标受众了解品牌的方法之一是网红推荐类视频。YouTube 上非常流行的一种网红推荐类视频就是开箱视频，即 YouTube 网红拆箱并介绍商品的视频。拍摄开箱视频的网红通常会对包裹内的商品进行真实的描述，并客观、真诚地说明商品的使用体验，有利于加强品牌与目标受众的互动，刺激受众采取购买行动。图 5-5 所示为某款运动相机品牌发布的网红推荐类视频。

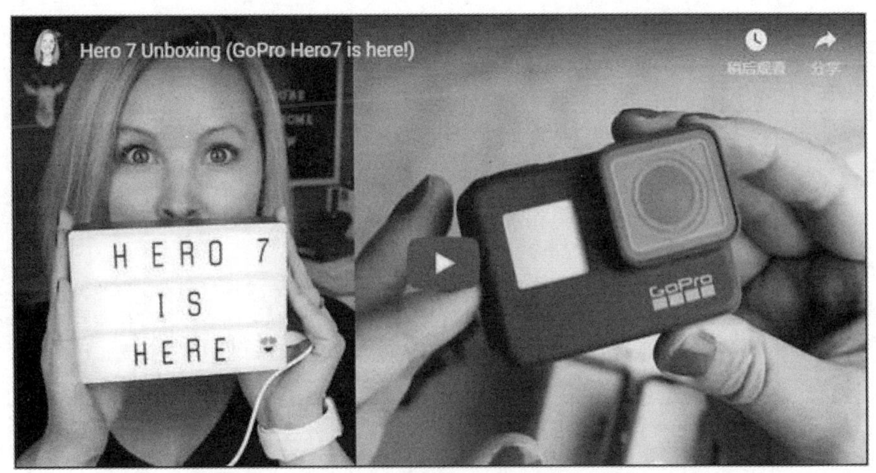

图 5-5 某款运动相机品牌发布的网红推荐类视频截图

（2）推广品牌阶段——展现品牌魅力

当用户对品牌有了一定的了解之后，卖家需要展示品牌的亮点，拉近品牌与用户之间的距离。在这个阶段，卖家可以通过发布个人故事类视频和欢迎类视频（见表 5-2）展示品牌魅力。

表 5-2　推广品牌阶段的 YouTube 营销策略

营销策略	具体做法
个人故事类视频	个人故事类视频就是拍摄品牌背后的个人故事，通过展示卖家的心路历程或创业故事，激发用户对商品和品牌产生共鸣，增强用户对品牌的信任感。个人故事类视频并不需要进行"病毒式"传播，只需在特定的受众范围内引起人们的关注即可
欢迎类视频	欢迎类视频能够拉近品牌和用户之间的距离，更好地展示品牌的亮点。例如，假发电商品牌 Luxy Hair 以脱毛商品为主题，为潜在用户打造了一些视频，简单介绍了脱毛商品的使用方法和使用效果。这类视频简单且有效，一些新用户可能会在看完视频后想进一步了解该商品，然后选择购买

（3）购物参考阶段——展示商品优势

一旦潜在目标用户群体熟悉品牌后，视频营销的战略就要从以娱乐为主转向以引导为主，卖家需要通过发布商品介绍类视频和再营销视频（见表 5-3）向目标受众展示商品的优势，并且强调商品能够满足目标受众的需求。

表 5-3　购物参考阶段的 YouTube 营销策略

营销策略	具体做法
商品介绍类视频	商品介绍类视频是最基本的视频形式，卖家要着重展示商品的功能和优点。例如索尼相机 A6500 宣传视频中提及相机诸多功能，以及这款相机如何改善用户的摄影体验。 卖家要多展示自己所销售商品在同类商品中脱颖而出的功能或亮点。不过，卖家需要在视频时长上多加把控。研究发现，30 秒以内的视频观看率超过 80%，视频的观看率会随着视频时长的增加而下降，卖家可以将视频时长控制在 3～4 分钟
再营销视频	在用户访问卖家的网店后，卖家可以向他们展示与其感兴趣的商品相关的 YouTube 广告

（4）购买决策阶段——提高转化率

当潜在用户产生购买商品的意向时，卖家在该阶段发布视频的目的是提高转化率。在购买决策阶段，卖家可以采取的营销策略如表 5-4 所示。

表 5-4　购买决策阶段的 YouTube 营销策略

营销策略	具体做法
专注商品及跟进购物类视频	一旦卖家知道用户已经准备好购买商品，就要保证用户能够完成购买过程，并尽可能提高订单数量和金额。卖家可以通过采用交叉促销和向上销售的方法实现这一目的。交叉促销的作用是对用户购买的商品进行补充，例如，卖家可以将充电线配合手机壳进行销售。而向上销售的作用是提升用户体验，例如，卖家可以考虑将防水、耐热手机壳和手机一起进行推荐。 这类视频可以通过白色背景、工作室和生活场景等方式进行展示。白色背景是经典的视频呈现方式，而白色背景中的商品可以带给用户最直观的感受。在工作室拍摄视频强调商品的专业度，有利于定制高水平的视频。商品通过生活场景展示是最贴近用户、最具感染力的视频
商品购物车提示类视频	卖家可以通过发送带有 YouTube 视频广告的电子邮件提醒用户注意购物车里被遗忘的商品。这种类型的视频不需要过于复杂或冗长，只需简单地对用户发出提醒就可以促进该商品的转化

（5）建立品牌忠诚度阶段——促成长期购物关系

用户购买商品对卖家而言，代表营销成功了一半，但这并不意味着营销活动的结束，卖家还需要培养用户对品牌的忠诚度及建立长期购物关系。卖家在此阶段可以采取的营销策略如表 5-5 所示。

表 5-5 建立品牌忠诚度阶段的 YouTube 营销策略

营销策略	具体做法
升级折扣与二次购买优惠类视频	在没有折扣的情况下用户可能不会再次购买商品，但会在优惠的吸引下定期购物，因此卖家可以考虑提供一个展示基本常规折扣的宣传视频。例如，为会员提供 5%～10%的优惠，或者为曾经购买过商品的用户提供免费送货，以鼓励他们再次购买。这类视频不需要昂贵的制作成本，卖家只需借助一些简单的工具就可以制作完成。例如，卖家在几张商品照片上添加文字就能创建一个简单并具有吸引力的宣传视频
展示推荐类视频	建立用户忠诚度的有效方法之一是向用户展示推荐商品，例如，美发品牌 NaturallyCurly 通过视频巧妙地做到了这一点，它向用户展示了商品如何帮助用户打理卷发。这类视频无须昂贵的制作成本，只需简单的背景、基础的摄影器材、简单的照明工具就可以满足拍摄需要
用户参与类视频	若卖家希望 YouTube 营销能够在用户忠诚度上发挥效果，无论是主打“感情牌”还是“商品牌”，这一阶段的视频都要重视用户的参与感，赢得用户的认同

2．提高视频排名的技巧

正所谓“内容为王”，卖家要想让自己发布的视频在 YouTube 上获得靠前的排名，那么发布的视频就一定要优秀。

（1）使用合适的关键词

在 YouTube 中，开头带有关键字的视频往往会取得更好的营销效果。在产出内容前，卖家必须知道这个视频所对应的关键字是什么，并将其贯穿视频制作的始终。

（2）创建引人注目的标题

标题是 YouTube 判断视频排序的重要因素之一，也是影响用户是否会点击该视频的关键因素。优质标题的标准是当用户看到标题时，会立刻对视频内容感到好奇，或者清楚该视频能够帮助他们解决什么问题。

关于标题的设置，卖家需要注意以下 3 个点。

① 标题简洁且精准。如果标题太长，就难以完整地展示，也就无法精准地阐述该视频的主题。由于用户无法从标题中获得有用的信息，很可能就不会点击视频，这样就会降低视频的点击率。

② 标题中要包含关键字，尽量将关键字放在前面。标题中包含关键字可以帮助 YouTube 了解该视频的主题，也进而让视频获得更多的曝光机会。一般来说，关键词在标题中的位置越靠前，视频的排名就会越靠前。例如，某个视频的关键词是“make a potato cake”（制作土豆饼），有以下两种标题形式。

第一种：Three ways to make a potato cake（制作土豆饼的 3 种方法）。

第二种：Make a potato cake: Three ways you need to know（制作土豆饼：你需要了解的 3 种方法）。

很明显，第二种标题的开头包含关键字，它精确地向观众描述了视频的内容是什么，这种标题往往在 YouTube 搜索结果中表现良好。

③ 可以尝试使用不同的括号增加点击率。在视频标题中使用不同的括号，如“<>”“( )”“「 」”，可以让自己的视频与标题类似的其他视频进行明显的区分，进而增加自己视频的点击率。例如，在讲述营销趋势的视频标题后面加上“(2024 版)”可以明显地凸显该视频的新颖性；使用“〈免费索取〉”或“「首次曝光」”等符号则凸显视频的独特之处，都有可能增加视频的点击率。

（3）添加详细的视频描述

为视频添加详细的描述，有助于 YouTube 算法和谷歌搜索算法识别视频内容。此外，除了标题外，视频描述是另一个让用户快速了解该视频主题内容的渠道，精准的视频描述有助于增加视频的点击率。

YouTube 会显示视频描述的前 18～20 个单词，这就意味着视频描述必须简洁，要用尽可能简单的句子抓住用户的注意力。视频描述中还可以包含视频中难以呈现的内容，例如关于商品更详细的规格与描述，自己店铺的地址链接或 Facebook 粉丝页的链接。

（4）使用精准的标签

标签有助于 YouTube 算法了解视频的内容，同时还能将自己的视频与类似视频相关联，从而扩大视频的发布范围和曝光。

视频所使用的标签一定要精准，与视频内容高度匹配。一般来说，商品关键词、与商品使用场景相关的短语、商品所属的行业泛词等都可以作为标签。以雪地靴为例，将视频标签设置为“雪地靴（商品关键词）、雪地（使用场景）、鞋子（行业泛词）”。此外，还可以参考竞争对手在视频中所使用的标签，适当地使用竞争对手视频中的标签，让自己的视频出现在竞争对手的相关视频中。

（5）做好缩略图设计

视频缩略图是用户在视频列表中看到的主要图像，它在一定程度上决定了视频的成败。优质的缩略图可以让用户一眼就能明白视频的主题，并且带有一定的号召性。缩略图可以自定义，卖家在设计缩略图时可以采用两种方法：一种是在缩略图中使用比较吸睛的文字，如图 5-6 所示；另一种是多尝试几种不同形式的缩略图，如商品的图片、视频的截图、制作的插图等，然后分析哪种形式的缩略图的点击率最高并使用。无论使用哪种缩略图，卖家都要保证缩略图与视频的主题密切相关。

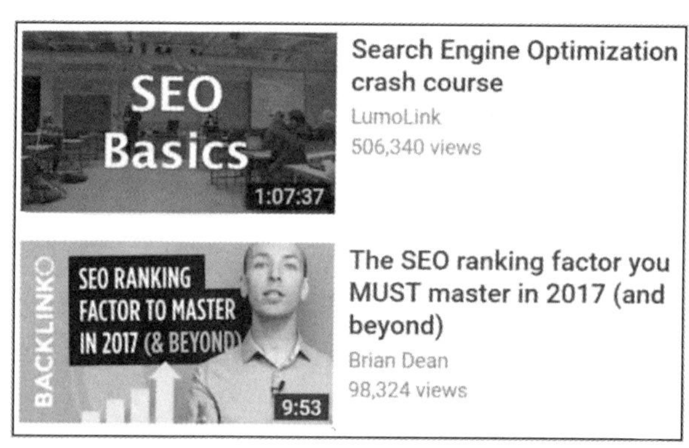

图 5-6 使用吸睛文字的缩略图

（6）为视频添加字幕

为视频添加字幕不仅可以帮助用户更好地理解视频内容，还可以通过突出关键词提高视频的搜索排名。此外，带字幕的视频可以让用户在吵闹的环境中、不可以开声音的环境中通过看字幕浏览视频，进而增加视频的受众和被浏览的机会。

（7）提供真实可信的视频内容

保证视频的真实性能够让商品或品牌更贴近用户，还能将被动观看视频的用户转化为长期的忠诚用户。增加视频可信度的方法主要有以下 3 种。

- 邀请专家或行业专业人士参与录制。
- 将用户使用商品的经历作为视频题材。
- 在品牌频道或特辑中讲述品牌的成长过程，展示品牌“接地气”的一面，拉近品牌

与用户间的距离。

（8）增加与用户的互动

视频的互动数是 YouTube 判别视频好坏的关键指标之一，卖家在视频的结尾部分可以鼓励用户与该视频进行互动。

视频的结束语不要过于死板，其独特性和参与性越强，人们就越有可能对结束语做出回应。视频的结束语也不用太花哨，提出一些简单的请求可能是最有效的，例如，与其选择使用“欢迎大家留言或点赞”，不如考虑使用“告诉我们你会怎么选”，因为后者能够体现出更明确的需要执行的动作。

5.2.6 TikTok 营销

TikTok 是北京抖音信息服务有限公司旗下的短视频社交平台，在世界范围内拥有大量活跃用户，是跨境电商卖家开展营销推广的必选工具之一。

发布营销类短视频是卖家在 TikTok 平台开展营销推广的有效方法，TikTok 营销类短视频主要有 4 种，即电视广告影片（Television Commercial，TVC）、直播片段、突出商品卖点、突出商品利益点。营销类短视频内容设计要点如表 5-6 所示。

表 5-6 营销类短视频内容设计要点

内容类型		内容设计要点
电视广告影片		传播品牌形象，提升品牌的影响力
直播片段		展示直播活动片段，例如，直播过程中特别引人注目、精彩纷呈的片段，讲解某款商品的片段等
突出商品卖点	工艺教程	为商品“种草”，为受众提供购买商品的理由，例如，展示使用指甲油美甲的过程；穿着冲锋衣站在雨中，展示冲锋衣的防水效果等
	测评推荐	展示测试商品性能的过程，可以将自己的商品与同类商品做对比，围绕商品的功能、材质、价格等进行真实客观的对比介绍，突出自己商品的优势。测评过程要客观，不能恶意评判其他商品
	口播讲解	采用口播的形式对商品的各个方面，如材质、功能、价格等进行全面、深入的讲解，讲解人员要有亲和力，在讲解的过程中可穿插一些举证
	情景植入	设计情景剧情，将商品植入剧情中。剧情的设计对受众要有吸引力，能够吸引受众停留观看
突出商品利益点		在短视频中介绍商品的利益点，如打折活动、满减活动、赠送礼品等，利用各种利益点激发受众的观看兴趣

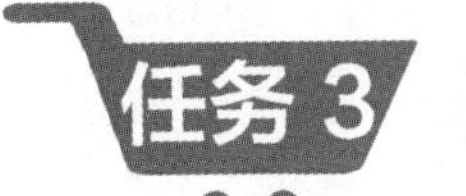

直播营销

直播是以即时视频的形式向买家传递商品信息。与图文类内容相比，直播的内容形式更加立体化，能够让卖家和买家进行实时互动，让买家更直观地了解商品信息。

5.3.1 配置直播人员

卖家开展直播营销活动配置合适的直播人员非常重要。一般来说，一场直播活动需要配置主播 1 人、运营 1 人、场控 1 人，每个人的职责如表 5-7 所示。

表 5-7　直播人员配置及其职责

人员	职责
主播（1 人）	熟悉直播活动脚本和商品脚本；对商品进行讲解；控制直播节奏等
运营（1 人）	确定上播商品，规划直播商品上架顺序；策划直播间优惠活动；策划直播平台排位赛直播活动；策划直播间引流方案等
	撰写直播活动规划脚本；设计直播话术；搭建并设计直播间场景；筹备直播道具等
	调试直播设备和直播软件；保障直播视觉效果，把控直播节奏等
场控（1 人）	上架商品链接；修改商品价格和库存；控制直播间评论；配合主播发放优惠券等

如果卖家预算和人力资源充足，可以为直播活动配置更多的人员，这样直播人员的职责分工更加精细化，工作流程也更优化，具体如表 5-8 所示。

表 5-8　直播人员精细化配置及其职责

人员配置		职责
主播团队（3 人）	主播	① 开播前熟悉直播流程、直播商品信息； ② 直播中介绍商品及直播间福利活动，与观众互动
	副播	① 协助主播介绍商品及直播间福利活动； ② 试穿、试用商品
	助理	① 准备直播商品、道具等； ② 配合主播展示商品； ③ 在镜头外通过画外音进行互动，带动直播间氛围等
策划（1 人）		① 策划直播活动内容，确定直播主题； ② 准备直播商品； ③ 做好直播预热宣传，运用各种工具为直播间引流； ④ 撰写商品脚本、直播活动脚本、直播话术脚本； ⑤ 设计直播间场景，如直播间背景、直播页面中的贴片等； ⑥ 设计主播和副播的服饰、妆容，直播中使用的道具等
场控（1 人）		① 调试摄像头、灯光等相关直播软硬件； ② 负责直播中控台的后台操作，包括直播推流、上架商品、发放优惠券及监测实时直播数据等； ③ 接收并传达指令，例如场控在接到商品库存数量、哪些地区不能发货等信息后要传达给主播和副播，由他们告诉观众
运营（2 人）		① 确定上播商品和商品上架顺序； ② 分析直播数据； ③ 做好直播推广引流； ④ 做好用户分层管理等
拍摄剪辑（1 人）		拍摄与剪辑直播花絮、介绍商品相关信息的视频片段等，辅助直播工作
客服（2 人）		① 配合主播解答观众提出的疑问； ② 在评论区与观众进行互动； ③ 修改商品价格，上线优惠链接，促进订单转化，解决发货、售后等问题

5.3.2 规划直播商品

商品是直播营销活动的核心要素，卖家要合理规划直播商品，提高商品对观众的吸引力，延长观众在直播间的停留时长，进而提高直播间商品的转化率。

1. 选品

有些卖家店铺内的SKU较多，但是一场直播的时间是有限的，卖家不必将店铺内所有的SKU都上架到直播间中，而是从店铺中选择一些商品作为直播商品，借助这些商品在直播间中形成的影响力带动店铺内其他商品的销售。卖家在为直播间选品时，可以采用以下方法。

（1）根据直播目的选品

卖家可以根据直播目的挑选直播商品。如果卖家想要通过直播提高店铺的销量，可以选择店铺内质量好、价格较低的商品；如果卖家想要通过直播提升品牌形象，扩大品牌影响力，可以选择店铺内的经典款商品、热销款商品，或者店铺内独有的商品，以加深观众对品牌的认知。

（2）选择店铺内的热销商品

店铺内的热销商品是为店铺带来大量销售额的重要保障。卖家可以在直播间中销售店铺内的热销商品，为直播间引流，提高直播间的竞争力。

（3）选择店铺内的新品

新品是指店铺内已经通过市场测试，确定要推向市场的商品。卖家选择在直播间中推出新品，有利于充分吸引店铺忠实买家的关注，帮助新品快速打开市场。

（4）选择店铺内的清仓商品

清仓商品是指店铺内断色、断码，或者即将过季的商品。清仓商品的积压会给卖家店铺的运营带来较大的库存压力，卖家将清仓商品以特价的方式在直播间中进行销售，既能回馈观众，又能清理库存，回笼一部分资金。

（5）选择关联性较高的商品

卖家可以根据不同商品之间的关联性进行选品，在直播间除了销售重点推荐的商品，还能销售与之相关的周边商品。例如，某个主营假发的卖家，在直播间中主要销售各款假发，此外还能销售梳子、假发清洗剂等商品，为观众提供搭配购买方案，这样有利于形成关联销售，提高客单价，带动直播间的整体销量。

2. 组品

组品就是将若干个单品进行组合，形成商品组合。商品组合有利于提升商品对观众的吸引力，提高客单价。在直播时，卖家可以采用表5-9所示的方法进行组品。

表5-9 直播间组品方法

组品方法	操作要点
功能组合	按照商品功能进行组合搭配，例如，将风衣与围巾、袜子、项链等进行组合
互补品组合	将能与主推商品形成互补作用的商品进行组合，例如，将空气炸锅与锡纸、蛋挞皮等进行组合，将养生壶与杯子、花茶等进行组合
同类组合	将同类商品的不同款式、规格进行组合，例如，将30厘米×25厘米大小的单肩包与23厘米×23厘米大小的单肩包进行组合

3. 排品

排品就是直播间商品的讲解顺序，卖家可以采用表 5-10 所示的方法进行排品。

表 5-10 直播间排品方法

排品方法	操作要点
顺序讲解	将直播间中的所有商品按照顺序进行讲解
主推单品循环	整场直播循环讲解主推商品，在购物车中上架其他商品链接，但主播不对这些商品进行过多的讲解，只在观众咨询的时候进行讲解
夹心饼干式排品	先上架两款价格较低（高）的商品，再上架一款价格相对较高（低）的商品，然后上架两款价格较低（高）的商品，以此类推
关联式排品	将能够进行关联销售的商品放在一起，先后上架。例如，先上架一款短裤，然后上架一款衬衣，接着上架一款鞋子
六段循环式排品	将直播间商品按照 A 款商品+B 款商品+其他 3 款商品+F 款商品的方法进行组合，例如 A 款商品+B 款商品+（C 款商品、D 款商品、E 款商品）+F 款商品，A 款商品+B 款商品+（M 款商品、N 款商品、J 款商品）+F 款商品，A 款商品+B 款商品+（X 款商品、Y 款商品、Z 款商品）+F 款商品……将 A 款商品+B 款商品+其他 3 款商品+F 款商品为一个单位进行讲解。其实，不断循环的是 A 款商品、B 款商品和 F 款商品，主播对这 3 款商品进行重点讲解，对其他 3 款商品进行简单讲解，甚至不讲解，在购物车中挂上链接即可

5.3.3 预热直播活动

在开播前对直播活动进行预热是保证直播流量和增加店铺粉丝数量的一种重要手段，卖家可以采用表 5-11 所示的策略进行直播预热。

表 5-11 直播预热策略

预热时间	预热方法
直播前 3 天	① 将 TikTok、YouTube 等社交媒体的账号名称修改为直播时间，并在账号简介中说明在哪个平台上直播； ② 在 TikTok、YouTube、Instagram 等社交媒体平台上发布直播预热信息； ③ 将直播预热海报、直播预热视频等同步到店铺首页
直播前 2 天	① 向粉丝发送直播间专属优惠信息，引导粉丝关注直播间； ② 在 TikTok、YouTube、Instagram 等社交媒体平台上发布直播预热信息； ③ 结合预算投放付费广告，进行直播预热
直播当天	① 将 TikTok、YouTube 等社交媒体的账号名称修改为直播时间，并在账号简介中说明在哪个平台上直播； ② 在 TikTok、YouTube、Instagram 等社交媒体平台上发布直播信息

5.3.4 设计直播封面

优质的直播封面更容易吸引用户点击，从而为直播间带来更多的流量，让直播间获得更多的曝光机会。直播封面应符合以下要求。

① 图片清晰，画面完整，图片中的内容与直播主题相关。

② 封面图上可以是文字与人物组合，也可以是文字与商品组合，或者是文字、人物和

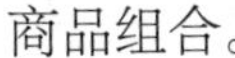

商品组合。

③ 主体内容在封面图上占据 80%的面积，主体内容放置的位置不能过于分散。

④ 直播封面中主体内容的周围要保留安全区域，避免出现因适配不同机型而导致直播封面显示不全的情况。

图 5-7 所示为直播封面图示例。优秀直播封面图的设计具有以下特点：主播形象或直播商品突出，直播间优惠信息突出，图片背景简单、清晰，易于阅读。

图 5-7　直播封面图示例

5.3.5 撰写直播标题

直播标题是影响用户是否观看直播的重要因素之一，一个响亮的直播标题能够向用户准确传达直播主题，并吸引用户进入直播间观看直播。卖家在撰写直播标题时，可以采用表 5-12 所示的方法。

表 5-12 撰写直播标题的方法

写作方法	写作要点	中文示例
制造对比	将用户使用商品前后的状态进行对比，唤起用户的痛点	不花冤枉钱！性价比超高的商品超值优惠！
制造悬念	制造悬念激发用户的好奇心	符合这些条件，你就能享受 8 折优惠！
设计通知	将标题设计成通知的样式	注意啦！性价比超高的背包，只要 99 元！
圈定人群	在标题中描述某类人群的特征，让这类人群产生这个标题说的就是我的感觉	园艺师都在这里购买园艺工具
制造稀缺感	通过限制时间、限制数量或限定人群等方式制造稀缺感	直播间 7 折优惠，仅限前 50 单！
指明痛点	指出用户的痛点，将商品与解决用户的痛点联系起来	静音不扰人的豆浆机

5.3.6 布置直播间背景

优质的直播间背景不仅能让直播画面显得更加美观，还能为直播间营造良好的氛围感，让观众获得更好的观看体验。

直播间背景布置要遵循简洁明了的原则，常见的直播间背景的布置方式如表 5-13 所示。

表 5-13 直播间背景的布置方式

背景类型	布置方式
墙面、墙角	将室内的墙面、墙角等作为背景，然后在背景中摆放沙发、书架、衣物陈列架或置物架等实物道具作为辅助
背景布	使用背景布作为直播间背景，背景布的颜色以纯色为主，如灰色、米色、棕色等，这样可以给观众营造简单、大方的感觉；也可以使用带有场景图的背景布，这样有利于增强直播间的氛围感
绿幕	使用绿幕作为直播间的背景墙，然后使用计算机将绿幕替换成合适的虚拟背景图

卖家使用计算机将绿幕替换成虚拟背景图时，需要注意以下事项。

① 绿幕的选择：绿幕不能是反光材质，质地要厚实，不能太薄，否则会透光；绿幕的颜色要鲜艳明亮、均匀；绿幕要平整、无褶皱，以免在抠像时无法将褶皱处抠干净。

② 主播服装：主播不要穿着绿色、深绿、浅绿、豆绿、橄榄绿等与绿幕颜色相同或相近的服装，主播可以穿着黑色、深灰色等与绿幕颜色区别较大的服装。主播最好也不要穿着碎花裙、花衬衫等颜色花哨的服装。

③ 打光的方法：均匀打亮绿幕的同时可以在主播侧后方打轮廓光，这样可以更好地将主播从绿幕背景中分离出来。

④ 主播的站位：主播所在的位置与绿幕之间要保持一定的距离，以绿幕上没有主播的影子为佳。

⑤ 背景虚化的设置：可以适当地虚化背景，这样有利于制造直播画面的景深感，更加符合人眼视物的习惯。

5.3.7 设计直播话术

直播话术是直播的重要组成部分，恰如其分的直播话术能够带动直播间的氛围，促进直播间订单转化。按照直播的流程划分，直播话术一般分为开场话术、互动话术、商品介绍话术、引导下单话术、直播结束话术，具体介绍如表 5-14 所示。

表 5-14 常用直播话术

话术类型		中文话术示例
开场话术	欢迎语	①“欢迎大家来到我的直播间，我是一名新主播，今天是我直播的第一天，希望大家多多支持！” ②“我才刚刚直播，就能获得大家的关注，谢谢大家对我的支持和包容，我会越来越好的！” ③“欢迎大家来到直播间，大家评论刷起来，让我看看进入直播间的是新朋友多，还是老朋友多。”
	开场福利介绍	①“大家好，欢迎大家来到我的直播间，今天有很多惊喜带给大家，上次直播后厂商给了很多试用装，我打算在本次直播中送给大家，一会儿我会发口令，然后截图送给大家哦！” ②“欢迎大家来到我的直播间，今天直播间会为大家推出一款史无前例优惠的商品，大家一定不要错过哦！” ③“嗨，大家好，我是××，欢迎大家来到××直播间，今天是‘双 11’大促第一天，我为大家带来×款超值商品，今天直播间的朋友可以享受超低直播价哦！”
	引导关注	①“刚进直播间的朋友们，记得关注直播间哦！我们的直播间会不定期发放各种福利。” ②“喜欢××直播间的朋友，记得关注直播间哦，连续签到 3 天就可以获得一张 30 元优惠券，可以直抵现金购买直播间的任意商品哦！” ③“我们 12 点整就要抽奖啦，没有点关注的朋友记得点左上角关注。”
互动话术	引导点赞、评论、分享、关注	①“欢迎大家点赞，点赞量达到 1 万个，我们将会进行抽奖。” ②“想看 5 号商品的刷 1，想看 8 号商品的刷 2，我会为大家进行试穿。” ③“好东西要分享，喜欢我们直播间的可以将它分享给朋友哦。” ④“感谢大家观看直播，我们每天 12：00—16：00 直播，风雨不改，没点关注的记得点关注，点了关注的记得每天准时来哦！” ⑤“想继续了解服装搭配技巧/美妆技巧的朋友们，可以关注一下主播哦。”
	介绍福利	“8 点半我们有红包雨，10 点半我们有截屏抽奖活动哦！”
	提出问题	①“大家有什么画眼线的好方法，欢迎在评论区里留言哦！” ②“大家平时都喜欢用哪种眉笔？有用过××品牌眉笔的人吗？”
商品介绍话术	痛点—卖点—价格—售后	痛点：“很多人家里面积较小，只是一张床就占用了很大的空间，这样收纳物品的空间就变得更小了。” 卖点：“这款床能折叠，不使用时可以把它收起来，而且床体自带收纳箱，一张床既能节省空间，还能收纳物品，一举两得。” 价格：“这样的床在线下大概需要×××元，而今天在我们直播间只需×××元，而且买就送一套枕套。” 售后：“我们会为大家提供安装视频，客服 24 小时在线，您有任何问题可以随时咨询客服。”
	描述商品的使用场景	①“想象你在海岛上穿着白色的纱裙，戴着墨镜。” ②“穿着长裙在海边漫步，享受着温柔的海风吹拂。”
	强调商品的优点	“这款烤箱的外观设计和安全性设计都非常好，而且可以同时烤 3 个面包、6 个蛋挞，一次性做好全家人的早餐。”

续表

话术类型		中文话术示例
引导下单话术	制造紧迫感	①“今天的优惠力度是空前的，这款商品今天只有××件，今后再也不会按这个价格卖了。” ②“按福利价购买的名额仅有××个，先到先得！目前还剩×个名额，赶快点击左下角的购物袋按钮抢购哦！” ③“如果大家还没想清楚要不要下单，什么时候下单，完全可以先将商品加入购物车，或者先提交订单抢占优惠名额。”
	强调价格优惠	①“这款商品原价是×××元，为了回馈大家的厚爱，现在只要××元，喜欢这款商品的朋友就不要再犹豫了，错过今天只能按原价购买了。” ②“这款商品真的很划算，3 包方便面的钱就能买到。” ③“这款液体眼线笔真的值得买，一支能用一年，算下来一天不到 1 元。”
	引导查看商品详情	“大家如果想要了解更多的优惠信息，一定要点击‘关注’按钮关注主播，或者直接点击商品链接查看商品详情。”
直播结束话术	回顾整场商品	“我们的直播间给大家选择的都是性价比超高的商品，今天的直播商品主要有……直播间里的所有商品都是经过我们团队严格筛选，主播亲自试用的，请大家放心购买。没有下单的朋友请尽快下单，已经下单的朋友请及时付款。好了，今天的直播就到这里了，明天再见！”
	下场预告	①“好了，还有×分钟就要下播了，最后再和大家说一下，下次直播有你们最想要的×××，优惠力度非常大，大家一定要记得来哦！” ②“大家还有什么想要的商品，可以在交流群里留言，我们会非常认真地为大家选品，下次直播推荐给大家。”
	引导关注	①“大家记得关注我们直播间，下次开播就会收到提醒信息，我们下次直播再见哦！” ②“谢谢大家，希望大家都能在我的直播间买到称心的商品，点击关注，明天我们继续哦！”

任务 4　跨境电商营销策划

营销策划是对营销活动的规划，卖家在开展各种营销活动之前要做好营销策划，这样可以明确在开展营销活动时应该做哪些工作，各项工作应该怎样做。

5.4.1　节日营销活动策划

境外各个国家和地区每年的节日都是跨境电商卖家需要重视和把握的重要营销节点。这些节日自带流量属性，买家在节日期间通常具有较强的购买意愿，卖家采用有效的营销手段可以获得大量的自然流量，这样不仅能有效提高店铺的利润，还可以借助节日的流量扩大自身品牌在境外的知名度。

鉴于节日营销的重要性，跨境电商卖家有必要做好节日营销活动策划。

1．制定或了解活动规则

对于卖家自主开展的节日营销活动，卖家应提前制定活动规则。对于平台推出的各类大促活动，如“黑色星期五”“双 11”等活动，卖家应该提前报名，并了解活动规则，做好时间规划，这样才能更好地调动各方面的人力资源。

2．选出参加节日营销活动的商品

在节日营销活动开始之前，卖家要对店铺中的商品进行一次复盘，了解店铺内各款商品的库存，并总结往年此节日营销活动期间店铺内所有商品的销售量，以及竞争对手在此节日营销活动期间的销售策略，如竞争对手的商品款式、商品价格、商品标题设置、商品详情页设置、引流策略等。

做好这些工作后，卖家要从店铺中选出参加节日营销活动的商品，确定商品价格，为商品设计并制作符合节日营销活动氛围的商品详情页。此外，卖家要提前备好货，保证参加节日营销活动的商品有充足的库存，避免出现商品库存不足的情况。

3．店铺和商品视觉优化

卖家要围绕节日营销活动的主题装修店铺，在店铺内营造节日氛围，感染买家的情绪，从而刺激买家的购买欲。例如，卖家可以在店铺首页添加与节日营销活动主题相关的轮播图、海报，将首页背景设计成具有节日氛围感的色彩，在首页中添加具有节日氛围感的优惠券等。

此外，卖家要做好参加节日营销活动的商品的视觉设计和优化，包括活动商品主图、活动商品详情页等。完成这些工作后还要对视觉优化的效果进行审查，以免出现少图或视觉效果不佳等情况。

4．宣传引流

卖家要通过各种渠道为节日营销活动进行宣传引流。在节日营销活动开始前，卖家可以向在店铺内购买过商品的买家发送节日问候电子邮件，在电子邮件中说明店铺的节日营销活动主题和规则，并附上商品购买指南、参加活动的方式等信息。卖家还可以在自己的Facebook、YouTube、TikTok等社交媒体账号上发布节日营销活动的相关信息。

此外，卖家也可以投放付费广告。一般来说，卖家在节日营销活动开始前2周投放广告即可。如果广告投放的时间点过于提前，则投入的资金就较多；如果广告投放的时间点太靠近节日营销活动的节点，则无法保证广告能够触达足够多的用户。“双11”“黑色星期五”，以及圣诞节等大型节日期间的广告竞争较为激烈，广告花费自然会增加，因此卖家要及时关注广告预算，防止因广告预算设置不合理而导致广告计划无法正常实施，最终无法取得预想的引流效果。

5．培训客服人员

节日营销活动期间店铺客流量大，店铺内的用户咨询量也会比平时多，因此在节日营销活动开始之前，卖家应该安排充足的客服人员，并对客服人员做好培训，以确保用户的咨询能够得到及时的解决。客服人员必须了解大促活动的各项规则和细节，明确整个活动的概况和需要注意的地方，以便更好地完成客服工作。

此外，卖家可以提前将平日里用户问得较多的问题整理出来，并整理好相应的回答，将其补充到自动回复材料库中，这样可以大大缓解节日营销活动期间的客服压力。

6．做好售后服务

节日营销活动结束后，卖家会进入一个比较漫长的售后服务期，可能会遭遇大量的退款退货、物流延误等问题，还可能会有很多买家向卖家反映商品售后问题，如“如何退款”“为什么商品拍下后的价格与活动预告或详情页引导中展示的价格不一致”等。对于买家提出的问题，卖家要以积极的态度进行回应，通过有效的渠道及时向买家提出解决方案，为买家创造良好的购物体验。

卖家可以提前为这些问题准备好解决方案，然后在店铺首页、商品详情页中进行展示，这样既能减轻客服人员的压力，增强买家购买商品的信心，也能在一定程度上降低节日营销活动结束后出现售后问题的概率。

5.4.2 网红营销策划

网红营销就是依靠网红的影响力传递商品和品牌信息，吸引潜在用户并获得转化。网红营销策划包括以下几个环节。

1．选择合适的网红

各个社交媒体上的网红数量众多，卖家要选择适合自己的网红进行合作。卖家在选择合作的网红时，可以从以下 3 个方面来考虑。

（1）网红风格与品牌的契合度

网红风格与品牌的契合度越高，越有利于取得良好的营销效果。卖家可以通过分析网红的粉丝画像与品牌目标用户群体画像的重合度，网红的人设定位、内容风格与品牌调性、商品特性的契合度等方面考察网红风格与品牌的契合度。

（2）网红的粉丝参与度

卖家可以通过分析网红的粉丝数量，网红所发内容的浏览量、点赞数、转发量、下载量、评论数等数据判断网红的粉丝参与度，网红的粉丝参与度越高，其营销效果越好。例如，某网红在 YouTube 上有 600 万个粉丝，其发布的一个视频有 1000 万人点赞，这就是一个比较有效的粉丝参与度。

（3）网红的性价比

网红的性价比是指网红的营销效果与合作费用的比例关系。知名网红的营销效果较好，但其合作费用也较高；一些普通网红的合作费用较低，但其营销效果往往比较有限。卖家在选择网红时要考虑自身的成本，选择对于自己来说性价比较高的网红。

在保证网红风格与品牌有较高契合度的前提下，卖家应选择与粉丝参与度高、性价比高的网红进行合作。

2．多渠道触达网红资源

卖家可以通过多渠道搜集网红资源并触达网红。目前，常见的渠道有以下 5 种。

- 网红平台：如 Traackr、Buzzoole、NeoReach、Upfluence、WotoKOL、YouTiHub 等。
- 社交媒体平台：如果卖家知道网红的网络名称，可以在该网红活跃的社交媒体平台上使用社交媒体自带的搜索功能、“#”标签功能直接搜索网红，并与该网红取得联系。
- 官方平台：一些第三方跨境电商平台或社交媒体平台会推出自己的官方网红资源合作平台，如速卖通的社交推广平台，卖家可以在官方平台上发布合作意向。
- 网红机构：卖家可以与网红机构进行对接，寻找并触达适合自己的网红。
- 第三方工具：卖家可以借助嘀嗒狗、AMZ123 等第三方工具搜集并分析网红的相关数据，了解网红的营销效果，选择合适的网红并进行沟通。

3．确定合作模式与付费模式

卖家选定网红并与其取得良好的沟通后，需要确定合作模式与付费模式。目前，常见的卖家与网红的合作模式如表 5-15 所示。

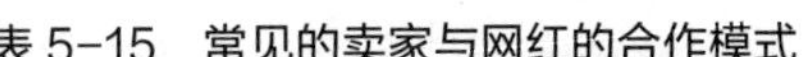
表 5-15　常见的卖家与网红的合作模式

合作模式	具体介绍
邀请网红创作内容	卖家提出内容创作的要求，邀请网红按照要求进行内容创作，并在社交媒体平台上发布内容
网红代运营账号	卖家将自己创建的社交媒体账号交予网红代运营，从而与网红保持长期稳定的合作关系。卖家可以根据营销目标决定网红代运营账号的时长
网红转发内容	卖家自主创作营销内容，然后请网红转发这些内容，借助网红的影响力扩大营销内容的传播和影响范围。卖家可以在多个社交媒体平台邀约多个网红转发内容，从而带动其粉丝互动，形成一定的热度
邀请网红作为代言人	如果卖家对某个网红有了足够的认可和信任，除了与其进行更高频和更长期的合作之外，也可以考虑邀请网红拍摄商品宣传广告，或者邀请网红成为品牌代言人等
邀请网红参加线下活动	很多网红喜欢在社交媒体平台上分享自己参与的各种活动，卖家邀请网红参加品牌举办的线下活动后，网红在网络上分享自己参与活动的过程与感受，就能对卖家的品牌形成宣传
赞助网红私人活动	卖家为网红举办的一些私人活动提供赞助，例如，网红进行户外旅行或户外探险，卖家为网红提供一些用于户外旅行或户外探险的商品，网红在旅途或探险过程中对商品进行测评
邀请网红直播推广	卖家邀请网红在直播间中销售商品，或者邀请网红宣传直播活动，为直播引流，并在直播间作为嘉宾与观众进行互动

卖家与网红进行合作时，常见的付费模式如表 5-16 所示。

表 5-16　常见的付费模式

付费模式	具体介绍
商品置换	卖家向网红寄送样品，网红使用样品后根据卖家提出的创作要求和自身使用感受，结合自身内容风格进行创作，卖家寄送的样品可作为向网红支付的报酬
赠送礼物	卖家向网红赠送一份具有创意的礼物作为合作报酬
支付佣金	网红按照卖家的要求发布营销内容，卖家向网红支付佣金，支付佣金的方式可以是一口价付款，也可以按照营销效果付费

5.4.3　品牌出海策划

品牌是具有经济价值的无形资产，是一种商品综合品质的体现和代表。面对市场同质化竞争的加剧，品牌力在竞争中发挥着越来越重要的作用，很多买家倾向于购买已知的、熟悉的品牌的商品。卖家做好品牌建设，不仅有利于提高商品的销量，还有利于增强买家的黏性。跨境电商卖家要注重打造品牌优势，从“卖商品”向“卖品牌”转变，推动品牌出海，创造品牌效益。

卖家实施品牌出海策划可以从以下几个方面入手。

1．做好市场调研

卖家确定目标市场后，要对目标市场进行调研，包括目标市场的宏观环境、电子商务环境、商品情况、营销情况、竞争情况、买家情况，以及目标市场的行业特征。其中，卖家需要重点调研目标市场中同行业竞争品牌、替代品牌、潜在新品牌的相关情况，包括但不限于这些品牌的名称、档次、商品价位、营销策略等。

2．构建品牌记忆点

卖家可以从以下两个方面构建品牌记忆点。

第一，为品牌起一个具有辨识度的名称。品牌名是买家识别品牌的标志，也是让买家对品牌形成记忆的重要因素。品牌名要符合商品定位，体现企业文化内涵，还要考虑买家的审美与偏好。此外，卖家在设计品牌名时要充分了解目标市场的风俗习惯、法律规定，以免品牌名让当地买家产生歧义。

第二，讲好品牌故事。品牌故事是品牌建设的一部分，它可以打动买家，促使买家通过分享品牌故事传播企业的品牌。卖家在设计品牌故事时，需要把握以下要点。

首先，厘清品牌文化的脉络，因为品牌理念、品牌价值观是决定品牌故事内容的关键因素；其次，研究商品，品牌故事要符合或凸显商品的核心价值；再次，研究目标买家，品牌故事要能激活买家的共同记忆或共同情怀；最后，要有创意，用精准无误、超乎寻常的创意直击人心，刺激买家传播。

3．打造品牌价值

一个品牌要获得更大的溢价，就需要让品牌在买家心中具备更高的价值感。商品价值是一个品牌最基本的价值，只有品牌下的商品具备使用价值、能够满足买家的需求，才能为形成品牌价值奠定基础。买家会对品牌产生品质、档次、文化等认知，卖家可以从这几个角度打造品牌价值。

4．多渠道推广品牌

营销推广是扩大品牌传播范围、提高品牌影响力的有效措施，卖家可以选择合适的营销工具对品牌进行宣传推广，传递品牌价值。

实训 1 实施直播营销

1．实训目标

掌握直播的方法，能在直播中讲解商品，通过直播将商品销售出去。

2．实训内容

3～5 人为一个小组，制定直播营销方案，并模拟直播销售商品。

3．实训步骤

（1）配置直播人员

小组成员讨论，确定直播中要销售的商品所属的行业（可以是项目 3 实训中选定的目标行业），然后在小组内挑选具备相应能力的人员组建一个满足所选行业直播带货基本需求的直播团队，并明确直播团队各成员的职责分工，完成表 5-17。在直播团队中，至少包括 1 名主播、1 名运营、1 名场控。

表 5-17 直播团队成员职责分工

职位	成员	职责

（2）规划直播商品

直播团队选品，确定上播商品，并组品和排品，确定各款商品的定价和上播顺序，完成表 5-18。

表 5-18　直播商品规划

项目	具体内容				
直播商品款式与数量					
商品名称与图片	商品名称		商品图片		
组品规划	组合 1				
	组合 2				
	组合 3				
排品规划	上播顺序	商品名称	商品图片	商品定位	商品定价
	1				
	2				
	3				

（3）预热直播活动

制定并实施直播活动方案，对直播活动进行预热，做好活动前引流，完成表 5-19。

表 5-19　直播活动预热方案

预热时间	预热方法

（4）设计直播封面和标题

直播团队成员讨论，根据直播主题、直播目的等为直播活动设计直播封面和标题。直播封面要清晰，能体现直播活动的主题，对观众具有吸引力。

（5）布置直播间背景

直播团队成员讨论，确定是使用墙角、墙面作为直播间背景，还是使用背景布、绿幕作为直播间背景，确定后准备相关物料，完成直播间背景布置。

（6）设计直播话术

为了让主播更好地掌握直播节奏，直播团队成员可以在正式直播前设计一些直播话术，如开场话术、互动话术、商品介绍话术、引导下单话术、直播结束话术，避免主播在直播过程中出现冷场或无话可说的情况，完成表 5-20。

表 5-20　设计直播话术

话术类型	中文话术内容
开场话术	
互动话术	
商品介绍话术	
引导下单话术	
直播结束话术	

（7）开启直播

各个岗位的人员就位，正式开启直播。主播在镜头中向观众讲解各款商品，其他成员各司其职，配合主播的工作，灵活应对直播中遇到的各种突发情况。

4．实训总结

学生自我总结	
教师总结	

实训2 制定“双11”营销活动方案

1．实训目标

能够制定具有可操作性的大促活动营销方案。

2．实训内容

3～5人为一个小组，制定“双11”营销活动方案。

3．实训步骤

（1）了解活动规则

登录速卖通、亚马逊、eBay等跨境电商平台卖家帮助中心，收集这些平台上历年“双11”大促活动的相关规则，分析并整理参与“双11”大促活动的相关要求。

（2）制定营销活动方案

在了解“双11”大促活动规则的基础上，制定“双11”大促活动策划方案。大促活动策划方案的内容包括但不限于活动规则、营销活动商品的准备、店铺和商品视觉优化策略、宣传引流策略、客服人员培训策略和售后服务策略等。

4．实训总结

学生自我总结	
教师总结	

课后习题

1．单项选择题

（1）下列关于搜索引擎竞价排名说法错误的是（　　）。

A. 按点击付费，推广费用相对较低

B. 卖家可以自己设置与控制广告出价和推广费用

C. 用户付费越高，其发布的内容在搜索引擎搜索结果页面的排名就越靠前

D. 竞价结果出现在搜索结果页面，并且与用户搜索的内容紧密相关，使推广更加精准

（2）下列关于站内按点击付费推广广告的说法错误的是（　　）。

A. 推广商品曝光不扣费，买家点击广告后才扣费

B. 销量（收藏量）大的商品适合做按点击付费推广广告

C. 利润、价格相对有优势的商品适合做按点击付费推广广告

D. 在选择关键词时最好选择一些泛词

（3）下列属于同类组合的是（　　）。

A. 风衣与项链

B. 5千克装的猫粮与1千克装的猫粮

C. 打印机与墨盒

D. 遮阳帽与防晒衣

2．多项选择题

（1）下列适合作为直播商品的是（　　）。

A. 店铺内的热销商品

B. 店铺内的新品

C. 店铺内的清仓商品

D. 店铺内关联性较高的商品

（2）开展网红营销，在选择网红时应考虑的因素包括（　　）。

A. 网红风格与品牌的契合度

B. 网红的粉丝数量

C. 网红的粉丝参与度

D. 网红的性价比

（3）下列关于直播封面的设置说法正确的是（　　）。

A. 图片中的内容与内容主题相关

B. 封面图上不能只有文字而没有人物或商品

C. 主体内容不能过多、放置的位置不能过于分散

D. 封面中主体内容的周围要保留安全区域

3．简答题

（1）简述撰写直播标题的方法。

（2）简述做好节日营销活动策划的方法。

项目 6

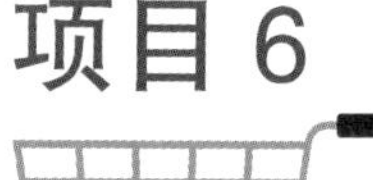

跨境电商物流与通关

知识目标

- 掌握直邮模式主流物流方式及选择物流方式要考虑的因素。
- 掌握海外仓模式的运作流程、特点和类型。
- 掌握选择海外仓模式要考虑的因素。
- 掌握通关的基本流程和处理被海关暂扣货物的方法。

能力目标

- 能够根据店铺的具体情况选择合适的物流方式。
- 能够使用物流服务商网站提供的工具计算运费。

素养目标

培养时间观念，坚持守时诚信，在跨境电商履约中注重物流时效。

引导案例

乐歌+boboduck，高效物流管理实现降本增效

一直以来，物流成本高、运费变化大是诸多跨境电商卖家的痛点之一。意识到这一点后，智能家居品牌乐歌打造了自己的海外仓和出境物流设施。对于以销售家居、办公用品等中大件商品为主的乐歌来说，自建海外仓降低了商品的物流成本，并显著提高了商品境外配送时效和客户满意度。

扫码看视频

而母婴品牌 boboduck 在物流环节则采用了 Shopee 平台提供的自建物流服务 SLS（Shopee Logistics Service）和海外仓相结合的方式。对于新品或测款类商品，boboduck 品牌方会采用 SLS 配送，以较低的物流成本测试新品或测款类商品的市场反应。对于消毒柜之类体积较大的商品，boboduck 品牌方则会采用海外仓模式，从本地直接发货，这样不仅能降低物流成本，也能让消费者更快速地收到商品，为消费者创造优质的购物体验。

案例分析

在跨境电商整个流程中，物流是非常关键的环节之一。对于跨境电商卖家来说，没有最好的物流方式，只有最适合自己的物流方式。卖家应在综合考虑商品特点、自身规模和实力、整体运营战略等因素的基础上，制定最适合自己的物流运输方案。

任务1 跨境电商直邮模式

跨境电商直邮模式即买家下单后，卖家采用跨境物流直接将商品寄送给买家。卖家采用直邮模式，需要选择具体的物流方式和物流公司，为买家提供物流查询支持等。

6.1.1 直邮模式主流物流方式

直邮模式主流物流方式有邮政物流、国际商业快递和国际专线物流。在了解各种物流方式的特点的基础上，卖家可以根据需求选择适合自己的跨境物流方案。

1. 邮政物流

邮政物流是指各国和地区邮政部门所属的物流系统。下面主要介绍国际 EMS、e 邮宝、e 特快、国际挂号小包。

（1）国际 EMS

国际（地区）特快专递（简称“国际 EMS”）是中国邮政与各国（地区）邮政合作开办的中国与其他国家和地区寄递特快专递（EMS）邮件的快速类直发寄递服务，可以为用户快速寄递各类文件资料和物品，同时提供多种形式的邮件跟踪查询服务。该业务与各国（地区）邮政、海关、航空等部门紧密合作，能够为用户提供绿色便利邮寄通道。此外，中国邮政还提供保价、代客包装、代客报关等一系列综合延伸服务。

① 国际 EMS 邮件限重与最大尺寸限制标准

国际 EMS 邮件限重与最大尺寸限制标准如表 6-1 所示，不同的目的地适用不同的邮件限重与最大尺寸限制标准。

表 6-1 国际 EMS 邮件限重与最大尺寸限制标准

邮件限重标准	邮件最大尺寸限制标准
有如下 5 种限重标准： 限重 10 千克； 限重 20 千克； 限重 30 千克； 限重 31.5 千克； 限重 50 千克	有如下 5 种最大尺寸限制标准： 标准 1，任何一边的尺寸都不得超过 1.5 米，长度和长度以外的最大横周合计不得超过 3.0 米； 标准 2，任何一边的尺寸都不得超过 1.05 米，长度和长度以外的最大横周合计不得超过 2.0 米； 标准 3，任何一边的尺寸都不得超过 1.05 米，长度和长度以外的最大横周合计不得超过 2.5 米； 标准 4，任何一边的尺寸都不得超过 1.05 米，长度和长度以外的最大横周合计不得超过 3.0 米； 标准 5，任何一边的尺寸都不得超过 1.52 米，长度和长度以外的最大横周合计不得超过 2.74 米

② 国际 EMS 资费标准与计泡规则

国际 EMS 的资费采用首重加续重的计费方式，起重为 500 克，续重为每 500 克或其零数（不足 500 克按 500 克计算），目的地不同，资费标准不同，同时文件和物品类快件的首重收费金额也不同。

计泡是指对包装后的邮件，取体积重量和实际重量中的较大者，作为计费重量，再按照资费标准计算应收邮费。

国际 EMS 的体积重量的计算方法如下。

对交寄的物品长、宽、高三边中任一单边达到 40 厘米的特快物品进行计泡，计泡系数为 6000，计泡公式为：

体积重量（千克）=长（厘米）×宽（厘米）×高（厘米）/计泡系数

测量邮件的长、宽、高测量值精确到厘米，厘米以下去零取整。

③ 国际 EMS 的优缺点

与其他物流方式相比，国际 EMS 的优缺点如表 6-2 所示。

表 6-2 国际 EMS 的优缺点

项目	具体内容
优点	① 目的地投递网络覆盖能力强，揽收网点覆盖范围广，价格较便宜，以实际重量计费，不算抛重； ② 享有优先通关权； ③ 无燃油附加费、偏远附加费、个人地址投递费； ④ 能提供邮件信息全程跟踪服务，卖家可以随时了解邮件状态； ⑤ 享受邮件便捷进出口清关服务
缺点	① 与商业快递相比，速度较慢； ② 不能一票多件，运送大件货物价格较高

（2）e 邮宝

e 邮宝是中国邮政为适应跨境轻小件物品寄递需要而开办的标准类直发寄递业务，目前已覆盖主流路向，其中部分路向开通 e 邮宝特惠业务，国际干线以水陆路方式运输。

① e 邮宝限重和尺寸限制

e 邮宝对邮件限重和尺寸限制要求如表 6-3 所示。

表 6-3 e 邮宝对邮件限重和尺寸限制要求

项目	具体要求
邮件限重	目的地为俄罗斯、以色列、英国的邮件限重 5 千克，目的地为其他国家和地区的邮件限重 2 千克
邮件尺寸限制	单件最大尺寸：长、宽、高合计不超过 90 厘米，最长一边不超过 60 厘米。圆卷邮件直径的两倍和长度合计不超过 104 厘米，长度不得超过 90 厘米。 单件最小尺寸：长度不小于 14 厘米，宽度不小于 11 厘米。圆卷邮件直径的两倍和长度合计不小于 17 厘米，长度不小于 11 厘米

② e 邮宝的优缺点

与其他物流方式相比，e 邮宝的优缺点如表 6-4 所示。

表 6-4 e 邮宝的优缺点

项目	具体内容
优点	① 重点路向全程平均时效（参考时效）7～15 个工作日，服务可靠； ② 提供主要跟踪节点扫描信息和妥投信息，安全放心； ③ e 邮宝是速卖通、eBay、敦煌网等主流跨境电商平台认可和推荐的物流渠道之一； ④ 投递范围覆盖各国（地区）的本土区域，其中美国可投递本土及本土以外所有属地和其海外军邮地址；英国可投递本土及海峡群岛、马恩岛
缺点	与商业快递相比，速度较慢

（3）e 特快

e 特快是中国邮政为适应跨境电商高端寄递需求而设计的一款快速类直发寄递服务，在内部处理、转运清关、落地配送、跟踪查询、尺寸规格标准等方面均有更高要求，是提高跨境卖家发货效率、提升客户体验、协助店铺增加好评及提升流量的重要服务品牌。

① e 特快邮件限重、最大尺寸限制

e 特快邮件限重、最大尺寸限制标准如表 6-5 所示。

表 6-5 e 特快邮件限重、最大尺寸限制标准

邮件限重标准	邮件最大尺寸限制标准
有如下 6 种限重标准： 限重 10 千克； 限重 20 千克； 限重 30 千克； 限重 31.5 千克； 限重 35 千克； 限重 50 千克	有如下 5 种最大尺寸限制标准： 标准 1，任何一边的尺寸都不得超过 1.5 米，长度和长度以外的最大横周合计不得超过 3.0 米； 标准 2，任何一边的尺寸都不得超过 1.05 米，长度和长度以外的最大横周合计不得超过 2.0 米； 标准 3，任何一边的尺寸都不得超过 1.05 米，长度和长度以外的最大横周合计不得超过 2.5 米； 标准 4，任何一边的尺寸都不得超过 1.05 米，长度和长度以外的最大横周合计不得超过 3.0 米； 标准 5，任何一边的尺寸都不得超过 1.52 米，长度和长度以外的最大横周合计不得超过 2.74 米

② e 特快计费规则

e 特快邮件体积重量大于实际重量的按体积重量计收资费。体积重量计算办法为邮件任一单边长度超过 40 厘米时开始计泡，计泡公式为：体积重量（千克）=长（厘米）×宽（厘米）×高（厘米）/6000。

③ e 特快的优缺点

与邮政的其他物流方式相比，e 特快的优缺点如表 6-6 所示。

表 6-6 e 特快的优缺点

项目	具体内容
优点	① 50 克起续重计费，可以帮助卖家降低寄递成本； ② 卖家可以使用发件系统在线下单，既高效又方便； ③ 提供邮件信息全程跟踪，卖家可以随时了解邮件状态； ④ e 特快是速卖通、eBay 等主流电商平台认可的物流渠道之一，可以帮助卖家提质加分
缺点	与商业快递相比，速度较慢

（4）国际挂号小包

国际挂号小包是中国邮政基于万国邮联网络，针对 2 千克以下小件物品推出的标准类直发寄递服务，通达全球 200 多个国家和地区。

① 国际挂号小包邮件限重、尺寸限制

国际挂号小包邮件限重和尺寸限制标准如表 6-7 所示。

表 6-7　国际挂号小包邮件限重和尺寸限制标准

项目	具体要求
邮件限重	2 千克
邮件尺寸限制	单件最大尺寸：长、宽、高合计 900 毫米，最长一边不得超过 600 毫米，公差不超过 2 毫米。圆卷邮件直径的两倍和长度合计 1040 毫米，长度不得超过 900 毫米，公差 2 毫米； 单件最小尺寸：至少有一边的长度不小于 140 毫米，宽度不小于 90 毫米，公差 2 毫米。圆卷邮件直径的两倍和长度合计 170 毫米，长度不得少于 100 毫米

② 国际挂号小包的优缺点

国际挂号小包的优缺点如表 6-8 所示。

表 6-8　国际挂号小包的优缺点

项目	具体内容
优点	① 国际挂号小包是最早在主流电商平台上线的物流解决方案之一，可通过线上和线下两种渠道进行发货； ② 全国大部分地区可交寄国际挂号小包，线上渠道提供上门揽收、客户自送等多种交寄方式； ③ 提供丢损赔付服务，卖家可以安心交寄； ④ 主要路向提供全程跟踪信息，并提供异常情况查询、收件人签收等增值服务
缺点	① 限重较低，只接受重量在 2 千克以下的包裹，包裹重量如果超过限重，需要将其分成多个包裹进行邮寄； ② 运送时间较长

2．国际商业快递

在跨境电商中，常用的国际商业快递方式主要有联邦快递、DHL、UPS、顺丰速运等。不同的国际商业快递公司在运输渠道、服务内容上具有不同的特点。

（1）联邦快递

联邦快递（FedEx）是全球较具规模的速递运输公司，服务范围覆盖全球 220 多个国家和地区，能够为客户提供隔夜快递、地面快递、重型货物运送以及文件复印服务。

① 联邦快递托运服务

联邦快递托运服务包括联邦快递国际特早快递服务、联邦快递国际经济快递服务、联邦快递国际优先快递特快服务、联邦快递国际优先快递服务、联邦快递国际电商逸、联邦快递国际优先快递重货服务、联邦快递国际经济快递重货服务。这些服务在包裹重量限制、派送速度、价格等方面的要求有所不同，其特点总结如表 6-9 所示，卖家可以根据自身优先考虑的因素（如追求派送速度、控制预算等）选择适合自己的托运服务。

表 6-9　联邦快递托运服务各项服务特点总结

包裹重量限制	派送速度较快	价格较优惠
每件包裹的重量不超过 68 千克	联邦快递国际特早快递服务； 联邦快递国际优先快递特快服务； 联邦快递国际优先快递服务； 联邦快递国际电商逸	联邦快递国际经济快递服务
每件包裹的重量超过 68 千克	联邦快递国际优先快递重货服务	联邦快递国际经济快递重货服务

② 联邦快递资费计算规则

联邦快递计费重量取实际重量和体积重量较大者。体积重量的计算公式如下：

体积重量（千克）=长（厘米）×宽（厘米）×高（厘米）/5000

联邦快递的收费项目包括快件托运费、国际燃油附加费和其他附加费。

总体来说，联邦快递网站信息更新快、查询响应速度快。与其他国际商业快递相比，联邦快递的价格稍高，需要计算货件的体积重量，对托运货物的种类有较为严格的限制。

（2）DHL

DHL（敦豪）是全球知名的邮递和物流集团 Deutsche Post DHL 旗下的公司，其业务遍布全球 220 个国家和地区，核心服务为国际限时快递，能为客户提供安全的门到门递送服务，还能为客户提供寄送文件、包裹及大型货运服务。

① DHL 快递服务产品

DHL 快递服务产品及其特点如表 6-10 所示。

表 6-10　DHL 快递服务产品及其特点

项目	DHL 快递环球快递	DHL 快递正午特派	DHL 快递朝九特派
服务介绍	标准转运时间工作日结束前送达	标准转运时间 12:00 前送达	标准转运时间 9:00 前送达（10:30 前送至美国）
退款保证	无	有	有
覆盖的国家和地区数量	超过 220	98	28
尝试派送次数	2	2	2
最大单件重量（非托盘）	70 千克	70 千克	30 千克
单票最大件数	—	10	10
最大单件尺寸（长 × 宽 × 高）	120 厘米×80 厘米×80 厘米	120 厘米×80 厘米×80 厘米	120 厘米×80 厘米×80 厘米
最大托盘重量	1000 千克	不接受托盘货	不接受托盘货
最大单票重量	3000 千克	300 千克	300 千克
最大托盘尺寸（长 × 宽 × 高）	300 厘米×200 厘米×160 厘米	不接受托盘货	不接受托盘货
适用货件	适用于单件 70 千克以下，单票 3000 千克以下的货件	适用于单件 70 千克以下，单票 300 千克以下的货件	适用于单件 30 千克以下，单票 300 千克以下的货件

② DHL 运费计算规则

DHL 快件运费计算公式如下：

总运费=基础运费+可选服务费+附加费

其中，根据快件重量、价格区域及到达时间计算快件的基础运费。如果卖家发送的快件尺寸很大但重量很小，即体积重量大于实际重量，则快件运费会基于货物在机舱所占的空间计算。计算快件体积重量的公式如下：

体积重量（千克）=长（厘米）×高（厘米）×宽（厘米）/5000

可选服务费包括特殊取件费、特殊派送费、周六送达费、快件价值保险费、货件准备费、批购包材费、关税支付服务费、住宅地址派送费、直接签收费、成年人签收费、更改账单费、中立派送费等；附加费包括燃油附加费、偏远地区派送费、偏远地区取件费、额外操作费、需求性附加费、紧急情形附加费、危险品费、更正地址附加费、数据录入附加费、安全服务费等。

总体来说，DHL 具有运输速度快、覆盖范围广、物流信息更新快等优势，但其收费相对较高，需要计算货物的体积重量。

（3）UPS

UPS 是一家全球性快递承运商与包裹递送公司，同时也是专业的运输、物流、资本与电子商务服务的提供者。

① UPS 国际快递服务

UPS 国际快递服务包括 UPS 全球特快加急服务（UPS Worldwide Express Plus）、UPS 全球特快服务（UPS Worldwide Express）、UPS 全球特快货运日中送达服务（UPS Worldwide Express Freight Midday）、UPS 全球特快货运服务（UPS Worldwide Express Freight）、UPS 全球速快服务（UPS Worldwide Express Saver）、UPS 全球快捷服务（UPS Worldwide Expedited），这些服务的特点总结如表 6-11 所示，卖家可以根据自身需求进行选择。

表 6-11 UPS 国际快递服务各项服务特点总结

送达时限	适用于 UPS 10 千克箱和 UPS 25 千克箱	针对超过 70 千克的托盘货件
1～3 个工作日	UPS 全球特快加急服务； UPS 全球特快服务； UPS 全球速快服务	UPS 全球特快货运日中送达服务； UPS 全球特快货运服务
3～5 个工作日	UPS 全球快捷服务	—

② UPS 运费计算规则

UPS 计费重量取实际重量与体积重量中的较大值。体积重量计算公式如下：

体积重量（千克）=长（厘米）×高（厘米）×宽（厘米）/5000

UPS 的资费标准采用分区的方式，我国不同省份、地区采用不同的计费标准。

此外，UPS 会收取附加费，如更改地址费、住宅地址递送附加费、偏远地区附加费、超出偏远地区范围附加费、清关信息事后修改费、海关查验费、附加手续费、超过限定尺寸托盘附加手续费、垫付服务费、滞仓费、燃料附加费等。

（4）顺丰速运

顺丰速运（以下简称“顺丰”）是我国颇具实力的快递物流综合服务商，覆盖范围广泛。经过多年的快速发展，顺丰已经具备为客户提供一体化综合物流解决方案的能力，不仅能为客户提供配送端的物流服务，还能为客户提供仓储管理、销售预测、大数据分析、金融管理等一系列解决方案。

顺丰速运国际服务的产品及其特点如表6-12所示。

表6-12 顺丰速运国际服务的产品及其特点

项目	国际标快	国际特惠
收费标准	① 单票计费重量<20千克：首重0.5千克，续重0.5千克，不足0.5千克按0.5千克计算； ② 单票计费重量≥20千克：最低计费重量1千克，不足1千克按1千克计算； ③ 计费重量取体积重量与实际重量中的较大值，体积重量（千克）=长（厘米）×宽（厘米）×高（厘米）/5000	① 单票计费重量<20千克：首重0.5千克，续重0.5千克，不足0.5千克按0.5千克计算； ② 单票计费重量≥20千克：最低计费重量1千克，不足1千克按1千克计算； ③ 计费重量取体积重量与实际重量中的较大值，体积重量=长（厘米）×宽（厘米）×高（厘米）/5000
优势	① 快捷收件、直飞航班； ② 阳光清关、时效稳定	① 价格实惠，属于经济型快递，20千克以上每千克运费递减； ② 清关快捷便利，有效提升时效； ③ 境内高效上门收件、货物信息当日上网，提供全流程跟踪监控
适用情况	寄递紧急物品	寄递非紧急物品

3．国际专线物流

国际专线物流是指针对特定国家和地区设计专门的物流线路，这种线路通过在我国境内仓库集货，然后以批量方式将货物直接运往特定国家和地区。

（1）国际专线物流的类型

按照路向的不同，国际专线物流分为中东专线、南美专线、南非专线、欧洲专线、俄罗斯专线、美国专线、澳大利亚专线等线路。

按照运输方式的不同，国际专线物流分为海运专线、铁路专线、航空专线、大陆桥专线和多式联运专线等。

（2）国际专线物流的优缺点

与邮政物流、国际商业快递相比，国际专线物流的优缺点如表6-13所示。

表6-13 国际专线物流的优缺点

项目	具体内容
优点	① 能将寄递到某一特定国家和地区的货物集中起来进行运输，有利于通过规模效应降低单位运输成本； ② 直达运输，中转少、倒仓少，具有较强的可控性，运输速度比邮政物流快，运输价格比国际商业快递低； ③ 可收寄货物的范围较广； ④ 提供清关服务，清关效率较高； ⑤ 提供额外赔偿和保险，在目的国（地区）由当地合作物流商进行配送，丢包率较低
缺点	① 通达范围较窄，主要针对一些热门区域开放线路； ② 很多国际专线物流不能为卖家提供上门揽收服务，需要卖家将货品送到代收点或集货仓； ③ 不支持退换货服务

（3）国际专线物流产品

我国很多物流商推出了国际专线物流产品，下面重点介绍 4PX 递四方和燕文物流的国际专线物流产品。

① 4PX 递四方

4PX 递四方（以下简称“递四方”）成立于 2004 年，是全球跨境电商供应链综合服务提供商，其推出的国际专线物流产品为 4PX 全球专线，该专线通过整合全球的速递资源，在境内将货物进行集中分拣，配载直飞航班，由递四方的境外代理在当地完成清关和本地派送。4PX 全球专线具有覆盖范围广、时效快、操作灵活的特点，并且大部分地区无须收取偏远地区附加费，适合运送高价值、对时效要求高的物品。

4PX 全球专线的相关参数及标准如表 6-14 所示。

表 6-14　4PX 全球专线的相关参数及标准

项目	具体内容
计费重量	0.5 千克起计，单件大于 30 千克时需要咨询客服后发货
是否计泡	是，体积重量（千克）=长（厘米）×宽（厘米）×高（厘米）/6000（或 5000）
收寄国家和地区	亚洲、欧洲、非洲的国家和地区，以及巴西
参考时效	2～7 天
价格	根据目的地而定
是否提供查询	是
保险服务	可购买保险服务
燃油	根据具体情况而定
报关发票（单）	一式三份
特殊证明/通关资料	发件人如能提供由政府部门签发的有效文件，如配额证、许可证、原产地证、商检证、熏蒸证明、FDA 证、MSDS 证等，应将这些文件随同运单和发票附在货物上
不准寄范围	航空禁运的危险物品、液体，粉末等；国家明令禁止出口货物，如古董、货币及其他侵权商品
赔偿标准	① 部分遗失或破损无赔偿； ② 货物全部遗失免运费，赔偿申报价值最高不超过 100 美元，寄递贵重物品建议购买保险

② 燕文物流

燕文物流成立于 1998 年，是我国领先的跨境出口综合物流服务商之一，与速卖通、亚马逊、Wish、eBay 等全球大型跨境电商平台均建立了长期、稳定的合作关系。下面主要介绍燕文澳洲快线—普货、燕文澳洲快线—特货、燕文美国快线—普货、燕文美国快线—特货、燕文英国 RM 快线—普货、燕文英国 RM 快线—特货、燕文法国快线—普货、燕文德国快线—普货、燕文德国快线—特货等专线服务，如表 6-15 所示。

表 6-15　燕文物流部分专线服务介绍

专线名称	线路简介	邮寄规定
燕文澳洲快线—普货	通达澳大利亚全境，直出尾程派送单号	① 只可寄普货，禁寄含磁含电产品。 ② 禁寄物品：根据国际航空条款规定的不能邮寄或限制邮寄的所有货物

续表

专线名称	线路简介	邮寄规定
燕文澳洲 快线—特货	通达澳大利亚全境，直出尾程派送单号	可寄内置锂电池产品（含锂离子和锂金属），每个小包内最多能装 4 个电池芯或 2 个电池
燕文美国 快线—普货	通达美国本土全境，直出尾程派送单号	① 禁限寄物品：所有电池与含电含磁产品、液体、粉末等航空禁止运输物品。 ② 严禁邮寄违反中国法律、国际航空运输协会（IATA）禁限寄物品条例及当地法律的物品
燕文美国 快线—特货	通达美国本土全境，直出尾程派送单号	① 可寄固体类化妆品，例如固体口红可发，唇釉、唇彩不可发，眼影、腮红等粉状化妆品不可发。 ② 可寄内置锂电池产品（含锂离子和锂金属），每个小包内最多能装 4 个电池芯或 2 个电池
燕文英国 RM 快线—普货	通达英国全境，使用英邮派送，时效快速	不可寄任何含磁、含电产品
燕文英国 RM 快线—特货	通达英国全境，使用英邮派送，时效快速	可寄内置电池产品
燕文法国 快线—普货	通达法国全境，直入法国，时效快速，直出尾程派送单号	① 不可寄任何含磁、含电产品。 ② 在法国，玩具、电子产品、眼镜、太阳眼镜等产品需要带有 CE 标识，在通关时，卖家需要为这些商品提供相关证明，若海关查验时卖家未能及时提供证明，会导致货物被扣押。 ③ 严禁寄仿牌产品
燕文德国 快线—普货	通达德国全境，每日都有航班，时效快速，直出尾程派送单号	不可寄任何含磁、含电产品
燕文德国 快线—特货	通达德国全境，时效快速，直出尾程派送单号	① 可寄固体类化妆品，例如固体口红可发，唇釉、唇彩不可发，眼影、腮红等粉状化妆品不可发。 ② 可寄内置锂电池产品（含锂离子和锂金属），每个小包内最多能装 4 个电池芯或 2 个电池。 ③ 严禁邮寄违反中国法律、国际航空运输协会（IATA）禁限寄物品条例及当地法律的物品

6.1.2 直邮模式物流方式的选择

卖家采用直邮模式寄送商品，在选择跨境物流方式时，要重点考虑以下因素。

1．商品特点

卖家要根据所运输商品的特点选择跨境物流方式。例如，价值低、重量轻的商品可以选择国际挂号小包；超过 2 千克的商品可以选择国际专线物流或国际商业快递，更利于保证商品的安全性和配送时效；贵重商品可以选择国际商业快递，有利于保证将商品在最短的时间内送达。此外，卖家应考虑物流服务商是否禁限寄特殊商品（如锂电池、带粉末的化妆品等）。

2．运费

对物流方式运费的考核并不是以运费的高低来衡量的，而是以运费是否可控来衡量的。如果卖家只寄递一票货件，运费成本的计算非常简单。如果卖家每个月需要寄递几百票货件，物流公司提供的物流报价中含有十几套价格，又附加十几条限制条款，某些附加条款的费用又会随时变动，这种情况下卖家计算物流成本就会比较困难。对于卖家来说，合理、透明、稳定的物流报价非常重要。为了便于考察，卖家可以让物流公司将各种收费项目、计费方式明确地列出来，必要时可以列入合同的明细。

3. 运送时效

在物流成本可控且运送时效在买卖双方预期之内的情况下，物流的运送时效越稳定越好。卖家可以同时选择几种物流方式和多家物流公司进行测试，通过邮寄货件评估物流方式的配送效果和物流公司的服务质量，从而选出最适合自己的物流方式和物流公司。

此外，在销售旺季选择物流公司时，卖家还要考虑物流公司的承运能力，评估其面对爆仓问题的应对能力和相应的理赔机制。

4. 专业度

安全、稳妥的物流派送可以帮助卖家避免产生一些因物流导致的售后问题和损失。在选择物流方式和物流公司时，卖家应考察其各环节操作的专业度，例如，考察物流公司仓储分拨的失误率、清关能力。对于国际专线物流，卖家可以重点考察其是否是直发，在目的国（地区）的派送质量等。

5. 配套服务

配套服务也是卖家在选择物流方式时需要考虑的一个重要因素，有的物流方式提供运单追踪、上门揽收服务，有的则不提供；有的物流方式支持使用自提柜，有的则不支持。优质的配套服务能够有效提升卖家的物流服务质量，从而提高买家好评率。

任务2 跨境电商海外仓模式

海外仓是指建立在境外的仓储设施。在跨境电商中，海外仓是卖家为了提升订单交付能力而在接近买家的地区设立的仓储物流节点，通常具有货物储存、流通加工、本地配送及售后服务等功能。

6.2.1 海外仓模式的运作流程和费用

海外仓模式就是卖家将待售商品寄送至在目标市场国家和地区建立的海外仓中，买家下单后，卖家再将订单信息推送至海外仓，由海外仓发货，使用本地配送将包裹送到买家手中。海外仓模式的运作流程如图6-1所示。

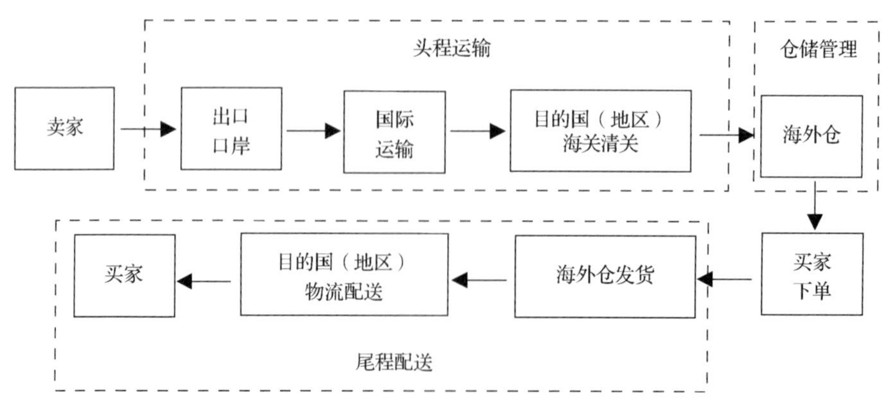

图6-1 海外仓模式的运作流程

概括来说，海外仓模式的运作流程可以分为 3 个关键环节，即头程运输、仓储管理和尾程配送，各个环节的操作要点如表 6-16 所示。

表 6-16　海外仓模式关键环节的操作要点

关键环节	操作要点
头程运输	卖家将商品通过陆运、海运、空运或联运等方式运送到海外仓
仓储管理	① 卖家通过海外仓信息管理系统对海外仓中的商品进行远程管理，并实时更新仓储信息； ② 卖家接到订单后，向海外仓储中心发出操作指令，海外仓根据操作指令进行操作
尾程配送	① 海外仓储中心发货并对商品进行尾程配送，将商品送至买家手中； ② 配送完成后，海外仓信息管理系统会及时更新信息，让卖家及时了解海外仓的库存状况

海外仓的费用一般包括 3 个部分，如表 6-17 所示。

表 6-17　海外仓的费用构成

费用名称	具体说明
头程费用	卖家将商品从境内运送到海外仓时产生的物流费用
仓储及处理费用	卖家将商品存储在海外仓中产生的仓储费用，以及海外仓对商品进行相应处理时产生的费用，如商品包装费、退货处理费等
尾程配送费	海外仓采用当地物流将商品送达买家手中产生的费用

6.2.2　海外仓模式的特点

海外仓模式有利于解决跨境电商中的物流痛点，鼓励电子商务企业走出去。在海外仓模式下，买家下单后，卖家通过海外仓实现本地发货，大大缩短了商品的配送时间，也减少了清关障碍；卖家将商品批量运输到海外仓，可降低销售旺季物流拥堵、物流低效对店铺运营造成的消极影响，降低运输成本。

此外，海外仓还为卖家提供了商品检测维修、二次包装、退换货等增值服务，有利于提升买家的购物体验。海外仓模式不只是在境外建仓库，更是对现有跨境物流运输方案的优化与整合。

在海外仓模式下，卖家需要将商品备货至海外仓，卖家会形成一定的库存压力，这种物流模式对卖家的管理能力和资源整合能力有着较高的要求。

6.2.3　适用海外仓模式的商品

并非所有的商品都适合采用海外仓模式，基于海外仓模式的特点，适用海外仓模式的商品如表 6-18 所示。

表 6-18　适用海外仓模式的商品

商品类型	示例
尺寸较大或重量较大的商品	家居园艺类商品、汽配类商品、户外露营类商品
货值较高的商品	电子商品、珠宝首饰、手表、玻璃制品等

续表

商品类型	示例
周转率高的商品	时尚服饰、快速消费品等
有销售淡旺季的商品	符合节庆主题的商品
特殊类商品	带电或带磁的商品、液体类商品等

6.2.4 海外仓的类型

得益于出口跨境电商交易规模的快速增长，近几年，市场对海外仓的需求日益旺盛。目前，市场上的海外仓主要有3种类型，即自建海外仓、跨境电商平台海外仓和第三方海外仓。

1. 自建海外仓

自建海外仓是指卖家在境外自行建立仓储，仅为自身销售的商品提供仓储、配送等物流服务，并由卖家负责头程运输、通关、海外仓管理、拣货、尾程配送等一系列工作。自建海外仓的优势主要表现在以下两个方面。

（1）灵活性强

卖家可以根据自身情况自主确定海外仓的地址、规模、经营模式，无须考虑海外仓对商品种类、体积等方面的限制。

此外，卖家可以自行对海外仓进行管理，掌握海外仓的发货速度，酌情区分加急件、慢件，提升买家购物体验。对于退回海外仓的商品，卖家可以自行决定哪些商品适合销毁，哪些商品可以再售等。

（2）利于本土化经营

由于跨境电商的全球性特点，一些境外买家可能会对跨境电商企业提供的商品存在疑虑。如果卖家在目标市场建立了海外仓，就会给当地的买家传递一个信号，即这个卖家经营实力较强，这样有利于提升买家对卖家的信任度。

在海外仓的运营管理中，卖家可以雇用当地员工负责海外仓的供应链管理、商品销售、客户服务等工作，这是因为当地员工更加了解当地的法律、文化和人们的沟通习惯，能够给买家带来更好的服务。卖家可以利用海外仓更好地开展本土化经营，提高自身品牌在当地的影响力和市场占有率。

此外，卖家可以及时、清楚地发现当地市场的需求变化，以开发符合当地市场需求的商品，制定符合当地市场特色的经营策略。

凡事都有两面性，虽然自建海外仓拥有一定的优势，但也存在一定的劣势，主要表现在以下几个方面。

（1）成本较高

卖家自建海外仓需要在境外租赁仓库和雇用员工，还需要搭建或租赁境外仓储管理系统。而境外人力成本普遍较高，仓库租赁费用也较高，而且搭建或租赁境外仓储管理系统需要花费一定的资金，因此自建海外仓的成本较高。

（2）经营管理要求较高

自建海外仓涉及当地的清关政策、税收制度、劳工政策、仓储国际化运营等，这就要求卖家不仅要了解海外仓所在地的政治环境、经济环境、文化习俗、法律环境、雇佣劳工政策等，还要了解当地的基础设施建设水平、信息技术水平、服务水平等。

此外，卖家还要组建海外仓管理团队，由于文化差异较大，对海外仓管理人员的管理也

是卖家面临的一大挑战。在境外建立海外仓，卖家需要面临境外经营的政治风险、经济风险等多种风险。

（3）仓储面积弹性小

仓库租用的面积比较固定，弹性小。如果卖家租用的仓储面积太大，出货量达不到一定的规模，就会形成浪费；如果卖家租用的仓储面积太小，在进行大型促销活动时容易出现仓储空间不足的情况。

2. 跨境电商平台海外仓

为了提高自身竞争力，为卖家和买家提供更好的服务，一些跨境电商平台建立了海外仓，速卖通和亚马逊就是其中的代表。

（1）速卖通海外仓

速卖通海外仓是速卖通和菜鸟打造的重点项目，分为官方仓、认证仓和商家仓承诺达 3 种类型，它们的特点如表 6-19 所示。

表 6-19　速卖通海外仓的类型及其特点

海外仓类型	释义	特点
官方仓	速卖通和菜鸟联合海外优势仓储资源及本地配送资源共同推出的速卖通官方配套物流服务，专为速卖通卖家打造的提供海外仓储管理、仓发、本地配送、物流纠纷处理、售后赔付的一站式物流解决方案	① 仓发商品带有“X 日达”标志，拥有搜索流量加权倾斜，以及海外仓营销专场招商资格； ② 官方仓针对其所在国家和地区可提供商品 3 日达服务，针对泛欧国家提供 7 日达服务； ③ 产生订单后，官方仓可以完成拣货、打包、发货等工作； ④ 官方仓发出的订单因物流原因导致的纠纷、卖家服务评级（Detailed Seller Ratings，DSR）低分不计入卖家账号考核； ⑤ 商品入库后因物流原因导致的货物问题或纠纷退款，由菜鸟赔付
认证仓	经过菜鸟认证的第三方海外仓、商家自建仓	① 卖家可使用平台系统 BMS 进行仓库商品管理； ② 能够为速卖通卖家提供海外仓仓储管理、仓发、本地配送、售后赔付等服务； ③ 仓发商品可获得“Fast shipping”标志； ④ 菜鸟建立海外仓官方认证体系，打通了订单流，官方认证仓订单和物流信息能自动流转回传
商家仓承诺达	卖家使用第三方海外仓或卖家自建海外仓且能满足快速配送的时效，可以开通速卖通平台承诺达服务	卖家使用商家仓承诺达服务后，其商品也可以打上“X 日达”标志，并享受“X 日达”的所有权益，例如商品可获得搜索流量扶持；从商品、购物车、订单等多渠道展现“X 日达”标志，提升商品对买家的吸引力；商品可优先获得参加平台活动的资格

（2）FBA

亚马逊物流（Fulfillment By Amazon，FBA）是亚马逊为卖家提供的包括仓储、拣货打包、派送、收款、客服与退货处理等各项服务在内的一站式物流服务。使用 FBA 的卖家可以将其库存中的部分商品或全部商品运送到亚马逊仓库中，由亚马逊代理销售，并负责商品配送和相关的客户服务等工作。如果出现退货问题，FBA 也能帮助卖家进行处理。

作为一个全程的物流服务，FBA 具有以下优势。

① 运营管理专业化

亚马逊是较早建立海外仓的企业之一，其海外仓覆盖范围广，配有非常成熟的仓储管理和配送体系，能够为卖家提供仓储管理、配送、退货等一系列专业的辅助服务，有效地减轻了卖家的运营压力。此外，FBA 能够为卖家提供专业的客户服务，帮助卖家减轻客服压力。

② 有助于商品推广

对于 FBA 的商品，亚马逊平台会通过提高商品在搜索结果页面的排名，帮助卖家增加商品的曝光次数，进而提高商品销量。

③ 改善卖家账户表现

亚马逊平台可以为卖家移除由 FBA 引起的中差评纠纷，进而帮助卖家改善账户表现。

FBA 能够为亚马逊卖家提供快捷、优质的物流服务，但任何事物都有两面性，FBA 在具有巨大优势的同时，也存在一定的劣势，主要表现在以下两个方面。

① 灵活性低

FBA 对商品的尺寸、重量和类别有一定的限制，不符合要求的商品无法使用 FBA。此外，其他第三方海外仓的服务方有中文客服人员帮助卖家处理一些问题，而 FBA 只能使用英文沟通，邮件回复通常不太及时。

此外，FBA 不提供贴标签服务，如果卖家前期工作没有做好，商品标签扫描出现问题就会对商品入库造成影响，甚至导致商品无法入库。

② 仓储费用偏高

FBA 需要交纳的费用比较多，如订单配送费、库存仓储费、移除订单费、退货处理费和计划外预处理服务费等，这会给卖家带来较大的成本压力。

此外，FBA 需要卖家提前将商品发到亚马逊仓库，但不会为卖家的头程发货提供清关服务，在头程运输中产生的运费会由卖家支付，这对于小卖家来说还是有一定风险的。如果卖家发到亚马逊仓库的商品出现滞销，无论是将商品移出还是弃置，都会产生相应的费用。

鉴于 FBA 所具有的特点，价格太低的商品、体积太大或太重的商品、冷门商品、季节性太强的商品，以及亚马逊平台明令禁止销售的商品都不适合选择使用 FBA。

3．第三方海外仓

第三方海外仓是指由第三方企业（多为物流服务商）建立并运营的境外仓储，它可以为卖家提供清关、报检、仓储管理、商品分拣、终端配送等服务，整个海外仓的运营与管理都由第三方企业负责，卖家可以通过租赁的方式获得第三方海外仓的服务。第三方海外仓的优势主要表现在以下几个方面。

（1）节省卖家建仓成本

对于卖家来说，租赁第三方海外仓有利于降低运营管理海外仓的人工成本，从而减少卖家的运营投入。

（2）降低海外仓运营风险

租赁第三方海外仓可以帮助卖家规避法律法规、行业政策、税收政策，以及境外人员管理等环节带来的风险，从而降低海外仓的运营风险。

第三方海外仓的运营与管理完全由第三方企业负责，因此第三方企业的物流覆盖范围、物流节点、境外仓储选址、海外仓服务与管理水平等会直接影响卖家境外仓储的服务水平和境外仓储战略所形成的经济效益。如果卖家在选择第三方海外仓时出现失误，不仅会给买家带来不良的购物体验，也会给卖家的品牌造成负面影响，还会影响卖家的经营效益。

（3）可选择的范围较广

FBA 对商品的尺寸、重量、类别有一定的限制，比较适合存储体积小、利润高、质量好的商品。而第三方海外仓的数量较多，卖家可选择的范围较广，卖家可以根据某类商品的特点选择能够接受此类商品的第三方海外仓。即使是体积大、重量大的商品，也能找到合适的第三方海外仓。

（4）适用范围广

第三方海外仓向所有的跨境电商卖家开放。此外，第三方海外仓还具有中转的作用，如果卖家同时使用第三方海外仓和 FBA，在销售旺季可以直接从第三方海外仓向 FBA 发货，节省发货时间。

虽然第三方海外仓存在诸多优势，但其缺点也是不容忽视的。例如，第三方海外仓无法为卖家提供商品推广服务，需要卖家通过各类推广工具提高商品和店铺的曝光率；一些第三方海外仓不能提供售后与投诉服务，无法消除买家留下的中差评；此外，卖家将商品放在第三方海外仓可能存在一定的潜在安全风险。

6.2.5 海外仓的选择

海外仓不仅能为卖家提供强大的物流支持，还能为买家提供更好的购物体验。在当前的跨境电商行业中，海外仓的作用越来越突出。卖家只有选择适合自己的海外仓模式，才能充分发挥海外仓的优势，借助海外仓提高自身竞争力，否则不恰当的海外仓模式只会增加卖家的运营成本和运营风险。

卖家在选择海外仓模式时，需要考虑以下因素。

1．商品特征

FBA、第三方海外仓均对商品的种类、体积、重量有所限制，尤其是 FBA，对商品的限制比较严格，如果商品的种类、体积、重量不符合要求，就无法使用 FBA。而自建海外仓在入库商品的选择上更具灵活性，卖家可以根据商品的特点建立与其相符的海外仓。

因此，卖家在选择海外仓模式之前，需要详细了解自己商品的特征，以及各类海外仓对商品的种类、体积、重量的要求，然后选择合适的海外仓模式。

2．海外仓服务能力

在海外仓的头程运输中，FBA 不为卖家提供清关服务；部分第三方海外仓可以为卖家提供清关服务，有的第三方海外仓还可以提供头程运输、退税服务。在商品入库阶段，FBA 不为卖家提供商品整理和贴标签服务，需要卖家在前期做好这些工作；而第三方海外仓则可以为卖家提供商品整理和贴标签服务。

自建海外仓则需要卖家自力更生，全权负责头程运输、清关、商品入库前整理、贴标签等一系列工作。卖家在选择海外仓模式时，要考虑自身对这些服务是否有需求，并谨慎衡量这些服务的成本效益。

3．卖家的物流运营战略

不同的卖家所采取的物流运营战略有所不同，如果卖家选择海外仓只是为了提高商品在境外市场的销量，提升经营效益，而不打算将海外仓物流体系纳入自身经营范围，就可以选择使用跨境电商平台的海外仓或者第三方海外仓。

如果卖家选择海外仓是为了提高品牌知名度和渗透率，以更好地实施本土化运营战略，或者计划构建属于自己的海外仓物流体系，就可以选择自建海外仓模式。

4．卖家的规模和实力

对于卖家来说，无论是自建海外仓，还是租用第三方海外仓，或者使用跨境电商平台的海外仓，都需要承担相应的风险。卖家在选择海外仓模式时，要充分考虑自身的发展规模、实力及风险承担能力。

一般来说，自建海外仓的成本较高，并对卖家的经营管理能力要求较高，所以选择自建海外仓模式的卖家需要具备较高的资金实力和经营管理能力。

与自建海外仓相比，跨境电商平台的海外仓、第三方海外仓的使用成本较低，卖家无须具备海外仓管理方面的人才和经验。此外，跨境电商平台的海外仓不仅能为卖家提供商品存储、终端配送等服务，还能为卖家提供专业的客户服务，帮助卖家提升买家购物体验。

卖家使用跨境电商平台的海外仓还能享受跨境电商平台的流量倾斜，提高商品的曝光率。对于刚开始涉足跨境电商的卖家来说，使用跨境电商平台的海外仓是不错的选择。

任务 3 跨境电商通关

通关是出口跨境电商商品运输过程中必不可少的环节，商品通过海关查验并放行后才能顺利进入目的国（地区），再通过跨境电商物流送达买家手中。

6.3.1 通关的基本流程

一般来说，出口跨境电商在我国境内通关需要经过 5 个步骤，即信息等级或注册、提交信息、发送清单数据、查验、放行。

1. 信息登记或注册

跨境电商企业、物流企业等参与跨境电商出口业务的企业，应向企业所在地海关办理信息登记或注册。

2. 提交信息

跨境电商企业或其代理人、物流企业、支付企业通过“中国国际贸易单一窗口”或跨境电商通关服务平台向海关提交交易信息、支付信息、物流信息等“三单”信息，并对信息的真实性承担相应法律责任。

3. 发送清单数据

“中国国际贸易单一窗口”或跨境电商通关服务平台完成“三单”对比，生成货物清单，并向“中国电子口岸”发送清单数据。

4. 查验

查验是指海关对实际货物与报关单证进行核对，查验申报环节所申报的内容是否与查证的单、货一致，并查证是否存在瞒报、伪报和申报不实等问题。查验可以对申报审单环节提出的疑点进行验证，为征税、统计和后续管理提供监管依据。

海关查验货物后，需要填写验货记录，包括查验时间、地点、进出口货物的收发货人或其代理人名称、申报货物情况、货物的运输包装情况（如运输工具的名称、集装箱号、尺码和封号）、货物名称、规格型号等。

需要查验的货物自接受申报起 1 日内开出查验通知单，自具备海关查验条件起 1 日内完成查验，除需缴税外，自查验完毕 4 小时内可办结通关手续。

根据《中华人民共和国海关法》的有关规定，进出口的货物除另有规定外，均应征收关税。关税由海关依照海关进出口税则征收。需要征税费的货物，自接受申报 1 日内开出税单，并于缴核税单 2 小时内办结通关手续。

5. 放行

对于一般出口货物，发货人或其代理人应向海关如实申报，并缴纳相关税款和费用，海关会在出口装货单上加盖“海关放行章”，出口货物的发货人凭此装船起运出境。

若申请出口货物退关，发货人应当在退关之日起 3 日内向海关申报退关，经海关核准后方能将货物运出海关监管场所。

海关放行后，在出口退税专用报关单上加盖“验讫章”和已向税务机关备案的海关审核出口退税负责人的签章，退还报关单位。报关单的有关内容必须与船舶公司传送给海关的舱单内容一致，才能顺利核销退税。

在海关接受申报并放行后，由于运输工具配载等原因，部分货物未能装载原申报运输工具的，出口货物发货人应当及时向海关递交《进出口货物报关单修改/撤销申请表》及更正后的箱单发票、提单副本，确保报关单内容与舱单内容一致。

6.3.2 被海关暂扣货物的处理

卖家在遇到货物被扣关问题时不要紧张，首先要了解国际快递货物被扣关的原因。由于每个国家和地区的海关条例有所不同，当发生扣货、扣关等情况时，相关海关部门会向发件人或收件人出具一份说明，其中会说明扣货的原因，发件人或收件人必须配合海关提供相关的文件。

通常来说，国际快递货物被海关扣关或不允许清关主要是由以下原因造成的。

（1）商品申报的品名填写不详细、不清楚，或品名与实际商品不符。

（2）商品申报价值与海关的估价不一致（海关有理由怀疑逃税）。

（3）国际快递货物单、证不齐全。

（4）收货人条件不合格，如没有进口权，个人税号不符等。

（5）货物为敏感货物，属于进、出口国家和地区禁止或限制进口、出口的商品。

因此，卖家要做好以下工作，尽可能避免出现海关扣货的情况。

（1）了解商品被查验的规律。一般来说，重量越重的包裹被海关扣货的可能性越大。不同商品被海关扣货的概率不同，如电子商品被扣的概率相对较高。

（2）卖家要确保商品不属于违禁品或敏感限制类商品，不存在侵权现象，并且符合目的国（地区）相关法律规定。需要商检的商品，一定要先做商检再报关出口。

（3）了解各国和地区的海关政策。例如，在澳大利亚虽然通关容易，但电池类商品是海关不允许寄送的，所以电池或者带电池的商品尽量不要发往澳大利亚。如果一定要销售带电池的商品，可以向客户说清楚不发电池，只发商品。

（4）卖家要如实申报商品实际的型号，品牌须跟出口申报信息一致，确保商品手续、单证齐全。

选择物流方式与测算运费

1. 实训目标

掌握直邮模式下各种物流方式的特点和海外仓模式的特点，能够根据商品或店铺的具体情况为其选择合适的物流方式；能够使用物流服务商官方网站工具为包裹测算运费。

2．实训内容

3～5 人为一个小组，对比分析各种物流方式的特点，为商品选择合适的物流方式，并测算运费。

3．实训步骤

（1）对比物流方式

根据本项目所学知识，登录各个物流服务商官方网站，了解其各种物流方式的特点，对比分析不同物流服务商的各种物流方式的优缺点，完成表 6-20。

表 6-20　物流方式对比分析

物流模式	物流方式	物流名称	优点	缺点
直邮模式	邮政物流			
	国际商业快递			
	国际专线物流			
海外仓模式				

（2）选择物流方式

假设有一个需要寄往俄罗斯的包裹，包裹内的商品为一套五金工具，包裹重量为 10 千克，长为 110 厘米，宽为 50 厘米，高为 40 厘米。请小组成员讨论，为这个包裹选择合适的物流方式。

（3）测算运费

确定物流方式后，登录提供这种物流方式的物流服务商官方网站，运用网站提供的工具测算包裹的运费。

4．实训总结

学生自我总结	
教师总结	

课后习题

1．单项选择题

（1）某卖家需要寄送一件重量为 68 千克、长为 115 厘米、宽为 60 厘米、高为 60 厘米的包裹，他可以选择使用（　　）寄送。

A．国际挂号小包　　B．DHL 快递环球快递

C．EMS　　D．UPS 全球特快加急服务

（2）下列关于 e 邮宝的说法不正确的是（　　）。

A．单件最大尺寸：长、宽、厚合计不超过 90 厘米，最长一边不超过 60 厘米

B. 包裹限重2千克

C. 单件最小尺寸：长度不小于14厘米，宽度不小于11厘米

D. 圆卷邮件直径的两倍和长度合计不小于17厘米，长度不小于11厘米

（3）下列不适合使用海外仓模式的商品是（　　）。

A. 尺寸较大或重量较大的商品　　B. 带电或带磁特殊类商品

C. 货值较高的商品　　D. 处于销售淡季的商品

2. 多项选择题

（1）海外仓的成本包括（　　）。

A. 头程费用　　B. 仓储及处理费用

C. 尾程配送费　　D. 运输费用

（2）自建海外仓的优势包括（　　）。

A. 卖家可以根据自身情况自主确定海外仓的地址、规模、经营模式

B. 有利于降低运营管理海外仓的人工成本

C. 卖家可以自行对海外仓进行管理，掌握海外仓的发货速度

D. 对于退回海外仓的商品，卖家可以自行决定是否销毁

（3）导致海关扣货的原因包括（　　）。

A. 货物品名填写不详细、不清楚　　B. 货物申报价值过低

C. 国际快递货物单、证不齐全　　D. 敏感货物

3. 简答题

（1）卖家在选择直邮模式物流方式时需要考虑哪些因素？

（2）卖家在选择海外仓模式时应该考虑哪些因素？

（3）简述出口跨境电商通关的基本流程。

项目 7

跨境电商资金管理

知识目标

- 掌握跨境电商主流付款方式。
- 掌握跨境电商主流收款工具。
- 了解跨境电商支付环节常见的风险及防范措施。
- 了解跨境电商结汇、出口退税的相关规定。

能力目标

能够根据目标市场买家的付款行为特征选择合适的收款工具。

素养目标

坚持并贯彻以人为本的原则，选择跨境电商收款工具时要充分考虑目标市场客户的消费特征。

引导案例

优质跨境电商收款工具助力卖家稳健出海

扫码看视频

资金是企业生存与发展的重要基础，是企业生产与运营的血液。在跨境电商资金管理环节，及时、安全地将外币货款收回至人民币账户是众多卖家的核心需求。然而，由于跨境电商收款具有参与主体多元化、链路复杂等特点，导致卖家在收款过程中面临诸多挑战，例如，汇率波动导致卖家产生汇损；到账时效慢；费率高，产生较高的手续

费；结汇流程烦琐；退税困难；资金链路不透明，资金难以追踪等。

对于跨境电商卖家来说，选择合适的跨境电商收款工具能够帮助自己降低汇损，减少手续费开支，提高到账速度，实现高效、低成本的资金结算，从而提高资金流转效率。

案例分析

在跨境电商业务流程中，跨境电商收款工具是跨境电商卖家实现业务稳健增长的重要伙伴。在选择跨境电商收款工具时，跨境电商卖家可以重点从金融牌照、服务价格、到账时效、服务内容等角度进行衡量，最好选择支付牌照覆盖范围广、交易成本低、到账时效快、服务多元化的收款工具。

任务1 跨境电商收付款与风险防范

收付款方式不仅会影响买家的购物体验，还会影响卖家获得货款的时间和提现的成本，所以选择合适的收付款方式对于卖家来说非常重要。

7.1.1 跨境电商主流付款方式

在跨境电商交易中，不同市场的买家通常有不同的付款方式和付款习惯。作为跨境电商卖家，应对目标市场买家的付款方式和付款习惯有所了解，以便于选择符合买家付款习惯的收款工具。

1．汇款

汇款（Remittance），也称汇付，即付款方通过第三者（一般是银行）使用各种结算工具，主动将款项汇付给收款方的一种付款方式。常见的汇款方式有电汇、使用第三方工具汇款。

（1）电汇

电汇（Telegraphic Transfer，T/T）是指付款人将款项交存汇出行，汇出行应付款人的申请，给在目的地的分行或代理行（汇入行）拍发加押电报、电话或银行国际代码（SWIFT Code），指示汇入行向收款人支付一定货款的交款方式。电汇属于商业信用，即买家掌握最终付款权。

电汇支付速度较快，但手续费较高，买卖双方通常在交易金额较大或情况比较紧急时才会使用电汇支付的方式。此外，目前国际电汇是通过 SWIFT 网络完成的，无法做到实时到账，国际电汇的时效通常为 3～5 个工作日。

（2）使用第三方工具汇款

付款人使用西联汇款、速汇金等第三方工具进行汇款。西联汇款是西联国际汇款公司（Western Union）的简称，它是世界上领先的特快汇款公司，用户可以在全球大多数国家和地区的西联汇款代理所在地办理汇款和提款业务。付款人要到西联汇款的线下网点进行操作，手续费需由付款人支付。

速汇金是国际速汇金公司（MoneyGram）推出的一种个人之间的环球快速汇款业务，这种汇款方式操作比较简单，汇款人无须选择复杂的汇款路径。此外，在一定的汇款金额内，速汇金的汇款费用相对较低，无中间行费，无电报费。

2．使用信用卡付款

信用卡是由商业银行或信用卡公司对信用合格的用户发行的信用证明，其形式是一张正面印有发卡银行名称、有效期、号码、持卡人姓名，背面有磁条、签名条的卡片。持有信用卡的用户可以到特约商业服务部门购物或消费，再经银行同商户和持卡人进行结算，持卡人可以在规定额度内透支。

使用信用卡付款的基本流程如图 7-1 所示。

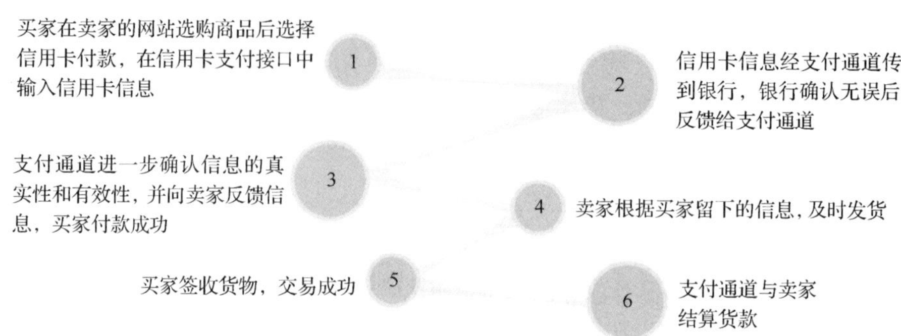

图 7-1　使用信用卡付款的基本流程

目前，在 B2C 跨境电商交易中，被广泛使用的信用卡有 VISA 卡和万事达卡（MasterCard）。跨境电商平台会通过与 VISA、MasterCard 等国际信用卡组织合作，或者直接与境外银行合作，开通接收境外银行信用卡支付端口。亚马逊、eBay 等跨境电商平台普遍接受主流国际信用卡支付。

在欧美市场，信用卡是一种比较流行的支付方式，使用人数众多，它以银行信用做担保，有利于保障买卖双方的权益。对于卖家来说，使用信用卡的介入方式比较复杂，卖家需要预存保证金，并且信用卡的付款额度偏小。

3．货到付款（现金）

中东、东南亚等国家和地区的买家在线上购物时更习惯使用货到付款（Cash on Delivery，COD）的方式，使用现金支付。货到付款就是由快递公司代收买家货款，货先送到买家手上，买家验货之后再把货款付给送货员，之后货款再由快递公司转到卖家账户中。

COD 模式需要物流服务商提供服务。卖家需要寻找能够提供 COD 服务的物流服务商，通过这些物流服务商进行发货和收取货款。

4．使用本地支付工具

有些市场的买家更习惯使用本地支付工具进行支付。本地支付工具多种多样，包括信用卡、借记卡、电子钱包等，如荷兰的 iDEAL、意大利的 MyBank、波兰的 Przelewy24、俄罗斯的 Qiwi Wallet，以及中东地区的 CashU 等，都是有名的本地支付工具。

7.1.2　跨境电商主流收款工具

如果卖家选择的收款工具能够最大程度地满足不同买家的多种付款方式，那么买家下单的概率就高。卖家所选择的收款工具最好能支持多种付款方式，能让买家灵活选择付款方式。此外，对于多平台运营和独立站的卖家来说，所选择的收款工具最好能支持多平台，可以用一个收款账号管理多平台多店铺，这样更便于卖家操作资金。

1．网络银行

网络银行是指利用互联网或通信网络的公共资源及其相关技术，实现银行及客户之间安全、方便、友好地链接，通过网络为客户提供各种金融服务的虚拟电子银行。网络银行

通过建立自己的系统，向用户提供开户、销户、查询、对账、转账、投资理财等各种金融服务。

Moneybookers 是一家极具竞争力的网络电子银行，是英国伦敦 Gatcombe Park 风险投资公司的子公司之一。与其他收款工具相比，Moneybookers 具有以下特点。

① 安全，用户只需提供电子邮件地址即可注册账户，无须提供信用卡信息。

② 没有收款手续费，付款手续费较低。

③ 如果用户完成了账户的激活认证，便可以直接申请支票；如果用户不能激活账户，同样可以收款或者发款给别人。

④ 收款人只需要向发款人提供电子邮箱地址，发款人即可向其发款。

⑤ 用户可以直接把美元、欧元转账到自己国家和地区的外币存折或银行卡上。

⑥ 不允许一个用户注册多个账户，一个用户只能注册一个账户。

2. PayPal

PayPal 是目前使用较为广泛的第三方支付工具，它与很多电商平台进行合作，成为这些电商平台的主要货款支付方式之一。

PayPal 账户分为个人账户和企业账户两类，其中企业账户支持 25 种货币收款，可以享受 PayPal 卖家保障。PayPal 账户支持多种收款方式（见表 7-1），能让买家自行选择收款方式。

表 7-1　Paypal 的收款方式

收款方式	特点
电子邮件收款	① 卖家直接将收款请求发送至买家的电子邮箱，买家收到电子邮箱的通知后，在电子邮箱中进行付款； ② 买家可以使用 PayPal 账户（如果有）付款，也可使用银行账户、信用卡或借记卡付款； ③ 卖家可以同时向多个接收人发送请求
个性化链接收款	① 卖家创建自己专属的 PayPal.Me 链接； ② 卖家可以通过电子邮件、短信向买家分享 PayPal.Me 链接，也可将链接添加至自己的网站和社交媒体渠道，买家点击链接，输入付款金额即可付款
账单收款	① 卖家可以创建专业化账单，即时或定时地将账单发送给买家，要求买家根据账单付款； ② 买家可以通过信用卡、借记卡或 PayPal 账号付款； ③ 卖家仅需在收到款项时支付手续费
PayPal 按钮收款	① 卖家将 HTML 代码复制并粘贴到自己的网站，在自己的网站添加 PayPal 付款按钮，让网站具有收款功能； ② 接受 PayPal、VISA、MasterCard 和 American Express 卡付款，支持超过 100 个币种的交易； ③ 使用智能手机的买家在支付时无须缩放页面，买家可以享受轻松、便利的购物体验
PayPal Checkout	① 卖家将 PayPal Checkout 集成到自己的网站，之后无须执行其他操作，PayPal 平台会及时更新后端的新功能； ② PayPal Checkout 仅支持企业账户使用； ③ 买家启动结账流程后，即使他们没有 PayPal 账户，也可使用借记卡或信用卡付款； ④ 针对每笔交易，卖家需要在收到买家的付款后支付一定的手续费。通常情况下，资金只需几分钟即可进入卖家的 PayPal 企业账户

卖家通常可以将 PayPal 资金提出到关联银行账户。如果卖家账户中有计价币种以外的其他币种提现，可以先将其他币种的余额兑换成一个币种，注意兑换过程中会产生币种兑换费。

与其他收款工具相比，PayPal 具有以下特点。

① 开户方便。

② 支持信用卡、借记卡等多种付款方式。

③ 风险控制较好，如果产生的纠纷较多，容易导致账号被封。

3．Payoneer

Payoneer 是万事达卡组织授权的具有发卡资格的机构，能够为跨境电商卖家提供灵活、快捷、低费率的跨境收款服务，是速卖通、亚马逊、eBay 等跨境电商平台推荐使用的支付方式之一。

卖家注册 Payoneer 账户，即可从多个电商平台收取资金，并将收到的资金方便地转到自己的本地银行账户。此外，使用 Payoneer 账户转账给其他 Payoneer 账户，无须支付手续费。

Payoneer 账户支持美元、英镑、欧元、日元等多种币种，其账户类型分为公司账户和个人账户两类。公司账户是以公司信息注册的账户，在注册过程中需要绑定公司对公银行账号。个人账户是以个人信息注册的账户，在注册过程中需要绑定注册者本人的银行账户。

与其他工具相比，Payoneer 具有以下特点。

① 卖家可以以个人身份或公司身份注册账户，账户可以自动绑定美国银行账户和欧洲银行账户。

② Payoneer 账户可以接收欧美公司的汇款，并通过 Payoneer 和中国支付公司的合作完成线上的外汇申报和结汇。

4．万里汇

万里汇（WorldFirst）是全球知名的国际支付平台之一，是蚂蚁集团旗下品牌，支持亚马逊、速卖通、Lazada、PayPal 等多个跨境电商平台及支付网关的收款，支持美元、欧元、英镑、人民币、加元、新西兰元、新加坡元、日元、澳元等常用币种。

万里汇跨境电商收款账号不收取管理费，提现或转账的费率最高为 0.3%，提款越多，费率越低。

与其他工具相比，万里汇具有以下特点。

① 支持多平台多币种，覆盖的平台、币种比较广泛，一个万里汇账号可以管理多平台、多店铺。

② 时效快，最快 1 分钟即可开户，最快 1 分钟付款到账。

③ 费率低，支持主流地区本地付款渠道。

5．PingPong

PingPong 是中国首家获得欧洲支付牌照的新一代金融科技公司，是中国本土的跨多区域收款品牌，致力于为中国跨境电商卖家提供低成本的全球收款服务。

PingPong 能够为卖家提供收款、结汇、付款一站式资金管理服务。此外，PingPong 还能为卖家提供 VAT 缴税、出口退税等服务。

PingPong 支持美元、英镑、欧元、日元、加元、新加坡币等多币种收款，支持亚马逊、Wish、eBay、Shopee 等多平台统一收款。

一般情况下，从 PingPong 提现到个人人民币账户，工作日 18:00 以前发起的提现申请可以当天到账；从 PingPong 提现到对公人民币账户，提现发起后 1～3 个工作日到账；从 PingPong 提现到原币种账户，提现发起后 1～3 个工作日到账。

与其他收款工具相比，PingPong 具有以下特点。

① 覆盖多个平台、支持多种币种，能够让卖家通过一个 PingPong 账户统筹多平台店铺。

② 支持本地账户、本地币种清算。

③ 汇率透明，所见即所得。

④ 提供人民币账户服务。通过人民币账户，卖家可以将平台收款或外贸收款资金结汇转入人民币账户，也可以通过转账或付款方式支付或收取上下游供应商费用。

6. Shopify Payments

Shopify Payments 是 Shopify 官方推出的支付网关，它完全集成于 Shopify。Shopify Payments 具有以下特点。

① 卖家无须支付 Shopify 的佣金（在 Shopify 上使用其他收款工具，Shopify 会抽取一定的佣金）。

② 卖家使用 Shopify Payments 作为收款工具时，不需要为通过 Shopify Payments、Shop Pay、Shop Pay 分期付款和 Paypal Express 处理的订单支付第三方交易手续费，也不需要针对手动付款方式（如现金、货到付款和银行转账）支付交易手续费。

③ 支持信用卡、Google Pay、Apple Pay 等多种付款方式，还支持 Klarna、iDEAL 等多种本地付款方式。

④ Shopify Payment 仅限于 Shopify 平台的用户使用，如果卖家的网站不是使用 Shopify 搭建的，就无法开通 Shopify Payment。

7. 西联汇款

卖家可以通过西联汇款提取相关款项。汇款人汇款后，卖家可以使用自己的姓名和收据上的跟踪号在西联汇款网站查看汇款是否已经到账。

在中国，卖家可以通过现金收款、在线收款、手机钱包收款、直接到账汇款等方式收款，具体介绍如表 7-2 所示。

表 7-2　西联汇款的收款方式

收款方式	具体介绍
现金收款	卖家前往西联汇款合作银行网点，向网点提供汇款人的姓名、汇款金额和汇款监控号（MTCN）等信息，并出示自己的身份证明，卖家的身份信息通过认证后即可收到款项
在线收款	卖家可以通过合作银行的网上银行/手机银行、支付宝 App、微信等渠道在线收款。卖家采取这种方式收款，需要填写 10 位汇款监控号（MTCN）及收汇币种
手机钱包收款	卖家可以直接收到人民币，款项直接进入微信或支付宝绑定的银行卡或钱包余额。汇款时选择“手机钱包（Mobile Wallet）”，然后从钱包名称中选择“微信（Wexin）”/“支付宝（Alipay）”，并提供收款人的姓名、微信/支付宝绑定的手机号码、汇款原因等信息
直接到账汇款	卖家让买家直接转账至自己的银行账户

西联汇款具有以下特点。

① 需要买卖双方到当地银行实地操作。

② 在卖家未领取款项时，买家可以将支付的资金撤销回去。

③ 手续费由买家承担，买家不易接受。

8. 速汇金

通过速汇金汇款，其款项可以直接进入卖家的银行账户，卖家可以在速汇金代理点进行收款。卖家收款时，需要提供自己的有效身份证件和汇款人提供的 8 位参考号，填写收款表格即可接收款项。

速汇金具有以下特点。

① 汇款速度快，速汇金汇款在汇出后十几分钟即可到达收款人手中。

② 手续简单，收款人无须预先开立银行账户，即可实现资金划转。

③ 汇款人和收款人都必须为个人，且必须为境外汇款。

7.1.3 跨境电商支付风险与防范

货款支付是跨境电商交易过程中的重要环节，跨境支付参与者众多，不仅涉及跨境交易的直接参与者，还涉及支付机构、银行等间接参与者，在整个支付环节中会产生一定的风险。

表 7-3 中列举了跨境电商支付业务面临的主要风险及防范措施。

表 7-3 跨境电商支付业务面临的主要风险及防范措施

主要风险	引发风险的原因	防范措施
交易信用风险	① 在跨境电商交易过程中，买卖双方都可能存在信用问题，如买家欺诈交易、卖家虚假发货等； ② 在进行网上交易时，由于物流与资金流在空间上和时间上是分离的，因此，如果没有信用保证，网上交易是很难进行的。再加上网上交易的交易双方很难面对面地交流，信用的风险就很难控制	① 卖家可以采取一些措施鉴别买家是否会因为信用卡被盗或账户被盗而产生欺诈交易。例如，卖家可以通过搜索引擎的 IP 地理定位服务跟踪并核实买家的送货地址； ② 交易存根，建立买家黑名单，限制买家购买条件和通过电话核对买家信息； ③ 针对卖家信用风险问题，市场监管部门可以利用网监信息化系统与网络交易平台大数据分析技术，完善对虚假发货行为的监测与监控，以督促跨境电商交易平台加强内部信用管理
网络支付安全风险	① 跨境电商支付如果通过线上完成，就需要使用互联网，在支付过程中难免会存在网络安全问题。例如，黑客攻击系统，信息传输系统故障或计算机故障，感染各种病毒及木马程序等。如果出现上述问题，支付信息就可能被泄露或篡改，造成资金被盗取； ② 如果交易双方采取第三方支付工具进行交易支付，支付信息要在不同国家和地区的交易双方、相关银行及第三方平台之间进行传递，一旦某个环节出现问题，将引发支付安全风险	① 完善跨境电商支付监管体系，建立安全可靠的支付系统； ② 加强跨境电商支付的全方位安全认证。利用人脸识别、指纹识别、声音识别，以及口令和位置认证等加密方式优化支付环境，从而提升跨境电商支付系统防病毒、黑客攻击的能力，保护支付信息不被篡改或盗取； ③ 在跨境电商支付系统设置终端安全机制，对用户采取统一开放构架，规范电子商务交易双方数据使用的安全标准，完善交易处理流程
资金管理风险	① 在跨境电商支付中，若使用第三方支付平台，买家先将货款汇到第三方支付平台，然后卖家发货，货物经过物流及报关等程序，当买家收到卖家寄来的货物并确认无误后，指示第三方支付平台将货款打入卖家账户。在此期间，货款要滞留在第三方支付平台； ② 部分第三方支付平台对资金提现手续费有特殊规定，很多卖家为了节省提现成本，往往会在资金累积到一定数额后再提现，这样资金就会在第三方支付平台滞留。而资金在第三方支付平台滞留则可能产生资金滞留风险	① 我国的第三方支付机构在与跨境金融机构建立合作关系时，简化收付结算、资金到账等流程，提高资金流转的安全性； ② 我国的跨境电商支付工具通常有网络银行、信用卡、电子钱包等方式，在与境外进行交易时，需要搭配使用辅助控件，如 U 盾、数字小键盘等，以降低跨境电商支付风险，保障资金的安全

任务2 跨境电商结汇

结汇是指企业或个人按照汇率将买进外汇和卖出外汇进行结清的行为。在出口跨境电商交易中，结汇是指卖家将销售商品所得的外币，按照国家公布的外汇牌价售予外汇银行而折合成本国货币的行为。

7.2.1 货物贸易外汇业务相关规定

企业办理贸易外汇收支，应遵守国家外汇管理相关规定。跨境电商主要涉及货物贸易外汇业务，作为跨境电商从业者，应熟知货物贸易外汇业务的相关规定。

1．企业名录登记

国家外汇管理局及其分支局（以下简称“外汇局”）实行“贸易外汇收支企业名录”（以下简称“名录”）登记管理，通过货物贸易外汇监测系统（以下简称“货贸系统”）发布名录。对于不在名录的企业，银行和支付机构原则上不得为其办理货物贸易外汇收支业务。

具有真实货物贸易外汇收支业务需求的企业，凭《贸易外汇收支企业名录申请表》、营业执照向所在地外汇局申请名录登记。

名录内企业的企业名称、统一社会信用代码、法定代表人、联系方式、注册地址发生变更的，应在变更事项发生之日起 30 天内向所在地外汇局报告，进行信息变更。企业变更注册地后所属外汇局变更的，应向原所在地外汇局报告。

名录内企业存在下列情况之一，外汇局可以将其从名录中注销。

（一）终止经营或不再从事对外贸易。

（二）被注销或吊销营业执照。

（三）连续两年未发生货物贸易外汇收支业务。

（四）外汇局对企业实施核查时，通过企业名录登记信息所列联系方式无法与其取得联系。

2．货物贸易外汇收支

根据《经常项目外汇业务指引（2020 年版）》的规定，企业货物贸易外汇收支包括：

（一）从境外、境内海关特殊监管区域收回的出口货款，向境外、境内海关特殊监管区域支付的进口货款；

（二）从离岸账户、境外机构在境内账户收回的出口货款，向离岸账户、境外机构在境内账户支付的进口货款；

（三）深加工结转项下境内收付款；

（四）离岸转手买卖项下收付款；

（五）其他与货物贸易相关的收付款。

货物贸易外汇收支应具有真实、合法的交易基础，企业不得虚构贸易背景办理外汇收支业务。

企业出口后应按合同约定及时、足额收回货款或按规定存放境外；进口后应按合同约定及时、足额支付货款。企业收取货款后应按合同约定及时、足额出口货物；支付货款后应按合同约定及时、足额进口货物。

企业应按照“谁出口谁收汇、谁进口谁付汇”原则办理货物贸易外汇收支业务，外汇管理法规另有规定的除外。

代理进口、出口业务原则上应由代理方付汇、收汇。代理进口业务项下，委托方可凭委托代理协议将外汇划转给代理方，也可由代理方购汇。代理出口业务项下，代理方收汇后可凭委托代理协议将外汇划转给委托方，也可结汇后将人民币划转给委托方。

企业办理货物贸易外汇收入，可自主决定是否开立出口收入待核查账户。企业货物贸易外汇收入可先进入出口收入待核查账户，也可进入企业经常项目外汇结算账户或结汇。

出口收入待核查账户的收入范围为货物贸易外汇收入（不含出口贸易融资项下境内金融机构放款及回款）；支出范围为结汇或划入企业经常项目外汇结算账户，以及经外汇局登记的其他外汇支出。

出口收入待核查账户之间资金不得相互划转，账户内资金按活期存款计息。

3．企业分类管理

国家外汇管理局（以下简称外汇局）根据企业遵守外汇管理规定等情况，将企业分为 A、B、C 三类，实施分类管理。外汇分类管理标准如表 7-4 所示。

表 7-4　外汇分类管理标准

企业类型	满足条件
A 类企业	核查期内遵守外汇管理相关规定，且贸易外汇收支经外汇局非现场或现场核查情况正常
B 类企业	存在下列情况之一的企业，外汇局可将其列为 B 类企业： （一）外汇局核查或风险提示时，对相关交易无合理解释； （二）未按规定履行报告义务； （三）未按规定办理货物贸易外汇业务登记； （四）外汇局核查或风险提示时，未按规定的时间和方式向外汇局报告或提供资料； （五）被外汇局与国家相关主管部门实施联合监管的； （六）近两年因《经常项目外汇业务指引（2020 年版）》第四条第四款情形被外汇局注销名录后，重新列入名录且对前期核查业务无合理解释的
C 类企业	存在下列情况之一的企业，外汇局可将其列为 C 类企业： （一）近 12 个月受到外汇局处罚且情节严重的； （二）阻挠或拒不接受外汇局核查，或向外汇局提供虚假资料的； （三）B 类企业在分类监管有效期届满经外汇局综合评估，相关情况仍符合列入 B 类企业标准的； （四）被外汇局与国家相关主管部门实施联合惩戒的

外汇局根据企业在分类监管期内遵守外汇管理规定的情况，对企业所属类型进行动态调整。外汇局在日常管理中发现企业存在《经常项目外汇业务指引（2020 年版）》第二十八条、第二十九条规定情形的，可以将 A 类企业列入 B 类企业或 C 类企业，或者将 B 类企业列入 C 类企业。

外汇局可对资金流与货物流严重不匹配或资金单向流动较大的企业发送《国家外汇管理局××分（支）局风险提示函》，企业未在规定期限内说明原因或不能提供证明材料并做出合理解释的，外汇局可直接将其列入 B 类企业。

在分类管理有效期内，对 A 类企业的货物贸易外汇收支，适用便利化的管理措施；对 B、

C 类企业的货物贸易外汇收支，在单证审核、业务类型及办理程序、结算方式等方面实施审慎监管。

B、C 类企业在分类监管有效期内的货物贸易外汇收支业务办理规定如表 7-5 所示。

表 7-5 B、C 类企业在分类监管有效期内的货物贸易外汇收支业务办理规定

企业类型	在分类监管有效期内办理货物贸易外汇收支业务的相关要求
B 类企业	（一）以信用证、托收方式结算的，除按国际惯例审核有关商业单证外，还应审核合同；以预付货款、预收货款结算的，应审核合同和发票；以其他方式结算的，应审核相应的报关单和合同，货物不报关的，企业可提供运输单据等其他证明材料代替报关单。 （二）银行在办理 B 类企业收汇、付汇、开证、出口贸易融资放款或出口收入待核查账户资金结汇或划出手续时，应进行电子数据核查，通过货贸系统扣减其对应的可收付汇额度。B 类企业超过可收付汇额度的货物贸易外汇收支业务，应到外汇局办理货物贸易外汇业务登记手续，银行凭《登记表》办理。 （三）对于预收货款、预付货款以及 30 天以上（不含）的延期收款、延期付款，企业应按照规定向所在地外汇局报送信息。 （四）企业原则上不得办理 90 天以上（不含）的延期付款业务、不得签订包含 90 天以上（不含）收汇条款的出口合同；在分类监管有效期内，此前导致降级的情况已改善或纠正，且没有发生《经常项目外汇业务指引（2020 年版）》第二十八条、第二十九条规定情形的 B 类企业，自列入 B 类之日起 6 个月后，可经外汇局登记办理该业务。 （五）企业不得办理离岸转手买卖外汇收支业务。 （六）已开办出口收入存放境外业务的企业被列为 B 类的，在分类监管有效期内，企业出口收入不得存放境外账户，不得使用境外账户对外支付，外汇局可要求企业调回境外账户资金余额。 （七）已开展跨国公司跨境资金集中运营业务的主办企业被列为 B 类的，所在地外汇局将通知跨国公司变更主办企业；已开展跨国公司跨境资金集中运营业务的其他成员企业被列为 B 类的，主办企业应终止其业务。 （八）外汇局规定的其他管理措施
C 类企业	（一）企业需事前逐笔到所在地外汇局办理登记手续，银行凭《登记表》办理。外汇局办理登记手续时，对于以信用证、托收方式结算的，审核合同；对于以预付、预收货款方式结算的，审核合同和发票；对于以其他方式结算的，审核报关单和合同，货物不报关的，可提供运输单据等其他证明材料代替报关单。 （二）对于预收货款、预付货款以及 30 天以上（不含）的延期收款、延期付款，企业应按《经常项目外汇业务指引（2020 年版）》规定向所在地外汇局报送信息。 （三）企业原则上不得办理 90 天以上（不含）的远期信用证（含展期）、海外代付等进口贸易融资业务；不得办理 90 天以上（不含）的延期付款、托收业务；不得签订包含 90 天以上（不含）收汇条款的出口合同。 （四）企业不得办理离岸转手买卖外汇收支业务。 （五）已开展跨国公司跨境资金集中运营业务的主办企业被列为 C 类的，所在地外汇局将通知跨国公司变更主办企业；已开展跨国公司跨境资金集中运营业务的其他成员企业被列为 C 类的，主办企业应终止其业务。 （六）已开办出口收入存放境外业务的企业被列为 C 类的，企业应于列入之日起 30 日内调回境外账户资金余额。 （七）外汇局规定的其他管理措施

7.2.2 出口跨境电商结汇的基本方式

目前，出口跨境电商卖家结汇的方式主要有两种，一种是直接收款，卖家自己办理结汇

或委托某代理方代理结汇；另一种是卖家通过第三方支付机构进行收款并办理结汇。

（1）直接收款，卖家自己办理结汇或委托某代理方代理结汇

出口跨境电商卖家采取直接收款，自己办理结汇或委托某代理方代理结汇的方式。出口跨境电商卖家首先应该依法取得对外贸易经营权，然后到外汇管理部门办理货物贸易外汇收支企业名录登记，最后到银行开立外汇账户，并办理结汇手续（如果卖家需要通过境外账户或离岸账户进行收款，还需要事先取得外汇管理部门的批准）。

例如，某出口跨境电商卖家在银行开立了美元账户，交易结束后收到了买家支付的资金，如果卖家选择自己办理结汇，则应该按照企业所属的外汇分类管理等级的要求办理结汇手续；如果企业委托相关服务机构代理结汇，代理方收汇后可以凭委托代理协议将外汇划转给卖家，也可结汇后将人民币款项划转给卖家。

（2）卖家通过第三方支付机构进行收款并办理结汇

根据《经常项目外汇业务指引（2020年版）》，在国家外汇管理局允许范围内，支付机构可以为跨境电商交易双方提供外汇资金收付及结售汇服务。支付机构应通过合作银行为市场交易主体办理结售汇及相关资金收付服务，并按照要求实现交易信息的逐笔还原，除退款外不得办理轧差结算。支付机构应在收到资金之日（T）后的第1个工作日（T+1）内完成结售汇业务办理。

根据《经常项目外汇业务指引（2020年版）》，境内机构可根据经营需要自行保留其经常项目外汇收入。

境内机构将货物贸易出口收入或服务贸易外汇收入存放境外（以下简称“存放境外”），应开立用于存放境外的境外外汇账户（以下简称“境外账户”）。

存放境外应具备下列条件：

（一）货物出口收入或服务贸易外汇收入来源真实、合法，且在境外有符合相关规定的支付需求；

（二）近两年无违反外汇管理规定行为。

境外账户的收入范围为货物贸易出口收入，服务贸易收入，账户资金孳息以及符合外汇局规定的其他收入；支出范围为货物贸易支出，服务贸易支出，与境外账户相关的境外银行费用支出，经外汇局核准或登记的资本项目支出，资金调回境内，以及符合外汇局规定的其他支出。

境外账户的收支应具有真实、合法的交易基础，符合中国及开户行所在国家（或地区）相关法律规定。

境内机构应在每月初5个工作日内如实向所在地外汇局报告境外账户收支余信息。

境内机构年度累计存放境外资金不得超出已登记的存放境外规模。

境内机构可根据自身经营需要确定存放境外期限，或将存放境外资金调回境内。

任务3 跨境电商出口退税

出口退税是指在国际贸易业务中，对我国报关出口的货物退还在境内各生产环节与流转环节按税法规定缴纳的增值税和消费税，即出口环节免税且退还以前纳税环节的已纳税款。出口退税是国家利用税收工具奖励出口的一种措施，有利于降低出口商品的成本，提高其在国际市场中的竞争力。

7.3.1 出口退税的申报条件

办理出口退税业务的跨境电商企业需要满足以下条件。

① 企业是一般纳税人。

② 企业具备进出口权限，并已经做好退税备案。

③ 供应商可以给企业开具增值税专用发票。

跨境电商企业办理出口退税业务的货物需要同时满足以下 4 个条件。

① 必须是增值税、消费税征收范围内的货物。

② 必须是报关离境的货物。

③ 必须是在所在公司财务上进行出口销售处理的货物。

④ 必须是出口收汇并已核销的货物。

如果是货物生产企业申请办理出口货物退税，申请退税的货物必须是生产企业的自产货物或视同自产货物。以下 4 种情况是无法享受出口退税的。

① 货物的征税率为零，即纳税人为免税购进的货物，此类货物出口免税。

② 货物的征税率不为零，但其属于相关政策规定的需要视同内销的货物。

③ 货物没有正式报关，或不合规。

④ 货物没有获得供应商的专用发票。

7.3.2 出口退税的基本流程

出口退税的基本流程如图 7-2 所示。

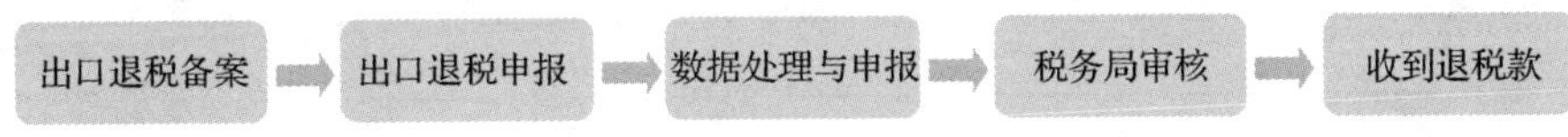

图 7-2 出口退税的基本流程

目前，跨境电商企业可以通过电子税务局、国家贸易“单一窗口”及出口退税离线版申报系统 3 个渠道进行出口退税相关事项的申报。其中，电子税务局与国际贸易“单一窗口”属于基于互联网提供服务的线上申报平台，具备包括表单数据采集、数据申报、进度查询、反馈接收等在内的出口退税全流程事项办理功能；出口退税离线版申报系统是安装在个人计算机上，可以脱离互联网环境运行的单机版系统软件，具备采集出口退税申报过程中的表单数据的功能。跨境电商企业通过出口退税离线版申报系统完成表单数据的采集后，可以将申报数据导出，通过电子税务局进行上传申报，或者直接到所在地税务机关办税服务大厅办理。

跨境电商企业可以自行办理出口退税业务，也可将出口退税业务外包给专业的外贸服务平台，以提高退税操作效率。

实训 对比并选择收款工具

1．实训目标

通过对比分析各种收款工具的优缺点，为店铺选择合适的收款工具。

2．实训内容

3～5人为一个小组，对比分析各种收款工具的优缺点，并确定店铺的收款工具。

3．实训步骤

（1）分析目标市场的付款方式与工具

小组成员讨论并确定一个目标市场（可以是项目3实训中选定的市场），分析该市场中买家习惯使用的付款方式、付款工具，并分析这些付款工具的特点，形成调研报告，如表7-6所示。

表7-6 ________市场买家付款方式与工具分析

调研时间		调研对象	
付款方式	付款工具	特点	

（2）对比分析收款工具

在网络上收集信息，查询跨境电商交易中常用的收款工具，可以通过搜索引擎进行搜索，也可以登录速卖通、亚马逊、eBay、阿里巴巴国际站等电商平台卖家帮助中心进行查询，收集、整理这些工具的相关信息，并对比各种收款工具的优缺点，完成表7-7。

表7-7 收款工具对比

收款工具	优点	缺点

（3）确定收款工具

在掌握目标市场买家常用付款方式、付款工具，以及了解各种收款工具优缺点的基础上，为选定的目标市场确定合适的收款工具。

4．实训总结

学生自我总结	
教师总结	

课后习题

1．单项选择题

（1）支付机构应通过合作银行为市场交易主体办理结售汇及相关资金收付服务，并按照要求实现交易信息的逐笔还原，除退款外不得办理轧差结算。支付机构应在收到资金之日（T）

后的第（　　）个工作日内完成结售汇业务办理。

A. 1　　B. 2　　C. 3　　D. 4

（2）下列收款方式中能使用个性化链接收款的是（　　）。

A. Payoneer　　B. PayPal　　C. PingPong　　D. World First

2．多项选择题

（1）网络银行能为用户提供（　　）等金融服务。

A. 资金查询　　B. 对账　　C. 转账　　D. 投资理财

（2）根据《经常项目外汇业务指引（2020 年版）》的规定，下列属于境外账户的收入的是（　　）。

A. 货物贸易出口收入　　B. 货物贸易支出

C. 服务贸易收入　　D. 账户资金孳息

（3）办理出口退税业务的货物需同时满足的条件包括（　　）。

A. 必须是增值税、消费税征收范围内的货物

B. 必须是报关离境的货物

C. 必须是在所在公司财务上作出口销售处理的货物

D. 必须是出口收汇并已核销的货物

3．简答题

（1）简述使用信用卡付款的基本流程。

（2）跨境支付中面临的风险有哪些？如何防范这些风险？

项目 8

跨境电商客户服务与管理

知识目标

➢ 了解客户沟通常用工具，以及客户沟通的基本要求。
➢ 掌握客户沟通的技巧。
➢ 掌握应对纠纷、规避纠纷的技巧，以及减少拒付的方法。
➢ 掌握跨境电商客户分类管理和二次营销的方法。
➢ 了解人工智能客服工具的功能与价值，以及选择人工智能客服工具要考虑的因素。

能力目标

➢ 能够选择合适的工具与客户进行沟通，积极促成客户下单。
➢ 能够识别纠纷、拒付的类型，并有效处理纠纷与拒付。
➢ 能够对客户进行有效的二次营销。

素养目标

培养真诚为客户服务的意识，以认真、负责、耐心、热情的态度与客户进行沟通。

引导案例

Oueneifs 用定制化模式+超预期服务赢得高复购率

扫码看视频

在全球速卖通上，Oueneifs 是一家主营全手工定制玩偶的店铺，其商品深受来自俄罗斯、西班牙、巴西等多地客户的喜爱。

外形逼真、造型多变的球形关节人偶是玩偶行业的一个细分市场，为了实现差异化运营，Oueneifs 确定了“全手工定制”的定位，为客户提供玩偶定制服务。客户可以根据自己的喜好选择玩偶的肤色、发色、手型等模块，定制独一无二的商品。

为了给店铺的老客户提供更贴心的服务，Oueneifs 推出了 7×24 小时模式的客户服务，客服人员轮流值班，保证店铺能第一时间对客户的咨询做出响应，快速帮助客户解决他们的问题。店铺还加入全球速卖通平台的无忧退货保障计划，为客户提供购买商品 15 天内不满意可退货的服务。对于高客单价的定制化商品来说，这一服务超出了客户的期待，让 Oueneifs 赢得了更多客户的信赖。

凭借定制化的模式和超出客户期待的售后服务，Oueneifs 在球形关节人偶这一细分市场收获了不错的成绩，其店铺内的平均客单价高达 80～90 美元，复购率高达 60%。

案例分析

客户服务与管理能力是一个店铺的“软实力”，优质的客户服务与管理是提高店铺转化率、提升客户购物体验、促进客户二次购买的有效方式。定制服务体现了卖家充分尊重每个客户的特殊性，从不同客户的不同需求出发，灵活地为不同客户提供服务的态度。

任务 1 跨境电商客户沟通

在与客户沟通的过程中，卖家要做到回复及时、专业，保持礼貌的态度，回复内容要简洁、清晰，这样才能为客户提供优质的购物体验，进而提高转化率。

8.1.1 客户沟通常用工具

卖家与客户进行沟通需要使用相应的工具，跨境电商客户沟通工具有以下几种。

1．跨境电商平台提供的工具

为了实现卖家与客户的即时链接和互动，提升卖家客户服务能力和客户购物体验，很多跨境电商平台为卖家提供了客户沟通工具。

（1）平台即时通信工具

有些跨境电商平台提供了即时通信工具，方便卖家与客户进行即时沟通。例如，全球速卖通平台设有即时通信（Instant Messaging，IM），为卖家提供在线即时沟通、消息管理、快捷短语设置、自动回复设置等服务。借助 IM，卖家可以与客户实现在线即时沟通，以及自动回复客户咨询等。

卖家可以灵活地设置自动回复语的内容，下面列举几个自动回复语以供参考。

“您好，欢迎光临‘×××’，客服 001 很高兴为您服务，请问有什么可以帮助您？”

"您好，非常抱歉，离开一会儿，暂时不能回复您的信息，您可以在本店先慢慢挑选，一定要等我哦！回来第一时间回复您！"

"您好，不好意思！店主去忙了，可能没及时回复您。如果看到自己喜欢的商品请先直接拍下来吧，回来再联系您，谢谢！祝生活愉快！"

"感谢您选择咱们家的商品！现在本店有超值折扣活动，您如果有兴趣，可以联系客服积极参与哦！"

在与客户沟通的过程中，有很多问题是会被客户重复问到的，如果客服人员对这些问题都逐一手动打字进行回复，在咨询高峰时段肯定会影响工作效率。因此，针对那些容易被客户重复问到的问题，卖家可以设置快捷短语进行回复，这样可以减少客户等待的时间，提高咨询效率。

一般来说，快捷短语涉及商品相关信息、物流问题、店铺活动信息、销售议价、售后服务、退换货问题等。卖家在设置快捷短语时，需要注意以下几点。

① 快捷短语的内容不要太长，字号要适中，文字颜色不要过多。

② 保持礼貌谦逊，简明扼要地表达自己的意思。

③ 用客户喜欢、能够接受的方式表述，学会运用他们的思维进行沟通。

（2）站内信

一些跨境电商平台设有站内信功能，以便卖家与客户建立联系，回答客户的咨询。

2．通信软件

除了使用跨境电商平台提供的即时通信工具，卖家还可以使用通信软件与客户进行沟通，建立联系。

（1）Skype

Skype 是一款即时通信软件，具有视频聊天、多人语音会议、多人聊天、传送文件、文字聊天等功能。用户可以使用 Skype 拨打手机和座机，进行语音通话，还可以发送视频、语音或文字信息，实现与他人的联系。

（2）WhatsApp

WhatsApp Messenger（以下简称 WhatsApp）是一款用于智能手机之间通信的应用程序。该应用程序借助推送通知服务，可以让用户即刻接收亲友和同事发送的信息。用户可以免费从发送手机短信转为使用 WhatsApp 程序，以发送和接收信息、图片、音频文件和视频信息。

WhatsApp 是基于手机号码注册的，用户在注册时输入自己的手机号码，并接收一条验证短信，然后 WhatsApp 会搜索用户的手机联系人中已经在使用 WhatsApp 的人，并将他们自动添加到用户的手机联系人名单中。

3．社交媒体

对于跨境电商卖家来说，社交媒体既是开展营销推广的有效工具，也是与客户建立联系、保持沟通的良好渠道。卖家可以通过社交媒体工具与客户进行连线对话，也可以向添加自己为好友的客户推送消息。

8.1.2 客户沟通的基本要求

在跨境电商交易中，顺畅的沟通非常重要。客服人员专业、即时、流畅的回复能够让卖家显得更加专业，并且能够提高成交的可能性。在回复客户的咨询时，客服人员应当遵守以下基本要求。

1．积极回复每个客户的提问

如果卖家销售单品售价高或者商品功能复杂的商品，如 3C 类商品，可能会收到不少询问。在这种情况下，客服人员很容易产生懈怠，以致对大量的客户咨询草草应付。

有时候，某些客户的咨询会让客服人员怀疑他们根本没看商品描述，或者根本没有购买意向。尽管如此，客服人员还是要积极回答所有客户的提问，这样才能提高商品成交的可能性。客户在某件商品上花费的时间越多，就越倾向于购买这件商品。客服人员不仅要积极地回复每个客户的提问，还要吸引他们在这件商品上多花时间，这样会大大提高成交的概率。

2．在客户购买高峰期保持在线状态

售前沟通的主要内容包括客户对商品信息、物流信息、退换货政策等方面的询问，客服人员在客户购买高峰期要让即时通信工具保持在线，以便及时地对客户的咨询进行回复。

由于时差的关系，客户咨询往往会集中在深夜。全球速卖通平台调查表明，在客户询问 30 分钟内回复其咨询，订单成交率会提高很多。

3．注意回复内容的细节

在回复客户时，客服人员需要注意以下细节。

（1）客户名字

客户名字一定要写正确，这是最基本的一点，也是最容易被忽视的。很多客服人员将客户的名字拼写错误，自己未发觉，但客户一眼就能看出来。

（2）称呼

客服人员可以使用“Dear ××”统称客户，但如果已经和客户比较熟悉，可以使用 Hi、Hello 等用语，显得与客户更加亲密。

（3）问候语

在日常频繁的邮件来往中，可以不必使用问候语。偶然与某个客户沟通时，可以用问候语，如“How are you doing?”“How are you today?”“I wish you are doing well.”等。

（4）内容

回复内容一定要言简意赅，语言简洁明了，切忌长篇大论，用简单易懂的语言将自己的意思表达清楚即可。

此外，要合理分段、分层。同时，要将最重要的信息放在正文的最前面，让客户从一开始就能看到。

4．态度不卑不亢

客服人员在回复客户的问题时的态度要不卑不亢。虽然卖家始终将客户放在第一位，但过分的谦卑会让自己失去主动权，特别是在一些问题的谈判中，更会处于被动地位。不要让客户有高高在上的感觉，更不能让客户感觉是卖家在求他下单。交易双方是平等的，卖家需要客户，而客户同样需要好的卖家，没有卖家的支持，他们也很难买到自己想要的商品。

8.1.3 客户沟通的技巧

当客户在购物过程中产生疑问时，他们可能会向客服人员进行咨询，当接收到客户发来的咨询信息时，客服人员要及时做出反应，这样才有可能延长客户在店铺停留的时长，并形成订单转化。客服人员与客户沟通时，可以采用以下技巧。

1. 迎接并回复客户的咨询

客户向客服人员进行咨询时，客服人员要热情地迎接客户。待客户说明自己咨询的内容后，客服人员要准确地回复客户的咨询。客户咨询的问题主要是围绕商品本身的问题，如商品质量问题、商品规格或尺寸问题、商品使用注意事项、商品周边信息等。这就需要客服人员对商品足够熟悉，对商品的各项信息有深刻的认知，能够为客户提供准确的答复。

2. 积极向客户推荐商品

有些客户在选购商品时，可能会因为对商品不了解而不知道选购哪一款，这时就需要客服人员在了解客户需求和店铺内商品特点的基础上，为客户推荐合适的商品。

客服人员在为客户推荐商品时，需要注意以下几点。

（1）明确客户的需求

客服人员要在了解客户需求的基础上，进行有针对性的商品推荐。客服人员可以采用以下方法明确客户的需求。

① 分析客户咨询的内容

有些客户会在咨询时直接说明自己的需求，此时客服人员要善于从客户咨询中挖掘体现客户需求的关键词。例如，一位客户咨询："有能同时收纳银行卡的手机保护壳吗？"客户在咨询的问题中直接提出了自己的购买需求，此时客服人员只需抓住"手机保护壳""收纳银行卡"两个关键词为该客户推荐商品即可。

② 分析客户发送的商品链接

有些客户会向客服人员发送商品链接并咨询一些问题，此时客服人员可以通过分析客户发送的商品链接了解客户的需求。例如，一位客户向客服人员发送的一款单肩包的商品链接中包含"可调节肩带""大容量"等关键词，客服人员回答该客户咨询的问题后，可以向其推荐容量更大的其他单肩包。

（2）为客户提供合理建议

在面对多款符合自己需求的商品时，有些客户会难以选择，他们可能会向客服人员寻求帮助，此时客服人员在综合分析各款商品的销量、实际使用效果、其他客户对商品的评价、自身对商品的评价、客户的特殊要求等因素的基础上，对这些商品进行对比，然后向客户提供合理的购买建议。

（3）适当向客户推荐关联商品

关联商品是指与主力商品搭配销售的商品，这类商品能够提高主力商品的客单价。在向客户推荐商品时，客服人员可以适当地向客户推荐配套商品、互补商品、促销商品等。

① 推荐配套商品

有些商品必须搭配其他商品才能使用，例如，打印机需要搭配墨盒、打印纸等才能正常使用，当客户只购买配套商品中的某一款商品时，客服人员可以向客户推荐配套商品中的其他商品。

② 推荐互补商品

互补商品是指能实现功能互补的商品，如美妆蛋和粉饼、戒指和手链等。客服人员向客户推荐具有互补功能的商品，可以给客户留下更加专业的印象。

③ 推荐促销商品

如果商品不需要与其他商品配套使用，也没有互补商品，客服人员可以有选择性地向客

户推荐店铺内的促销商品，以价格优惠刺激客户的购买欲。

在向客户推荐商品时，不要一味地向客户介绍商品的好处，而要在介绍商品的性能后询问客户的意愿，了解客户是否认同自己的讲解，是否有其他的想法，最终让客户决定是否购买商品，以及购买哪款商品等。

3．处理客户的疑虑

在与客户沟通的过程中，客服人员要及时发现并处理客户提出的疑虑，以更好地赢得客户的信任。

- 热情、积极地回应：发现客户存在疑虑后，客服人员最好不要使用自动回复功能，让客户自己寻找解决问题的方法，而应以热情、积极的态度回应客户。
- 明确客户疑虑的内容：面对客户提出的疑虑，客服人员不要急于回答，而是仔细分析客户的疑虑，努力寻找症结所在，以便后续寻找解决方案。
- 不与客户争辩：客服人员千万不能与客户争辩，以免引起客户的不满，最终导致客户流失。
- 尊重客户，并换位思考：客服人员要尊重客户，学会站在客户的角度考虑问题，能设身处地地考虑客户的需求，为客户提出合理的解决方法。

4．有效引导客户付款

引导客户付款是提高商品成交转化率的有效方法。在引导客户付款时，客服人员可以采用以下技巧。

（1）明确客户未付款的原因

首先，客服人员要分析并明确客户下单后未付款的原因，然后有针对性地采取策略，这样有利于提高客户付款的概率。常见的客户未付款的原因及应对策略如表 8-1 所示。

表 8-1　常见的客户未付款的原因及应对策略

原因	具体表现	应对策略
客户改变购买意愿	客户货比三家后，想去其他店铺购买	客服人员可以重点向客户介绍本店商品或服务的优势，吸引客户在本店购买
	客户想放弃购买	客服人员可以向客户说明店铺的退换货服务，如果客户仍然表示不想购买，客服人员可以尝试向客户介绍店铺内的其他商品，或者尊重客户的意愿，欢迎客户再次光临店铺
	客户选错了商品	客服人员仔细询问客户的需求，并向其推荐符合其需求的商品
议价不成功	客户想获得更多的优惠	客服人员可以通过向客户赠送小礼品、提供包邮等方式，让客户觉得自己享受到优惠
	价格不符合客户的心理价位	客服人员要积极询问客户的心理价位，并为客户提供符合其需求的解决方案
客户未下定购买决心	对商品存在顾虑	客服人员询问客户的顾虑是什么，并想办法消除其顾虑
	客户表示想要再考虑	将客户的相关信息记录下来，包括客户 ID、具体需求、未下单原因，30 分钟后跟进，查看客户是否付款。如果客户仍未付款，再次与客户进行沟通。如果店铺有促销活动，告知客户活动期限，刺激客户尽快下单
客户尚未选购完	客户想要与其他商品一起支付	客服人员可以询问客户想要购买什么商品，并向客户推荐商品，同时，还可以向客户介绍店铺内的搭配套餐或能够享受优惠的商品

续表

原因	具体表现	应对策略
客户支付时遇到问题	客户不熟悉支付流程，无法顺利支付	客服人员要积极、有耐心地向客户说明支付流程，引导客户完成支付操作
	客户余额不足、忘记支付密码等	客服人员可以建议客户使用其他的支付方式，或者等待客户处理问题
	客户的网络质量不佳造成付款失败	客服人员可以建议客户关闭暂时不用的程序，或者建议客户稍后再付款，或者提醒客户选择朋友代付
	客户误认为自己已经付款	客服人员可以提醒客户查看支付账户是否已经扣款，如果客户回复没有扣款，则提醒客户及时付款；如果客户回复已经扣款，则可能是系统延迟，若在规定的时间内仍显示客户未付款，客服人员可以联系电商平台的服务人员

（2）提醒客户付款

客服人员可以根据客户的下单时间选择提醒客户付款的时间，例如，客户在上午下单，客服人员可以选择在当天上午 11:00—12:00 提醒客户付款；客户在下午下单，客服人员可以选择在当天结束发货之前提醒客户付款；客户在晚上下单，客服人员可以选择在第二天结束发货之前提醒客户付款。由于不同的市场存在时差，客服人员在提醒客户付款时应避开客户的休息时间。

客服人员对未付款的客户进行一次付款提醒后，要及时对客户进行备注，备注的信息包括提醒付款的时间、提醒的次数、客户反馈等，以便后续对订单进行管理。客服人员对客户进行一次付款提醒后，如果客户仍未在预期时间内完成付款，客服人员可以对其进行再次提醒。一般来说，客服人员提醒客户付款的次数最好不要超过 3 次。

8.1.4 客户沟通常见问题及回复模板

用外文与客户沟通时需要做到三点：一是要清楚，即用词肯定、准确，内容主旨清晰；二是要简洁，用简短的语句进行清楚的表达，避免使用过于复杂的词汇；三是要礼貌，在沟通过程中注意使用礼貌用语。

下面提供一些常用的沟通模板，卖家可以根据自身情况灵活运用。

1. 售前沟通

售前沟通主要是为客户解答关于商品信息（如价格、数量、库存、规格型号、用途）、运费、运输方式等方面的问题，促使客户尽快下单。

（1）客户光顾店铺查看商品

中文示例：

您好，我亲爱的朋友。感谢您来访我店，您可以从我店找到您需要的商品。如果没有您需要的商品，您可以告诉我们，我们会不遗余力地找到它，祝一切顺利。

英文译文：

Hello, my dear friend. Thank you for visiting our store, you can find what you want from our store . If we don’t have the item , please tell us and we will spare no effort to find it, good luck.

（2）客户询问商品价格和库存

中文示例：

亲爱的×，谢谢您的咨询。是的，您现在浏览的商品有现货，您要多少件？现在我们只有×颜色和×款式。因为这款商品非常热销，很快就有可能脱销。请您尽快下单。谢谢！

英文译文：

Dear×,

Thank you for your inquiry. Yes, we have this item in stock. How many do you want? Right now, we only have × color and × style left. Because they are hot selling items, the product has a high risk of selling out soon. Please place your order as soon as possible. Thank you!

（3）客户下单但未付款

中文示例：

亲爱的朋友，我们已收到您的订单×，但订单似乎未付款。如果在价格和尺寸等方面有什么能帮助您的，请随时与我联系。当付款完成后，我会尽快处理订单并发货。谢谢！致以最亲切的问候。

英文译文：

Dear Friend,

We have got your order of ×, but it seems that the order is still unpaid. If there's anything I can help with the price, size, etc., please feel free to contact me. After the payment is confirmed, I will process the order and ship it out as soon as possible. Thanks! Best Regards.

（4）商品断货

中文示例：

亲爱的朋友，很抱歉，您订购的商品目前缺货。我会与工厂联系，以确定什么时候能补货。我想推荐一些其他类似款式的商品，希望您也喜欢。您可以点击以下链接查看××（链接： ）。如果有什么我可以帮忙的，请随时与我们联系。谢谢！致以最亲切的问候！

英文译文：

Dear friend,

We are very sorry that item you ordered is out of stock at the moment. I will contact the factory to see when it will be available again. I would like to recommend some other items of similar styles, hope you like them too. You can click on the following link to check them out ××（link： ）. If there's anything I can help with, please feel free to contact us. Thanks! Best Regards!

（5）客户未付款，改价后催付

中文示例：

亲爱的朋友，我们已经为您重置价格。我们已经在原运价的基础上给您×%的折扣。如你所知，运输成本非常高，而我们提供的价格比市场价格低，我们从这个商品中赚取不了多少利润。希望您满意，如果您需要帮助请随时与我联系。致以最亲切的问候！

英文译文：

Dear friend,

We've reset the price for you. We have given you a ×% discount on the original shipping price. Since the price we offer is lower than the market price and as you know the shipping cost is really high, our profit margin for this product is very limited. Hope you are happy with it and you are welcome to contact me if there's anything else I can help with. Best regards!

（6）提供折扣

中文示例：

亲爱的朋友，感谢您的留言。如果您购买两件×商品，我们可以给您×%的折扣。一旦

我们确认您已付款，我们将及时发货。如果有任何问题，请随时与我们联系。谢谢，并致以最亲切的问候！

英文译文：

Dear friend,

Thanks for your message. Well, if you buy both of the x items, we can offer you a ×% discount. Once we confirm your payment, we will ship out the items for you in time.

Please feel free to contact us if you have any further questions.

Thanks & Best regards!

（7）客户议价

中文示例：

亲爱的朋友，感谢您对我们的商品感兴趣。很抱歉，我们不能同意您所报的低价，因为我们的报价是经过仔细计算的，我们的利润空间已经很有限了。但是，如果您一次订购×件以上，我们可以给您×%的折扣。如果您还有什么问题，请告诉我。谢谢！

英文译文：

Dear friend,

Thank you for taking interests in our item. I'm afraid we can't offer you that low price you bargained as the price, we offer has been carefully calculated and our profit margin is already very limited. However, we can offer you a ×% discount if you purchase more than × pieces in one order. If you have any further questions, please let me know. Thanks!

（8）商品没有好评，客户对商品表示怀疑

中文示例：

亲爱的朋友，我很高兴收到您的信息。虽然我在全球速卖通上的评分不高，但我在 eBay 上做了很多年的生意，我对我的商品很有信心。此外，由于全球速卖通提供的是第三方担保支付服务，这意味着在您对商品满意并同意付款之前，货款不会支付给我们。我们真诚地期待与您建立长期的业务关系。向您表示问候。

英文译文：

Dear friend,

I am very glad to receive your message. Although I haven't got a high score on AliExpress, I've been doing business on eBay for many years and I am quite confident about my products. Besides, since AliExpress offers Buyer Protection service which means the payment won't be released to us until you are satisfied with the product and agree to release the money. We sincerely look forward to establishing long business relationship with you. Regards.

（9）客户要求免运费

中文示例：

亲爱的朋友，很抱歉，寄到×的订单不提供免费送货服务。但我们可以在运费上给您×%的折扣。

英文译文：

Dear friend,

Sorry, free shipping is not available for orders sent to ×. But we can give you a ×% discount of the shipping cost.

（10）客户希望提供样品，而公司不支持提供免费样品

中文示例：

亲爱的×，谢谢您的询问，我很高兴与您联系。关于您的要求，我很抱歉地通知您，我们无法提供免费样品。为了检验我们的商品，我们建议只订购一件商品（价格可能比批量订购稍高）。否则，您可以订购全部数量。我们可以保证质量，因为我们的每一件商品都经过工作人员的仔细检查。我们相信诚信是交易成功的关键。如果您有任何问题，请随时与我联系。致以最亲切的问候！

英文译文：

Dear×,

Thank you for your inquiry, I am happy to contact you.

Regarding your request, I am very sorry to inform you that we are not able to offer free samples. To check out our products we recommend ordering just one unit of the product (the price may be a little bit higher than ordering by lot). Otherwise, you can order the full quantity. We can assure the quality because every piece of our product is carefully examined by our working staff. We believe trustworthiness is the key to a successful business.

If you have any further questions, please feel free to contact me.

Best Regards!

（11）接单后请求客户确认订单

中文示例：

亲爱的朋友，非常感谢您的订单，为了确保您的订单的准确性，请确认以下基本信息。

① 请检查您的收货地址是否正确。

② 商品名称或编号。

颜色：×××

数量：×××

运输方式：×××

您确认订单正确后，我们将在第一时间安排发货。

非常感谢！

英文译文：

Dear friends,

Thank you very much for your order, in order to ensure the accuracy of your order, please confirm the following basic information.

① Please check your receipt address is correct.

② Product name or number.

Color:×××

Quantity: ×××

Transportation way: ×××

After you confirm the correct order, we will arrange the shipment at the first time.

Thank you very much!

2．售中沟通

售中沟通主要涉及发货确认问题、物流问题，让客户及时掌握商品的动向。

（1）已发货并告知客户

中文示例：

亲爱的×，感谢您在我们店铺购物。我们已经将您的订单（订单 ID：×××）于 2 月 10 日通过 EMS 发货。运单号是×××。到达您的目的地需要 5～10 个工作日，请查看最新的物流信息。谢谢您的耐心等待！如果您有任何问题，请随时与我联系。致以最亲切的问候！

英文译文：

Dear×,

Thank you for shopping with us.

We have shipped out your order (Order ID:×××) on February. 10th by EMS. The tracking number is×××. It will take 5-10 workdays to reach your destination, please check the tracking information for updated information. Thank you for your patience!

If you have any further questions, please feel free to contact me.

Best Regards!

（2）订单超重导致无法使用小包免邮的回复

中文示例：

亲爱的×，非常遗憾，您的这笔订单是不可以免费送货的。我很抱歉造成混乱。只有重量小于 2 千克的包裹才可以通过中国邮政航空邮件包邮。然而，您购买的商品重量超过 2 千克，您可以选择另一种物流公司，如 UPS 或 DHL（其中包括运输费，但速度很快）。您可以把订单分开，确保每个订单的重量小于 2 千克，这样就可以包邮了。如果您有任何问题，请随时与我联系。致以最亲切的问候！

英文译文：

Dear×,

Unfortunately, free shipping for this item is unavailable. I am sorry for the confusion. Free shipping is only for packages weighing less than 2kg, which can be shipped via China Post Air Mail. However, the item you would like to purchase weighs more than 2kg, you can either choose another express carrier, such as UPS or DHL (which will include shipping fees, but which are also much faster). You can place the orders separately, making sure each order weighs less than 2kg, to take advantage of free shipping.

If you have any further questions, please feel free to contact me.

Best Regards!

（3）因为物流风险，卖家无法向客户所在地发货

中文示例：

亲爱的×，谢谢您的询问。我很抱歉地通知您，我们的店铺不能为您所在地提供货运服务。但是，如果您计划将订单发往其他地区，请让我知道，希望能再次为您服务。感谢您的理解！

英文译文：

Dear×,

Thank you for your inquiry.

I am sorry to inform you that our store is not able to provide shipping service to your region. However, if you plan to ship your orders to other regions, please let me know, hopefully we can accommodate future orders.

I appreciate for your understanding!

（4）发货几天后，客户反映查询不到物流信息

中文示例：

亲爱的朋友，我们在×××日发出了包裹，而且我们已经联系物流公司并解决了这个问题。我们已经取回原来的包裹并由 UPS 重新寄送。新的货运单号是×××。很抱歉给您带来不便，希望您能尽快收到。如果你有什么问题，尽管告诉我。

英文译文：

Dear friend,

We sent the package out on ×××, and we have contacted the shipping company and addressed the problem. We have got back the original package and resent it by UPS. The new tracking number is ×××. I apologize for the inconveniences and hopefully you can receive the items soon. If you have any problems, don't hesitate to tell me.

（5）物流遇到问题

中文示例：

亲爱的×，谢谢您的询问，很高兴与您联系。我们想确认一下，我们是在 2024 年 5 月 6 日寄的包裹。然而，由于快递公司的运输问题，我们被告知包裹并没有到达。我们已经通过 EMS 重新发出您的包裹，新的货运单号是×××。到达您的目的地通常需要 7 天的时间。很抱歉给您带来不便。谢谢您的耐心等待。如果您有任何问题，请随时与我联系。致以最亲切的问候！

英文译文：

Dear ×,

Thank you for your inquiry. I am happy to contact you.

We would like to confirm that we sent the package on 6 May. 2024. However, we were informed package did not arrive due to shipping problems with the delivery company. We have resent your order by EMS, the new tracking number is ×××. It usually takes 7 days to arrive to your destination. We are very sorry for the inconvenience. Thank you for your patience.

If you have any further questions, please feel free to contact me.

Best Regards!

（6）通关出现问题

中文示例：

亲爱的朋友，我们接到物流公司的通知，现在你们的海关对大量包裹进行定期的严格检查，为了使货物安全地送达到您的手中，我们建议延迟几天发货，希望征得您的同意。请尽快通知我们，谢谢。

英文译文：

Dear friends,

We received notice of logistics company, now your customs for large parcel periodically inspected strictly, in order to make the goods sent to you safety, we suggest that the delay in shipment, wish you a consent to agree. Please let us know as soon as possible, thanks.

3．售后沟通

售后沟通主要涉及客户收到商品后的一系列问题，包括退换货、确认收货及买卖双方互评。

（1）询问是否收到货

中文示例：

亲爱的朋友，EMS 网站显示您已收到货物。如果您已收到货物，请在全球速卖通上确认。如果没有，请告诉我。谢谢！致以最亲切的问候。

英文译文：

Dear friend,

According to the status shown on EMS website, your order has been received by you. If you have got the items, please confirm it on AliExpress. If not, please let me know. Thanks!Best Regards.

（2）客户确认收货

中文示例：

亲爱的买家，很高兴看到您已收到货。感谢您的支持。希望您满意，并期待将来与您有更多的贸易往来。顺便说一下，如果您可以给我们留下一个积极的反馈，我们将非常感激，因为这对我们来说是一个很大的鼓励。如果有什么我可以帮助的，不要犹豫，请告诉我。谢谢！

英文译文：

Dear buyer,

I am very happy that you have received the order. Thanks for your support. I hope that you are satisfied with the items and look forward to doing more business with you in future.

By the way, it would be highly appreciated if you could leave us a positive feedback, which will be a great encouragement for us. If there's anything I can help with, don't hesitate to tell me.

Thanks!

（3）客户收货后投诉商品有损坏

中文示例：

亲爱的朋友，我很抱歉听到发给您的商品有损坏。我在发货时再三检查了包装没有问题才给您发货的，所以我想可能是在运输过程中发生了损坏。但我仍为给您带来的不便深表歉意。我保证当您下次购买时，我会给您更多的折扣来弥补这个损失。感谢您的理解。致以最亲切的问候。

英文译文：

Dear friend,

I am very sorry to hear that the order to you are damaged. Since I did carefully check the order and the package to make sure everything was in good condition before shipping it out, I suppose that the damage might have happened during the transportation. But I'm still very sorry for the inconvenience this has brought you. I guarantee that I will give you more discounts to make this up next time you buy from us. Thanks for your understanding. Best Regards.

（4）退换货问题

中文示例：

亲爱的朋友，很抱歉给您带来不便。如果您对商品不满意，您可以退货。当我们收到货物时，会给您重新更换或者全额退款。我们希望长期与您建立贸易关系。下次订单我们会给您很大的折扣。致以最亲切的问候！

英文译文：

Dear friend,

I'm sorry for the inconvenience. If you are not satisfied with the products, you can return the

goods back to us.

When we receive the goods, we will give you a replacement or give you a full refund. We hope to do business with you for a long time. We will give you a big discount in your next order.

Best regards!

（5）提醒买家给自己留评价

中文示例：

亲爱的朋友，感谢您一直以来对我们店铺的支持，我们正在努力提升我们的服务、质量与采购等。如果您可以给我们一个积极的评价，我们将不胜感激，这对我们来说是一个很大的鼓励。如果有什么我可以帮助您的，不要犹豫，请告诉我。致以最亲切的问候。

英文译文：

Dear friend,

Thanks for your continuous support to our store, and we are striving to improve ourselves in terms of service, quality, sourcing, etc. It would be highly appreciated if you could leave us a positive feedback, which will be a great encouragement for us. If there's anything I can help with, don't hesitate to tell me. Best Regards.

（6）收到买家好评

中文示例：

亲爱的朋友，感谢您的积极评价。您的鼓励是我们前进的动力。我们真诚地希望能有更多的机会为您服务。

英文译文：

Dear friend,

Thank you for your positive comment. Your encouragement will keep us moving forward.

We sincerely hope that we'll have more chances to serve you.

（7）向买家推荐新品

中文示例：

亲爱的朋友，随着圣诞节的来临，我们发现×商品有很大的潜在市场。由于利润率高，许多客户购买后在 eBay 或他们的零售商店里转售。我们有大量的×商品库存。请点击以下链接查看×。如果您一次订购 10 件以上，可以享受×的批发价。谢谢。向您表示问候！

英文译文：

Dear friend,

As Christmas is coming, we found × has a large potential market. Many customers are buying them for resale on eBay or in their retail stores because of its high profit margin. We have a large stock of ×. Please click the following link to check ×. If you order more than 10 pieces in one order, you can enjoy a wholesale price of ×. Thanks. Regards!

任务2 跨境电商纠纷与拒付的应对

在跨境电商运营中，卖家难免会遇到纠纷与拒付问题，一旦遇到纠纷与拒付，卖家不应该选择逃避，而应该积极、主动地采取有效措施来解决它们，以提升客户购物体验，维护店铺的健康运营。

8.2.1 纠纷的应对

在交易过程中，卖家应尽力避免产生纠纷。当遇到纠纷后，卖家应采取积极的态度处理纠纷，以减轻纠纷造成的负面影响。

1. 常见纠纷的类型

跨境电商交易中常见的纠纷有两种，一是描述不符，二是未收到货。产生这些纠纷的原因如表 8-2 所示。

表 8-2 跨境电商交易中常见的纠纷类型及产生纠纷的原因

常见的纠纷类型	产生原因	释义
描述不符	货不对版	客户收到的商品与卖家商品详情页面中的描述存在不符的情况，如材质、颜色、品牌、款式、型号及尺寸等与描述不符
	漏发或少发商品	客户收到的商品与实际购买数量不符
	商品破损、残次	客户收到的商品存在破损或残次的情况，如商品/包装破损，商品存在脱线、掉漆、有使用痕迹等情况
	不具备相应功能或存在功能缺陷	客户收到的商品不具备卖家商品详情页描述中所提到的或此商品型号应当具备的功能，或者商品在使用中存在功能缺陷
未收到货	海关扣关	物流显示商品已经被递交到海关，或者商品长期处于等待清关（具体滞留原因不可知）状态
	包裹在途	客户发起“未收到货”纠纷时，纠纷订单有真实有效的物流跟踪信息，且物流跟踪信息为非扣关、退回、妥投等异常状态
	未发货	卖家由于疏忽而漏发货或者虚假发货
	包裹退回	客户发起“未收到货”纠纷时，物流跟踪信息显示包裹被退回
	包裹丢失	商品在运输途中丢失
	物流方式不符	卖家没有按照客户下单时选择的物流方式发货
	无法查询物流信息	商品发出后，因为物流问题无法查询物流信息
	商品未在规定时间送达	在商品运输的承诺时效内，客户未收到货
	发错地址	地址填写错误，造成商品送错了地方，没有送达客户手中
	虚假运单号	卖家使用无效（长时间无揽收信息）或无关（收货信息、妥投地址与订单不一致）的运单号上传系统操作发货

2. 纠纷的应对注意事项

卖家在解决纠纷时，需要注意以下几个事项。

（1）做到及时沟通

纠纷具有时效性，如果卖家不能及时地做出回应，就会使自己处于被动状态。当遇到纠

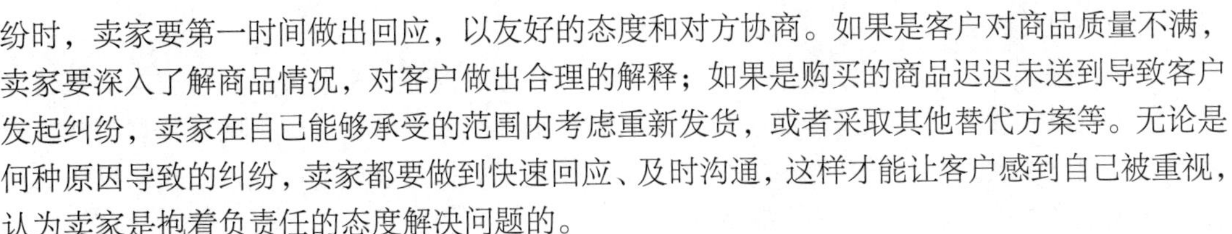

纷时，卖家要第一时间做出回应，以友好的态度和对方协商。如果是客户对商品质量不满，卖家要深入了解商品情况，对客户做出合理的解释；如果是购买的商品迟迟未送到导致客户发起纠纷，卖家在自己能够承受的范围内考虑重新发货，或者采取其他替代方案等。无论是何种原因导致的纠纷，卖家都要做到快速回应、及时沟通，这样才能让客户感到自己被重视，认为卖家是抱着负责任的态度解决问题的。

（2）保持专业的态度

首先，卖家要精通自己所销售商品的相关知识，能够从容地处理日常工作中出现的各类问题，更好地为客户答疑解惑。

其次，卖家与客户沟通时的语言表达要力求正确完整，这就要求卖家对客户所在国家或地区有一定的了解，熟知当地人们的消费习惯及相关政策法规。

最后，卖家与客户沟通时，要注意客户的心理变化，当客户想要取消订单时，卖家可以通过满足客户一些其他要求来争取保留订单。

（3）留存证据

卖家要对交易过程中的有效信息进行保存，当出现纠纷时，可以作为证据维护自身权益。出现纠纷后，卖家要及时、充分地举证，将相关证据提供给客户进行协商，或者将证据提供给平台进行裁决。

3．规避纠纷的技巧

针对“描述不符”和“未收到货”纠纷，卖家可以采取相应的技巧来避免。

（1）规避产生“描述不符”纠纷的技巧

要想避免因为描述不符而产生纠纷，卖家需要为客户提供真实、全面的商品描述，保证商品质量，杜绝假货。

① 提供真实、全面的商品描述

卖家在编辑商品信息时，要从事实出发，全面而细致地描述商品。例如，对于电子类商品，卖家需要全方位地说明商品的功能及其使用方法，避免客户收到货后因无法合理使用而提起纠纷；对于服饰、鞋类商品，卖家需要为客户提供尺码表，以便客户自主选择，避免客户收到货后因尺寸不合适而提起纠纷；对于衣柜、顶灯等功能性商品，卖家要为客户提供安装说明书，避免客户收到商品后因不会操作而要求退货。

卖家不能因急于达成交易而对客户有所欺骗，例如，销售的 U 盘实际只有 8GB 容量，却刻意将容量大小描述成 16GB。这类欺诈行为一经核实，电商平台一般都会严肃处理。此外，在商品描述中对于商品的瑕疵和缺陷也不应有所隐瞒。

在商品描述中可以注明货运方式、可送达地区、预期的运输时间。此外，卖家还应在商品描述中向客户解释海关清关缴税、商品退回责任和承担方等问题。客户是根据商品描述发起购买行为的，客户知道得越多，其预期就会越接近实物，所以真实、全面的描述是避免纠纷的关键。

② 保证商品质量

卖家在发货前，要对商品进行充分的检测，如商品外观是否完好，商品功能是否正常，商品邮寄时的包装是否抗压抗摔等。如果发现商品存在质量问题，应及时联系厂家或上游供应商进行更换，避免因商品质量问题引起纠纷造成退换货。

③ 杜绝假货

很多第三方跨境电商平台重视保护第三方知识产权，非法使用他人的知识产权是违反电

商平台政策且违法的行为。

若客户提起纠纷投诉卖家销售假货，而卖家无法提供商品的授权证明，将被电商平台直接裁定为卖家全责，卖家在遭受经济损失的同时，也会受到平台相关规则的处罚。因此，卖家不要在电商平台上销售涉及第三方知识产权且无法提供授权证明的商品。代理授权的商品要从原供应商处供应，还要持有品牌授权书。

（2）规避产生“未收到货”纠纷的技巧

要想有效避免因客户未收到货而引起的纠纷，卖家要做好以下工作。

① 选择最优物流方式

国际物流往往存在很多不确定因素，如海关问题、关税问题、派送转运等。在整个物流运输过程中，这些复杂的情况很难被控制，不可避免地会出现包裹清关延误、派送超时，甚至包裹丢失等情况。如果长时间收不到货物，或长时间无法查到物流信息，将会导致客户提起纠纷。

没有跟踪信息的物流方式是无法为卖家提供全面的物流保障的，若客户提起未收到货的纠纷，而货物信息无法跟踪，会对卖家的举证造成不利的影响。因此，卖家应结合不同地区、不同快递公司的清关能力及包裹运输期限，选择物流信息更新及时、运输时效性更佳的物流方式。

考虑到实际情况，卖家如果需要寻找货代公司帮助发货，应选择正规、能够同时提供发货与退货保障的货代公司，最大限度地保证自己的利益不受损害。

总之，卖家要权衡交易中的风险与成本，尽可能选择可以提供实时查询货物追踪信息的物流方式。

② 保留物流单据

卖家要按照要求填写发货单号，并保留发货底单、货运公司出具的证明等单据。如果货运公司不提供底单，卖家可以拍摄商品打包后的状态和发货标签作为证明。

③ 及时告知客户物流状态

卖家要及时向客户提供物流信息。发货后，卖家向客户发送邮件，告知客户发货单号和查询包裹物流信息的网址。如果卖家使用的是有转单号的物流方式，可以告知客户待有转单号后会及时向其提供。如果卖家使用的物流方式妥投时间较长，卖家要与客户保持顺畅的沟通，确保客户提出疑问时能够快速得到响应。此外，卖家要及时向客户确认是否收到货，客户签收商品后，要及时提醒客户确认收货。

8.2.2 拒付的应对

根据国际惯例和 VISA、MasterCard 等国际卡组织的规定，客户在使用信用卡进行交易时，如果出现交易争议的情况，持卡人可以在支付后一定期限内（一般为 180 天，某些支付机构的期限可能更长，特殊情况下最长不超过 540 天）向发卡银行提出拒绝支付账单上某笔交易的请求，发卡银行受理后即可展开调查，如果争议的情况符合国际卡组织对拒付的相应规定，发卡银行可以通过国际卡组织向收单行发出退单，这一个过程称为拒付。

1. 拒付的常见类型

拒付的常见类型如表 8-3 所示。

表 8-3　拒付的常见类型

拒付类型	拒付原因	释义
盗卡类拒付	未经授权的信用卡使用	持卡人的信用卡被盗用或持卡人被欺骗使用信用卡
服务型拒付	未收到货	持卡人付款后没有收到货物
	描述不符	持卡人收到的货物与卖家提供的商品描述严重不符
	重复付款	持卡人对同一笔订单付款两次或多次
	未收到退款	持卡人申请退款后没有收到退款
	金额不符	持卡人付款的金额与商品实际价格有出入

2．减少拒付的方法

为了避免或减少拒付的发生，卖家应做好以下工作。

（1）详细、准确地描述商品

卖家要对自己销售的商品进行详细、准确的描述，提供清晰的商品图片，并明确说明商品规格（尺寸）、库存数量和其他与商品相关的信息。

（2）设置合理物流时效

根据国际物流情况，为商品设置合理的发货时效和预计妥投的限时达期限，以保证商品物流时效的合理、有效。

（3）做好商品包装

跨境物流运输时间较长，运输过程中难免会出现商品被损坏的情况，卖家要使用结实的包装材料，为商品做好包装，避免商品在运输过程中出现损坏。

（4）积极与客户沟通

卖家要积极与客户进行沟通，对客户提出的问题要及时做出回复，并尽最大努力帮助客户解决问题。

（5）保留证据

卖家可以优先选择使用跨境电商平台提供的沟通工具与客户进行沟通，并及时保留与客户的沟通记录，以及与商品交易相关的信息，以备不时之需。

任务 3　跨境电商客户关系管理

客户关系管理（Customer Relationship Management，CRM）是一个企业加强与客户交流，不断了解客户需求，并对商品及服务进行改进和提高，以满足客户需求的连续过程。在竞争激烈的跨境电商领域，越来越多的卖家意识到优质的客户服务有利于提高商品转化率，提高客单价，培养忠诚客户。有效地实施客户关系管理是企业保持旺盛生命力的内在驱动力。

8.3.1　跨境电商客户分类管理

为了更好地实施客户关系管理，为不同的客户提供差异化的服务和商品，卖家需要对客户进行分类。RFM模型是衡量客户价值、划分客户类型的重要工具之一。该模型根据某个客户最近一次消费（Recency）、消费频次（Frequency）和消费金额（Monetary）3个指标描述客户的价值，从而实现对客户的分类。

RFM模型中各个指标的具体含义如图8-1所示。

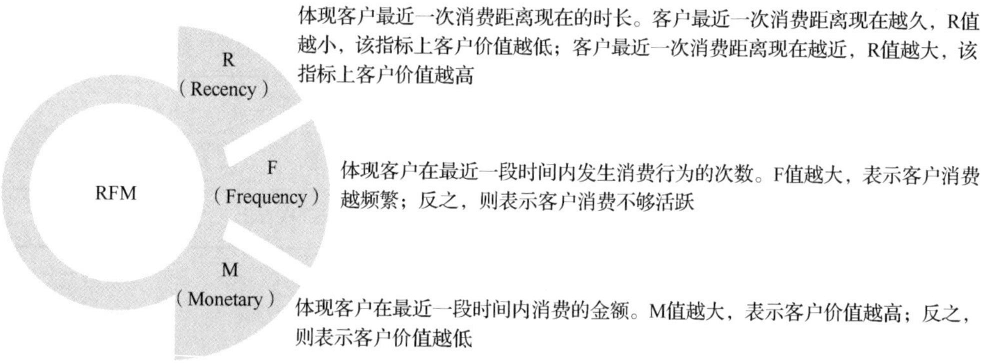

图8-1 RFM模型各个指标的含义

RFM模型客户分类规则，如表8-4所示。

表8-4 RFM模型客户分类规则

R（Recency）价值	F（Frequency）价值	M（Monetary）价值	客户类型
高	高	高	重要价值客户
高	低	高	重要发展客户
低	高	高	重要保持客户
低	低	高	重要挽留客户
高	高	低	一般价值客户
高	低	低	一般发展客户
低	高	低	一般保持客户
低	低	低	一般挽留客户

针对不同类型的客户，卖家可以采取不同的管理策略，如表8-5所示。

表8-5 不同客户类型的管理策略

客户类型	管理策略
重要价值客户	为其提供个性化服务，并为他们提供一定的优惠激励，如赠予优惠券、包邮等
重要发展客户	实施以提高客户消费频次为中心的客户忠诚度计划。充分利用卖家已有的客户信息数据库进行有效的数据挖掘工作，找出客户的深层次需求，以扩大此类客户在客户总数中所占的份额
重点保持客户	实施客户亲近策略，强化与客户的情感联系。卖家可以采取多种措施保持与客户的密切接触，建立一种亲善的关系，例如客户生日回馈，除了赠送生日卡或小礼物，还可以设立一个VIP福利，如客户生日当天消费可以在原有折扣的基础上再享受一定的折扣优惠；指定商品消费回馈，当客户购买指定型号（款式）商品时，送礼品或给予特别折扣，当客户购买某类商品时，赠送配套商品等

续表

客户类型	管理策略
重要挽留客户	采取客户召回策略，例如，向他们推送各种促销信息，刺激他们产生购买欲望。同时，卖家要努力寻找造成这些客户不来店铺购买商品的原因，并制定合理、有效的解决方案
一般价值客户	刺激客户消费，努力提高客户的客单价。例如，为这类客户提供购买折扣、包邮等优惠，以刺激其进店消费
一般发展客户	通过收集并分析客户历史订单信息，了解客户的消费偏好，深度挖掘客户需求，为其提供能够满足他们需求的商品或服务
一般保持客户	采取流失召回策略，卖家通过为客户提供各种优惠或打折服务加深自身与这类客户之间的联系
一般挽留客户	卖家可以减少服务和营销，或者直接选择放弃这类客户

8.3.2 跨境电商客户二次营销

在大卖家的交易额中，老客户会占据一半甚至更多的份额。卖家要想保持稳定增长的交易额，并成长为大卖家，做好老客户的二次营销是非常关键的。

1. 寻找重点客户

一次简单的交易从客户下单到客户确认并给予好评后就结束了，但卖家要想成为一个优秀的卖家，仍有很多事情要做。通过对客户交易数据的整理，卖家可以识别出那些有潜力、可持续交易的客户和有机会做大单的客户，更有针对性地维系关系并推荐优质商品，从而使这些客户持续、稳定地下单。在寻找重点客户时，可以从以下两个方面出发。

（1）分析客户评价

通过分析客户购物之后的商品评价，可以判断出客户的性格。例如，有的客户对商品的评价非常认真，会详细阐述商品的质量、包装、物流等情况，这类客户一般对商品的要求比较严格；卖家还可以从客户的文字风格中判断客户的性格或脾气。

如果卖家能够摸清客户的性格或脾气，可以积极地调整自己的沟通方式，这样有利于双方沟通顺利进行。

（2）分析客户购买记录

很多有经验的卖家会通过 Excel 对客户订单进行归类整理（见图 8-2），根据每个客户的累计交易金额、平均订单金额、最近消费时间、好评率等维度寻找重点客户。

	A	B	C	D	E	F	G
1	客户昵称	客户所在地	总订单数	累计交易金额 / 美元	平均订单金额 / 美元	最近消费时间	好评率
2	Jimmy	俄罗斯	12	2656	221.3	2024-3-21	91.70%
3	Glen	阿根廷	34	3568	104.9	2024-4-15	94.10%
4	Maurie	德国	8	265	33.1	2020-6-10	100.00%
5	Femando	俄罗斯	3	693	231	2021-9-11	100.00%
6	Gavin	英国	1	25.8	25.8	2019-11-25	0.00%

图 8-2 客户订单归类管理

2. 选择合适的二次营销时机

卖家对客户进行二次营销需要选择合适的营销时机，这样有利于实现更好的营销效果。通常来说，卖家开展二次营销的有利时机有 4 种，如图 8-3 所示。

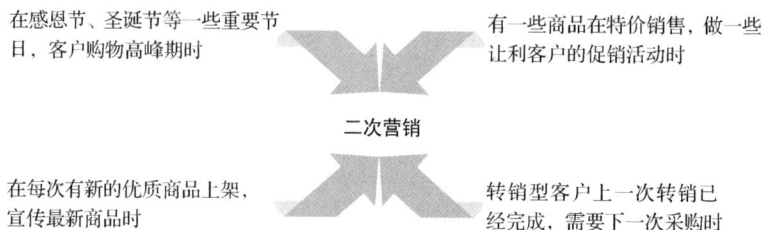

图 8-3　二次营销的有利时机

在这些重要的时间点，主动出击对客户开展二次营销，能够让卖家获得老客户稳定的交易量，从而更好地提高交易额。

3．注意沟通时间点

由于时差的缘故，卖家在日常工作（北京时间 8:00—17:00）时会发现大部分境外客户的即时通信工具都是离线的。即使境外客户不在线，卖家也可以通过留言联系客户。建议卖家尽量选择客户在线时进行联系，这意味着卖家要学会利用晚上的时间联系境外客户，因为这个时候客户在线的可能性最大，沟通效果也更好。

任务 4　人工智能客服工具

由于时差、文化、语种等因素的影响，跨境电商卖家很难保证 7×24 小时且精准无误地与客户进行交流，而人工智能客服工具，如及时语、QuickCEP、星谷云等服务商推出的人工智能客服系统、人工智能 IM 插件、智能客服机器人等，可以在一定程度上帮助卖家缓解这一痛点。

8.4.1　人工智能客服工具的功能

基于人工智能技术，人工智能客服工具的功能包括但不限于以下内容。

1．在线客服对话

人工智能客服工具的在线客服对话功能支持客户与客服人员在线通过文字、图片、表情、音频、视频、文件等方式进行互动交流。

2．多平台接入

很多人工智能客服工具支持多平台接入，能够将速卖通、亚马逊、eBay 等多个第三方平台产生的对话信息统一接入人工智能客服系统中，并在后台实施统一管理，借助其消息快捷回复、智能客服机器人等功能为客户提供咨询解答和业务引导。

在智能客服系统的支持下，人工坐席可以在系统中及时回复不同平台上的客户咨询，而无须分别在不同的平台进行回复，能够有效缩短客户的等待时间，提高客服工作效率。

3．智能客服机器人

智能客服机器人分为表单问答机器人和人工智能（Artificial Intelligence，AI）机器人。表单问答机器人是依托简单关键词匹配的表单自动回复功能，能够引导客户进行自助查询，多用于回复重复率高的问题的场景中。

AI 机器人能够更好地识别客户咨询意图，并为客户做出有效回复，还能自动向客户索要联系方式，通常代替人工坐席完成大部分的客户咨询，当 AI 机器人无法回答客户的咨询时，再转到人工坐席。

4．社交媒体管理

一些人工智能客服工具具备管理社交媒体的功能，能够帮助卖家自动处理社交媒体账号中的评论，避免账号被封；还能帮助卖家管理社交媒体账号中的广告营销，提升广告引流效果。

5．客服管理

在客服工作中，每个环节都会涉及客服管理，如访客分配、会话质检、客服绩效管理等。在这些环节中，人工智能客服工具能提供相应的服务。例如，在访客分配环节，人工智能客服工具能在自动识别客户语言、咨询的内容的基础上，将会话分配给对应的人工坐席；在会话质检环节，人工智能客服工具能够通过语音、语义识别技术对人工坐席的会话详情进行质检，发现人工坐席在会话中存在的问题，并及时予以解决。

8.4.2 人工智能客服工具的价值

融合了人工智能、云计算、大数据等技术的人工智能客服工具能让客服工作的各个环节实现自动化和智能化运作。在跨境电商客户服务中，人工智能客服工具对于卖家来说主要具有以下价值。

1．为客户提供全时段客服支持

人工客服有固定的上下班时间，他们只能在上班期间为客户提供服务。而人工智能客服工具（如智能客服机器人）能够保持 7×24 小时在线，为客户提供全时段客户服务，客户可以随时获得自己所需要的信息。

2．提高客服接待率

人工智能客服工具提高客服接待率主要表现在两个方面，第一是人工智能客服工具能够独立接待客户，引导客户进行自主查询，让客户快速获得想了解的信息；第二是人工智能客服工具能够帮助人工客服解决一些答案标准且重复率高的问题，使人工客服专注于解决更加复杂、个性化程度更高的客户咨询。

3．节约人力成本

人工智能客服工具能够取代一部分人工客服，帮助卖家减少人工客服的数量，降低人工客服的人力成本。

此外，客服中心工作人员的离职率较高，这在无形中会增加卖家招聘和培训新的人工客服人员的成本。而人工智能客服工具具有较高的稳定性，使卖家减少了对人工客服的需求，在一定程度上帮助卖家节约招聘和培训人工客服的成本。

4．提高访客转化率

在跨境电商交易中，卖家使用人工智能客服工具有利于提高访客转化率，这主要表现在以下 4 个方面。

- 主动建联：当客户访问网店时，人工智能客服工具能够主动向客户发起会话，吸引客户的注意力，从而帮助卖家与客户初步建立联系。

- 全程服务：在客户浏览网店的过程中，人工智能客服工具能够全程为客户提供服务，为客户购物提供必要的指导，避免出现客户因提出咨询却无法获得及时回复而退出的情况。
- 个性化服务：人工智能客服工具能够有效提高客服响应速度和服务效率，能够让更多的人工客服为客户提供个性化、高附加值的服务，解决更多与客户转化相关的问题，从而提高访客转化率。
- 精准推荐：随着人工智能、云计算、大数据等技术的不断发展，人工智能客服工具的功能不断完善，使用体验也在不断提升。人工智能客服工具能够抓取客户行为数据，结合客户历史消费数据构建客户画像，为客户进行个性化推荐，并根据客户反馈不断优化客户画像，为客户进行更精准的推荐，从而促进客户转化。

5．提高复购率

在客户购物过程中，人工智能客服工具能为客户提供全流程服务，为客户创造良好的购物体验，从而提高客户的忠诚度。客户完成购物后，人工智能客服工具能为客户提供物流信息、退换货处理等相关问题的查询，为客户提供良好的售后服务，提高客户的满意度。客户的忠诚度和满意度对客户的复购率有着直接的影响，客户的忠诚度和满意度越高，越可能形成二次转化，重复来店购买商品。

8.4.3 人工智能客服工具的选择

跨境电商卖家在选择人工智能客服工具时，可以重点考虑以下因素。

1．对接渠道的多样性

当前，跨境电商的营销渠道除了网店外，还有 Facebook、YouTube 等社交媒体平台。为了与客户实现多渠道沟通，人工智能客服工具可以覆盖网店、Facebook、YouTube 等不同渠道。

2．操作的便捷性

在与客户的沟通中，客服的响应速度非常重要。如果人工智能客服工具的工作后台界面非常复杂，客户备注、访客对话、快捷短语等功能切换不便，就会增加客服人员的工作压力，从而降低客服的响应速度。因此，卖家应选择操作界面简单、功能相对集中的人工智能客服工具，这样既能降低客服人员的学习成本，也便于客服人员进行操作，从而提高工作效率。

3．系统的稳定性

人工智能客服系统的稳定性是保证客服工作顺利进行的基础，如果人工智能客服系统的稳定性较差，经常出现消息延迟、消息发送失败等情况，不仅无法实现与客户建立良好沟通的目的，还容易导致客户对卖家产生不良印象。因此，卖家在选择智能客服工具时，不能忽视系统的稳定性，要考察人工智能客服系统的消息接入是否及时。

与客户进行沟通

1．实训目标

掌握与客户进行沟通的技巧，能够为客户提供咨询服务。

2．实训内容

5 人为一个小组，以小组为单位，模拟与客户进行沟通的场景。

3．实训步骤

（1）分配角色

每组在组内建立一个微信群，然后由 1 人扮演店铺的客服，其他人扮演客户。小组成员可以轮流扮演客服和客户。

（2）模拟沟通

模拟店铺客服与客户沟通的场景。在沟通过程中，扮演客户的人员可以向扮演客服的人员提出各种问题，扮演客服的人员要及时、有效地回复客户的咨询，帮助客户解决问题。此外，最好能够使用外语进行交流，如英语、俄语等，以提高沟通场景的真实性。

4．实训总结

学生自我总结	
教师总结	

课后习题

1．单项选择题

（1）某客户发现自己收到的商品型号与在网上看到的型号不符，于是向平台发起纠纷，客户发起的纠纷属于（　　）。

A. 物流纠纷　　B. 货不对板纠纷

C. 客户未收到货纠纷　　D. 销售假货纠纷

（2）RFM 模型是根据 3 个指标描述客户价值的，下列不属于 RFM 模型指标的是（　　）。

A. 消费频次　　B. 最近一次消费

C. 消费动机　　D. 消费金额

2．多项选择题

（1）卖家与客户进行沟通时，可以使用的工具有（　　）。

A. 平台即时通信工具　　B. 站内信

C. Facebook　　D. PayPal

（2）在下列情况中，适合对客户开展二次营销的是（　　）。

A. 圣诞节　　B. 店铺内新款商品上架

C. 店铺开展打折促销活动　　D. “双 11”大促

（3）卖家在选择人工智能客服工具时，应该考虑的因素包括（　　）。

A. 价格　　B. 对接渠道的多样性

C. 操作的便捷性　　D. 系统的稳定性

3．简答题

（1）在跨境电商运营中，常见的纠纷有哪些？卖家如何有效解决和规避这些纠纷？

（2）在回复客户咨询时，客服人员可以采用哪些技巧？